职业教育市场营销专业精品教材

商务谈判实务

主　编　曾洁贤　章诗颖

副主编　马舒琴　许飞燕　张一曲

参　编　霍锦焕　黎肖凤　叶维芳

李雪菲　梁绮雯　袁姝田

电子工业出版社

Publishing House of Electronics Industry

北京·BEIJING

内 容 简 介

本书本着"基础理论够用，注重实践能力培养"的原则构建知识体系，采用任务驱动式教学模式，以实训为主。全书包括六大项目：商务谈判认知、商务谈判准备、商务谈判开局、商务谈判磋商、商务谈判结束、商务谈判实战演练。项目中穿插课堂小实训、技能实训等课堂互动环节，增加理实一体化实践机会。为方便教学，各任务内还配有"参考答案"环节，可扫描二维码观看。

本书配套教学资料包（包括教学课件、习题答案等），请登录华信教育资源网（www.hxedu.com.cn）免费下载。

本书适合作为职业院校市场营销及相关专业学生教材，也可供相关从业人员参考。

图书在版编目（CIP）数据

商务谈判实务/曾洁贤，章诗颖主编. —北京：电子工业出版社，2018.8
ISBN 978-7-121-34219-6

Ⅰ. ①商… Ⅱ. ①曾… ②章… Ⅲ. ①商务谈判—教材 Ⅳ. ①F715.4

中国版本图书馆 CIP 数据核字（2018）第 099215 号

策划编辑：陈　虹
责任编辑：柯　彤
印　　刷：涿州市般润文化传播有限公司
装　　订：涿州市般润文化传播有限公司
出版发行：电子工业出版社
　　　　　北京市海淀区万寿路 173 信箱　邮编　100036
开　　本：787×1 092　1/16　印张：13.5　字数：346 千字
版　　次：2018 年 8 月第 1 版
印　　次：2024 年 12 月第 13 次印刷
定　　价：33.00 元

凡所购买电子工业出版社图书有缺损问题，请向购买书店调换。若书店售缺，请与本社发行部联系，联系及邮购电话：（010）88254888，88258888。

质量投诉请发邮件至 zlts@phei.com.cn，盗版侵权举报请发邮件至 dbqq@phei.com.cn。

本书咨询联系方式：chitty@phei.com.cn。

前　言

　　商务谈判是智慧与实力的较量，是谋略与技巧的角逐，是心理与胆量的比拼。从外交到商战，从国内到国际，无不存在着商务谈判，无不体现着商务谈判的艺术。要想成为一名优秀的谈判人员，需要我们全面领会谈判的内涵，苦练各种谈判技巧，熟悉谈判的策略，不断开发自己的应变潜力，以求在谈判桌上掌握谈判的主导权，为己方争取尽可能多的利益。

　　"商务谈判实务"是商贸类专业的核心课程，本书以"基础理论够用，注重实践能力培养"的原则构建知识体系。同时，结合具体的学习项目，采用任务驱动式教学模式，注重实践，以实训为主，注重操作技能和综合素质的培养，力图实现商务活动的需要、专业特点的体现和学生实践能力发展三者的有机统一。本书在编写体例和编写方法上的创新主要体现在以下几个方面。

　　1．体例新颖，突出实践性

　　本书采取项目任务式的编写体例，打破了传统教材篇章结构的模式，做到了教学内容项目化、项目实施任务化、任务落实情景化，具有较强的职业特色。教材以商务谈判的过程为主线，围绕工作任务组织教学，分为"商务谈判认知—商务谈判准备—商务谈判开局—商务谈判磋商—商务谈判结束—商务谈判实战演练"6个项目，共18个任务，每个任务后都安排了技能实训部分，让学生边学边练，突出实践性，有利于培养学生的实践能力。

　　2．创新教学内容的组织形式

　　本书理论精练，案例新鲜丰富，课堂实训活动多样，将枯燥的理论和复杂的商业事务通过浅显、生动的案例展现出来，既增加了趣味性和可读性，又便于学生理解，使学生能更好地掌握商务谈判的实践技巧。

　　3．改革教学内容的学习方式

　　由于教材设计了大量的课堂小实训活动，为了让学生学习更方便，学生可通过扫描二维码的方式浏览这些课堂实训活动的指导或解析，采用线上和线下相结合的学习方式，既可适度控制教材篇幅，也可以保证教学内容的完整。通过充分利用智能手机等信息化教学手段，激发学生的学习兴趣，提高教学效率，从而增强教学效果。

　　本书的编写人员均为教学一线教师，由佛山市陈登职业技术学校曾洁贤、珠海市第一中等职业学校章诗颖担任主编，负责全书架构的搭建和统稿；由佛山市陈登职业技术学校马舒琴、许飞燕，珠海市第一中等职业学校张一曲担任副主编。具体编写分工如下：张一曲、叶维芳、李雪菲、梁绮雯、霍锦焕编写项目一；章诗颖、袁姝田编写项目二；章诗颖、叶维芳、李雪菲、梁绮雯编写项目三；马舒琴、许飞燕编写项目四；曾洁贤、黎肖凤编写项目五；曾洁贤编写项目六。

　　由于编者水平有限，本书难免存在不足和疏漏之处，敬请广大读者批评指正。

编　者

目　录

项目一　商务谈判认知

项目描述

　　谈判是人际交往中的一种重要沟通方式，也是企业生产经营中必不可少的一个环节。美国谈判学家科恩曾说："世界是张谈判桌，万事均可谈判。"由此可见，谈判在我们的社会生活中发挥着重要的作用。本项目将系统地阐述商务谈判的基本知识和基本技能，为后面项目的学习打下基础。

学习目标

知识目标：

➢ 理解商务谈判的概念、基本原则；

➢ 明确商务谈判心理的概念和特点，理解商务谈判心理的重要性；

➢ 了解商务谈判的发散思维、跳跃思维、诡辩思维；

➢ 认识商务谈判中的倾听、提问、回答和非语言沟通知识；

➢ 知道商务谈判中的礼仪知识和要求。

能力目标：

➢ 能够熟练运用商务谈判的基本原则；

➢ 能够养成商务谈判人员积极的心理素质和多种逻辑思维能力；

➢ 能够运用谈判思维以及谈判技能进行沟通与谈判；

➢ 能够运用合适的商务谈判礼仪应对各种谈判行为。

项目实施

任务一　初识商务谈判工作

案例导入

什么是商务谈判？

　　2018 年初，电视剧《谈判官》掀起了一场收视热潮。

　　本剧开篇的第一场谈判，坐标美国纽约，来自中国的快闪打车软件的创始人和美国耶普打车软件的创始人进行了一场推动两家公司合并的谈判。但是当谈判进行到一半的时候，中方的快闪打车软件创始人陈莫却暂停了谈判，耶普的创始人似乎更迫切地想将

谈判进行下去，希望扭转双方在白热化的竞争中两败俱伤的局面。

中方快闪的陈莫此时暂停谈判的原因到底是什么？正当所有人都猜不透的时候，杨幂主演的谈判官童薇被叫来救场，介入这场谈判当中。剧中的童薇是何许人也？她是国际商谈机构的谈判官，凭借扎实的专业功底和胆大心细的谈判风格，在商务谈判桌上无往而不胜，是中美经贸协会中最年轻耀眼的谈判专家。

童薇能打破这个僵局吗？她会给我们呈现怎样的谈判技巧呢？在继续揭晓剧情之前，让我们先了解一下什么是谈判，什么是商务谈判。

知识准备

较为正式的、官方的会谈一般称为"交涉"（Negotiation），较为随便的、生活化的会谈是"谈话"（Talks），但都被称作谈判。谈判是社会生活中经常发生的事情，几乎每个人在某一特定条件下，都会成为一个谈判者。

一、什么是谈判

推销商品是谈判，生意往来是谈判，上街购物是谈判，夫妻沟通是谈判。想使自己的看法被别人接受，就需要谈判。谈判其实几乎无所不在，已成为人们日常生活中不可或缺的部分。男女老少随时随地都可能会进行着谈判，只是每个人所选择的谈判观念和谈判方式会有不一样。

知识链接

谈判概念的四种理解

（1）谈判是一种有目的的活动。谈判是建立在需要基础之上的，谈判的各个方面都希望能够从对方那里得到自己所需要的利益。这些利益包含的内容非常丰富，有物质的也有精神的，有组织的也有个人的。

（2）谈判是一种双向交流与沟通的过程。参与谈判的各方只有通过充分交流与沟通，才能真正了解彼此的需要，谈判时才能做到有的放矢。把对方的需要摸得越清楚，谈判的成功率越高，双方获得的利益也就越大。

（3）谈判是一种人际交往活动。谈判通常是在人与人之间进行的，他们或者为了自己或者代表团体，是一种有目的的人际交往活动。谈判是否能够取得满意的结果，与谈判人员有着密不可分的关系。

（4）谈判是一个协调行为的过程。开始谈判意味着某种需求希望得到满足，某个问题需要解决或某方面的社会关系出了问题。谈判的过程实际上就是在找寻共同点的过程，也是一个协调行为的过程。解决问题，协调矛盾，不可能一蹴而就，总需要一个过程。

谈判的核心任务在于一方企图说服另一方或得到另一方的理解、赞同或接受自己所持的观点。因为个体的差异性，或是利益的诉求点不同，为了达到共同利益的实现，沟通与谈判就成为了必不可少的环节。

课堂小实训 1-1-1

请同桌两两一组，进行谈判工作体验。

一位同学扮演班干部，一位同学扮演值日生。下午下课后，班干部要求值日生完成班级卫生打扫，但值日生却想去参加学生会的部门会议，因为他是本次部门会议的主持人。此时，班干部与值日生之间会有怎样的沟通谈判对话呢？试一试，看哪位同学可以说服对方。

_____

_____

二、商务谈判的概念

商务谈判，它是一种经济谈判，是不同利益群体之间，以经济利益为目的，就双方或多方的商务往来关系而进行的谈判。

商务谈判是在商品经济条件下产生和发展起来的，它已经成为现代社会经济生活必不可少的组成部分。可以说没有商务谈判，经济活动便无法进行，小到生活中的购物环境，大到企业法人之间的合作、国家与国家之间的经济技术交流，都离不开商务谈判。

案例 1-1-1

美国通用汽车集团是世界上最大的汽车公司之一，通用汽车曾经起用了一位名叫罗培兹的采购部经理。他上任半年，就帮通用汽车增加了净利润 20 亿美元。他是如何做到的呢？

汽车是由许许多多的零部件组成的，其中大多数是外购件，大到轮胎、车窗，小至雨刮、电线、按钮等。罗培兹上任的半年时间里，一直在做一件事情，就是把所有供应配件的厂商请来谈判。

他说我们公司信用这么好，用量这么大，所以我们认为现在要重新评估采购的价格。如果你们不能给出更好的价格，我们就考虑更换供应的厂商。这样谈判下来之后，罗培兹在半年时间里就为通用汽车省下了 20 亿美元。

★案例启示：在市场经济条件下，各个经济实体间有大量的经济往来，面对大量的交易活动，企业间需要进行商务谈判，以便约束双方的交易行为，从而更好地实现自己的利益。案例中，罗培兹正是通过了有效的商务谈判，为企业节约了大量的开支。

知识链接

商务谈判的特性

1. 商务谈判的主体是相互独立的利益主体

谈判活动必须在两个或两个以上的谈判主体之间进行，任何个人或组织都无法独自进行。谈判双方作为相互独立的利益主体，不能无偿占有对方的利益，只能通过谈判，在双方都能接受的条件下进行交易。

2. 商务谈判的目的是经济利益

商务谈判的双方是在相互合作中实现自身利益的最大化。在谈判中了解和把握本次商务谈判的利益关系界限十分重要，如果一方的期望过高，超越了对方利益的临界点，势必导致谈判失败。只有在对方所能接受的临界利益之上考虑己方的利益，谈判才有可能成功。

3. 商务谈判的核心议题是价格

以商品交易为内容和以经济利益为目的的商务谈判，其谈判议题必然是以价格为核心。在商务谈判中，无论谈判议题如何，其实要么直接决定价格，要么间接体现价格，价格总是商务谈判议题的核心。

课堂小实训 1-1-2

请记录一次自己参与的谈判过程，与小组成员交流，并谈谈自己的启发。

我参与的一次谈判是：

_____

_____

我的启发是：

_____

_____

_____

三、商务谈判的基本原则

商务谈判的基本原则是指商务谈判中谈判各方应当遵循的基本准则，它是商务谈判的实践总结和制胜规律。准确地认知和把握商务谈判基本原则，有助于提升谈判者的综合素质和商务谈判的成功率。商务谈判的基本原则如表 1-1-1 所示。

表 1-1-1　商务谈判的基本原则

序 号	商务谈判基本原则	基 本 内 容
1	平等自愿原则	谈判各方是在地位平等和自愿合作的条件下建立合作关系，无论其实力强弱、规模大小，其地位和人格都是平等的，并通过平等协商、公平交易来维护各方的权利和义务
2	互利多赢原则	谈判各方在讨价还价、追求自身利益最大化时，也要考虑到合作方的利益，获得共赢和多赢。只有在共赢和多赢的情况下，合作的关系才能稳定且持久
3	立场服从利益原则	谈判各方在处理立场与利益时，应该以利益为出发点，不能在立场上斤斤计较，固执己见。适时要为了自己的利益而对立场进行调整
4	对人不对事原则	在谈判中，注意人与事的区别，就事论事，把对谈判对手的态度与所讨论的问题区分开来
5	诚实守信原则	谈判各方在谈判过程中一定要言而有信，遵守承诺。只有这样，才能获得他人的信任，为将来长久的合作奠定优良的基础
6	客观标准原则	谈判各方因为坚持不同的标准而产生分歧时，可以运用独立于各方意志之外的、合乎情理且切实可行的客观标准来达成一致。可以是国际标准、国家标准或者是行业标准

案例 1-1-2

广东省 A 企业要出口一批瓷砖到南美，可是当地政治环境复杂，海关贪腐情况严重，货物常常出现丢失情况。因此 A 企业向当地进口企业 B 企业提出，当他们把货物托运上船，完成报关手续后，即算交付完成。而 B 企业认为，自己还没有收到货，如何能算完成交易呢？因此双方就这个问题迟迟无法达成一致。一个偶然的机会，负责托运货物的船务公司了解情况后提出："何不为这批货物购买国家政策支持的出口保险，只需要以较低的价格，就能够获得充分的保障。"于是，双方就这个问题达成一致，共同出资购买了货物出口保险，以商品抵达当地完成验收时才为完成交易。

★**案例启示：** 无论是在商务谈判，还是个人纠纷中，双方往往在自己的立场上讨价还价，如果都坚持己见，往往会导致谈判破裂。所以，在商务谈判中，一定要坚持立场服从利益原则，为了实现谈判目标而采用更为灵活、机敏的处理方式。该案例中，谈判双方听从了船务公司的建议，为了共同的利益，而改变了各自的立场，正是利益服从立场的体现。

课堂小实训 1-1-3

王先生为建造自家两层房屋而和承包商签订了承包合同，合同价格明确，可是合同中没有明确房屋地基要挖到多少深度。承包商认为 600cm 足够了，而王先生则希望能够做到 1 200cm 深。双方在这个问题上争执不下，导致工程迟迟没有开工。王先生的朋友了解到这个情况后，代替王先生和承包商谈判："可能按照你们说的，600cm 也许够了，但是王先生所需要的是稳固的地基。相信政府在这方面有标准的行业规范，我们可以参考行业规范、结合当地的地质条件，商讨到合适的地基深度。"

就这样，王先生的朋友帮助王先生将谈判主观立场上的谈价还价，演变成了双方寻求客观标准的努力，最终也取得了积极的结果。

想一想：这次谈判遵循了什么谈判原则，它的优势在哪里？

_____

_____

四、商务谈判的艺术技巧

随着社会交往的迅速发展，谈判已经发展成为一门集政治性、技术性和艺术性为一体的综合性学科。在谈判中既要遵循谈判的一般规律，更要掌握谈判的艺术技巧，才能实现有效沟通，达成自己的谈判目标。在遵循商务谈判的艺术技巧时，我们要注意以下几点。

1. 针对性强

在商务谈判中，双方各自的语言，都是表达自己的愿望和要求的，因此谈判语言的针对性要强，做到有的放矢。模糊、啰唆的语言，会使对方疑惑、反感，降低己方威信，成为谈判的障碍。针对不同的商品、谈判内容、谈判场合、谈判对手，要有针对性地使用语言，才能保证谈判的成功。

2．表达方式婉转

谈判中应当尽量使用委婉语言，这样易于被对方接受。比如，在否决对方要求时，可以这样说："您说的有一定道理，但实际情况稍微有些出入。"然后再不露痕迹地提出自己的观点，让对方心平气和地认真倾听自己的意见。要善于把自己的意见用委婉的方式伪装成对方的见解，在自己的意见提出之前，先问对手如何解决问题。当对方提出以后，若和自己的意见一致，要让对方相信这是他自己的观点。在这种情况下，谈判对手有被尊重的感觉，他就会认为反对这个方案就是反对他自己。

3．灵活应变

谈判形势的变化是难以预料的，往往会遇到一些意想不到的尴尬事情，要求谈判者具有灵活的语言应变能力与应急手段，巧妙地摆脱困境。当遇到对手逼你立即做出选择时，你可以有礼貌地告诉对方你要与一个约定的朋友通电话等，得体地赢得几分钟的思考时间。

4．语言幽默

在谈判中，幽默的谈吐，是必不可少的。它不仅能使严肃、紧张的气氛变得活泼、轻松，而且能让人感受到说话人的温厚和善意，使其观点变得易于接受。幽默不仅能反映一个人对生活积极、乐观的态度、同情心和爱意，同时还反映着一个人高尚的审美情趣和丰富的知识修养。因此，在谈判中适当的幽默语言，能起到润滑剂的作用。

5．恰当地使用无声语言

商务谈判中，谈判者通过姿势、手势、眼神、表情等非发音器官来表达的无声语言，往往在谈判过程中发挥重要的作用。在有些特殊环境里，有时需要沉默，恰到好处的沉默可以取得意想不到的良好效果。

案例 1-1-3

谈判中的艺术技巧被广泛应用在商业中、生活中的方方面面，同学们，你能看出下面的案例中有哪些艺术技巧？

某商场休息室里经营咖啡和牛奶，刚开始服务员总是问顾客："先生，喝咖啡吗？"或者是"先生，喝牛奶吗？"其销售额平平。后来，老板要求服务员换一种问法，"先生，喝咖啡还是牛奶？"结果其销售额大增。原因在于，第一种问法容易得到否定回答，而后一种是选择式，大多数情况下顾客会选一种。

某知名演员在一次活动中遇到了某知名企业家。企业家走上前与之一阵寒暄，然后故意问："你觉得我长得怎么样？"演员一脸认真地说道："我觉得和我差不多。"企业家笑笑又问："我们长差不多，那你能免费做我的发言人吗？" 演员也笑了："没问题啊，但是你得送我一辆车。"企业家一脸好奇地问到："你想要什么车啊？"演员说："购物车啊！"此话一出，企业家哈哈大笑，不得不佩服对方的高情商。

★**案例启示：** 成功的谈判都是出色运用语言艺术的结果，除了语言的艺术，谈判者通过姿势、手势、眼神、表情等非发声器官来表达的无声语言，在谈判过程中也发挥重要的作用。

课堂小实训 1-1-4

请同学们模拟一个推销场景，客户正对你的产品进行大幅砍价，你将以什么方式进行应对呢？

_____

_____

参考答案

本任务中"课堂小实训"参考答案详见二维码。

技能实训1-1

探寻生活中的谈判情景

1. 训练目的和要求

根据课堂的学习，结合情景案例，学生分析案例中谈判人员应用的谈判方法，记录你认为关键的谈判技巧。在课下观察和记录在生活中发生的谈判情景，并与同学们分享。

2. 场景设计

紧接开篇案例的剧情，在剧中的这场谈判中，美方耶普打车软件的创始人一直都是谈判需求最强烈的一方，从他的表现可以看出他对谈判要求得相当迫切。

但另一边，中方快闪打车软件的创始人却暂停了谈判，谈判的进度被搁置了。为什么中方创始人暂停了谈判，而谈判官童薇如何打破僵局，使谈判进行下去，实现双方共赢互惠呢？

当童薇被邀请前来救场时，留给她准备的时间是非常有限的。在出发前，她对快闪创始人陈莫迅速进行了商业领域方面的调查和了解，调查涉及陈莫的基本情况、经营情况及创业历程。

童薇到达谈判现场后，陈莫是处于不接见任何人的情形，谁都不允许进他办公室。此时，童薇站在陈莫的办公室门口，高声喊道："我是快闪的用户，我要投诉！你们陈总呢？"作为公司的创始人，陈莫对于公司用户的投诉问题自然是感兴趣的，果不其然，他向童薇打开了门，童薇也因此赢得了将这场谈判进行下去的机会。

童薇此行作为中介人参与这场谈判，目的是促进两家公司进行商业合并。美方耶普的需求很显然是希望合并，而中方快闪似乎对合并有了反悔的态度。谈判的开始意味着某种需求希望得到满足，根据童薇对陈莫的调查，陈莫并不缺钱，那么陈莫为何在谈判过程中突然喊停，他的需求点是什么呢？

童薇在谈判的开始，首先借用了一个基层司机在快闪与耶普这两家公司的激烈竞争中，

利用规则漏洞从中获利的例子，帮助陈莫从另一层面去了解双方斗争带来的不利影响，激发了陈莫想要改善不良现状的需求，想要改善便需要通过谈判来和竞争对手达成一个共赢的局面，即促成合作的意向。

而陈莫考虑的是美方耶普一旦和快闪合并以后，在专车市场只剩下耶普一家独大，没有了竞争，这是他作为创始人不愿意看到的。

此时，童薇的第二步做法是：唤醒陈莫的创业情怀。童薇协助陈莫站在用户的角度去分析，假设双方继续斗下去，那么用户会受到什么样的影响呢？可以预见的后果是用户又陷入了出行打车不方便的状态。这与陈莫当时创办这个打车软件，想要改变人们出行打车困难的理想相违背，也是陈莫所不愿意看到的。意味着陈莫所做的一切重回原点。无论从理想还是个人付出方面，这对陈莫来说无疑是损失最大的。因此，合并虽然会伴随着一些不利的因素，但对于这两家公司而言，合并终究是最优的方案。

童薇最后对陈莫说："一家独大肯定是不好的，但是两败俱伤，也是您不愿意看到的，对吧？其实合并以后，您还是有很多事情可以做的。我只是希望您能给自己一个机会，也给我们用户一个机会。您觉得呢？"

自始至终，童薇都是设身处地为对方分析其立场的利弊，并言辞友好、态度诚恳，使对方感到她的诚意。尽管陈莫一开始持抗拒的态度，但被童薇的分析给说服，最终同意与耶普公司继续进行合并谈判。

3．训练准备

（1）熟悉谈判的概念。

（2）熟悉商务谈判的概念，及商务谈判的特性。

（3）分析案例，记录案例中谈判人员应用的谈判方法及谈判技巧及体现的谈判原则。

（4）分小组观察和记录在生活中发生的谈判情景。

（5）制作相关PPT，将观察和记录到的生活中的谈判情景跟同学们分享。

4．训练实施

（1）小组开展分析案例活动。

（2）小组成员分别发表自己的看法，进行讨论。

（3）小组成员制订本小组生活中谈判情景的观察和记录方案，并在课下开展活动。

（4）小组成员汇总观察和记录的内容，归纳出小组分享的内容，并制作PPT、图表、照片等。

（5）开展小组分享活动，此环节可由一名同学完成，也可由多名同学完成。

任务评价

教师组织填写"任务完成情况评价要素表"，对本次实训过程中学生的完成情况进行一个综合评估。

任务完成情况评价要素表

组别：   学生姓名：

序 号	考 核 点	分 值	得 分
	小组评价	共20分	
1	出勤情况	2	
2	态度与纪律	3	
3	参与活动时与人沟通的能力	5	
4	参与讨论的积极性	5	
5	团队合作的表现	5	
	本人评价	共40分	
6	了解商务谈判的艺术技巧	3	
7	掌握商务谈判的概念	3	
8	熟悉商务谈判的基本原则	4	
9	能够分析案例中应用的谈判技巧与方法	5	
10	能够分析案例中应用的商务谈判原则	5	
11	能准确记录和分享生活中的谈判情景	6	
12	能够制订本小组谈判情景的观察方案	6	
13	能够总结案例，分享小组成果	8	
	教师评价	共40分	
14	商务谈判基础知识的掌握	20	
15	商务谈判基本技能的掌握	20	
	本次实训分数小计（总分100分）		
	累计积分账户		

累计积分账户说明：90～100分积5分；80～89分积4分；70～79分积3分；60～69分积2分；60分以下积1分。

任务二　培养商务谈判心理素质

案例导入

　　我国A厂就采购一批大型机床与德国B公司开始了谈判。A厂希望德方能在未来十年都提供免费的技术升级支持，而德方表示最多提供3年技术支持，双方就此问题陷入了僵局。德方离开中国前一天，双方谈到第二天凌晨2点仍旧没有结果。此时A厂王经理表示："就到这里吧，今天贵方要赶飞机，如果实在谈不成，天亮后送你们上飞机。"起身，中方人员便告辞了。早晨天亮后，德方经理按捺不住了，通过助理表示愿意再谈一次。中方经理助手问道："不是今天上午的飞机吗？你们有时间吗？"德方经理助理回答："不，是晚上的飞机。"

中方人员听到后表示很兴奋，这表明德方还是希望促成此次交易，自己更应该坚守立场。在上午的谈判中，德方表示愿意提供5年技术支持，但中方依旧坚持自己的立场，谈判依旧没有结果。午饭后，中方人员帮助德方人员把行李搬到汽车上，此时中方经理助理十分紧张，因为他知道，如果此次谈判失败，申请下来的专项拨款资金就要取消了，他悄悄拉了一下王经理的衣服，但是王经理依旧泰然自若，面带微笑与客人说再见。

汽车启动那一瞬间，德方经理突然说："王经理，如果您能够送我们去机场，说不定我们还可以再谈谈。"王经理不动声色地回道："如果还想谈，不妨还是回到会议室，机票还可以改签。"德方无可奈何地下了车，不到两个小时，双方就按中方的意图签订了采购合同。

商务谈判实际是谈判者心理的较量，谈判技巧灵活多变，案例中的我方谈判代表及时捕捉对方的心理，运用谈判心理技巧，在不动声色之间，使谈判向有利于己方的方向发展。

知识准备

人的心理活动会影响人的行为。商务谈判心理对进行商务谈判有着重要的影响，充分利用谈判心理可以帮助分析、判断对方的内心世界，更好地洞察对方的意图，从而在商务谈判中把握主动权。

一、商务谈判心理概述

（一）商务谈判心理的概念

商务谈判心理是指在商务谈判活动中谈判者的各种心理活动。它是商务谈判者在谈判活动中对各种情况、条件等客观现实的主观能动反映。

（二）商务谈判心理的特点

商务谈判心理与一般的心理不同，其心理活动主要具有以下三个特点，如图1-2-1所示。

（1）内隐性。内隐性是指商务谈判心理藏之于脑，存之于心，别人无法直接观察到。但是，由于人的心理与行为有着密切的联系，所以我们通过观察、发现人的外在行为或表情活动的变化，分析、推断人的内心活动。

商务谈判心理特点

①内隐性

②相对稳定性

③个体差异性

图 1-2-1 商务谈判
心理特点

A公司与B公司针对下一季度订购耗材的问题进行谈判,于是派出业务员与B公司代表进行磋商。在谈判过程中,B公司的代表态度友好,并向A公司的业务员详尽地介绍了本公司的产品,分析对比了其他竞争者的产品,一番洽谈下来,A公司对B公司的态度和服务均表示满意,产品的报价也较为合理,很快 A 公司就与 B 公司达成了交易协议。

讨论:请从心理学的角度分析为什么A公司与B公司可以快速达成交易。

_____

_____

理论上,谈判者的内心活动可以通过外在行为加以判断推测,但作为一个优秀的谈判者,往往喜怒不形于色,在谈判时会有意隐藏其内心活动,在涉及谈判条件变化时不会直接表现在其外在行为上,尤其是面部表情上。

知识链接

从心理学看常见的表情及含义

1. 常见的面部表情及其含义

眼睛:眼睛直视,表示内心的关注与坦白,说明对方对你所说的话感兴趣或表示欣赏;回避视线,目光左顾右盼,表示对方对你的话语不感兴趣,甚至厌倦;斜视对方,表示不屑和藐视。

眉毛:眉毛肌肉的变化是人体微表情的重要表现。舒眉表示满意;皱眉表示不满;低眉表示顺从;横眉表示敌意。

嘴巴:主要是观察口唇与口部肌肉的变化。嘴巴微微张开,嘴角上扬表示高兴、友好;嘴角下垂表示不满;嘴巴呈圆形张开表示吃惊;嘴唇肌肉紧张则表明其有拒绝之意或防备、抵御心理。

2. 常见的动作表情及其含义

手:一般情况下,双手放松,自然摊开表示放心和信任;用手抚摸下巴或捋胡子的动作,则表示对提出的问题感兴趣,并加以思考;手部握拳表示愤怒;两手手指顶端对贴,掌心分开表示高傲自负或自己地位高尚;双手交叉放胸前,表示防备和抗拒。

腿脚:站姿表示了倾向性。双腿不自觉夹紧和抖腿表示紧张、焦虑;重心放在一条腿上,表示轻蔑;双脚打开表示开放;脚尖朝内表示拒绝。

观察图 1-2-2 中人物的表情与动作，分别说明其代表的含义。

图 1-2-2　常见的动作表情

（2）相对稳定性。相对稳定性是指人的某种商务谈判心理现象产生后往往具有一定的稳定性。尽管谈判心理可能会随着谈判的活动进行而变化，但是在一段时间内，双方的谈判心理仍会保持相对的稳定，不会有太大的变化。

（3）个体差异性。个体差异性是指因谈判者的主客观情况不同，谈判者个体之间的心理状态存在着一定的差异。在商务谈判过程中，我们既要遵循谈判心理的普遍性，又要遵循个体差异性，这样才能更有效地进行商务谈判。

商务谈判心理除了以上三个特点之外，其心理活动还具有博弈性、组织性、功利性和虚实相间性等自身独有的特点。

二、商务谈判心理的重要性

人的心理影响着人的活动，谈判心理对商务谈判有着举足轻重的作用。商务谈判不仅是商务问题的谈判，更是一场心理较量。正确认识谈判心理在商务谈判中的作用，培养良好的商务谈判心理意识，巧用科学的谈判心理技巧，是商务谈判成功的制胜关键。

掌握和研究商务谈判心理，对于商务谈判主要有以下几个作用，如图 1-2-3 所示。

1. 有助于谈判人员培养自身良好的心理素质

具备良好的心理素质是谈判者抵御谈判心理挫折的条件和通向谈判成功之路的基石。加强自身心理素质的培养，能够增强谈判的心理适应度。要保证谈判成功，谈判人员需要具备的心理素质如图 1-2-4 所示。

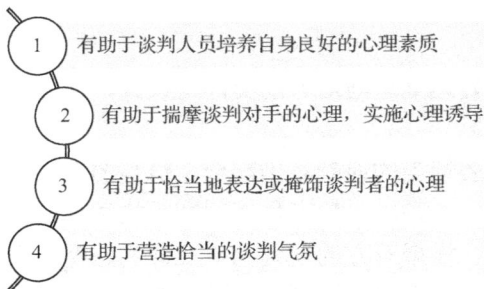

图 1-2-3　商务谈判心理的重要性

图 1-2-4　商务谈判应具备的心理素质

2. 有助于揣摩谈判对手的心理，实施心理诱导

谈判人员了解商务谈判心理，经过实践锻炼，可以通过观察、分析谈判对手的言谈举止，揣摩谈判对手的心理活动状态，比如：谈判人员可以观察对方的兴趣点在哪里，从而发现、分析其需要所在。

> ### 课堂小实训 1-2-3
>
> 2013 年广东一家玻璃厂和美国欧文斯公司就引进一批玻璃生产线一事进行谈判，在全部引进还是部分引进这个问题上产生了分歧，双方各执一词，相持不下。
>
> 玻璃厂厂长虽心急如焚，但知道双方如果一个劲儿地说下去，可能会导致谈判破裂。于是，调整了说话战术，说道："全世界都知道，欧文斯公司的技术、设备、产品都是一流的，如果欧文斯公司能够帮助我们玻璃厂跃居全中国一流，那么全中国都会很感谢你们。"由于这个话题脱离刚刚的僵持不下的问题，还诚恳又切实地发出赞叹，欧文斯公司代表的表情舒缓了许多。玻璃厂厂长继续道："美国方面也知道，现在意大利、荷兰等几国的代表，正和我国北方省份玻璃厂谈判引进生产线事宜，如果我们因为这一点点小事而失败，不仅是我们公司，更重要的贵公司也将蒙受重大的损失。"对方正在思考的片刻，玻璃厂厂长又道："目前，我们资金有困难，不能全部引进，还请美国同事们理解和原谅，而且我们希望在我们困难的时候，你们能伸出友谊之手，为我们未来的合作奠定良好的基础。"就这样，双方很快打破了僵局，洽谈成功。
>
> 讨论：玻璃厂是如何利用对方的心理将谈判化险为夷的？
>
> _____
>
> _____

充分了解谈判对手的心理、谈判思维特点、对谈判问题的态度等，可以帮助己方采取具有针对性的谈判准备和对策，把握谈判主动权，有利于谈判优势向己方转化。

3. 有助于恰当地表达或掩饰谈判者的心理

在谈判过程中我们的言语、情绪、表情、行为表现等，往往会无意透露己方的需求、动机、态度和期望目标等商务信息，而这些信息可能是我们在商务谈判中的核心机密，泄露了这些机密，就会使我方在谈判中处于被动的位置。

4．有助于营造恰当的谈判气氛

掌握商务谈判心理技巧还有助于谈判人员更好地处理与对方的交际与谈判，从而形成良好的交际与谈判氛围。

为了使商务谈判能达到预期效果与目的，需要恰当的谈判氛围配合。恰当的谈判氛围能够有效地影响谈判人员的态度和情绪，顺利推进谈判。一般商务谈判高手往往也是营造谈判氛围的能手，能对不利的谈判气氛加以把控，根据双方的谈判利益及谈判态度、策略适时而变。一般情况下，友好、和谐的谈判气氛有利于促成谈判，但适当的谈判气氛不一定都是和谐融洽的。出于不同谈判利益或情境的需要，有时也可能会刻意制造紧张或不和谐的气氛，施予对方压力，抵御对方胁迫，迫使对方让步。

> **课堂小实训 1-2-4**
>
> 在某次多边国际商务谈判中，A 国的谈判代表多采用"你们不能……""你们必须要……""我奉劝你们……"的口吻表达己方意见，想通过严词厉色给 B 国施加心理压力。等他发言完毕，轮到 B 国代表发言时，B 国代表不紧不慢地说："相传有句古话说，不要教老奶奶煮鸡蛋，我方在××方面经验丰富……"此番回应，让 A 国代表顿感窘迫，顿生失色。
>
> 讨论：B 国代表是否有必要如此回敬对方？对谈判气氛会产生什么影响？
>
> _____
>
> _____

三、商务谈判心理实用技巧

在商务谈判中，如果可以对人的心理加以利用，可以使谈判达到事半功倍的效果。

（一）利用商务谈判需要

需要是人对某种目标的欲望和渴求。商务谈判需要是指商务谈判人员的谈判客观需求在其头脑中的反映。需要引发动机，动机驱使行为。商务谈判需要是商务谈判的心理基础，只有双方的需要都得到满足，谈判活动才能成功。

> **课堂小实训 1-2-5**
>
> 某公司总经理高级工程师 B 赴上海与世界著名建筑设计师凯文进行洽谈，目的是让其团队为公司 XX 大厦设计一套最新方案。
>
> 谈判开始时，B 先介绍："大厦建设方案是在七八年前设计的，其外形外观、立面等方面与跨世纪建筑的设计要求存在很大差距。我们慕名远道而来，恳请您的合作与支持。"B 接着提供了施工现场照片、图纸、原设计方案等资料。设计方在上海已注册有一家甲级建筑设计公司，并顺利打开了上海的设计市场，正找寻其他城市的机会，因此对这一项目也很感兴趣。设计方报价 40 万元，B 还价 20 万元。双方僵持不下，谈判暂时结束。第二天，设计方主动降价，由 40 万元降为 30 万元，并表示低于这个价格就不做了。企业方代表分析，对方还有可能会降价，于是仍然坚持出价 20 万元。眼看谈判陷入僵局。B 说："您可以与我公司总经理通话，待总经理决定并给我们指示后再谈？"紧张的气氛才缓和下来。

之后，设计方直接与总经理联系。在此之前，B 早已向总经理汇报了谈判的情况。当设计方与总经理通话时，总经理也做出了具体让价指示。最后，企业方出价 25 万元，设计方基本同意。但提出交图纸的时间比原计划延期两周。当天晚上双方草签了协议。

讨论：为什么设计方报出 40 万高价，最后却愿意坐下来与继续谈判从 40 万降到 25 万？

_____

_____

需要和对需要的满足是谈判的共同基础和动力，谈判人员的每一次交锋、每一次让步都是为了需要，需要是谈判的最终目的。

（二）积极倾听

积极倾听是尊重对方的一种方式，优秀的谈判人员能通过倾听准确地理解和获取对方表述的信息。在谈判中，谈判人员倾听需要做到眼、耳、心三者有机结合，从而获取情报。

案例 1-2-1

小刘是一名非常善于倾听的谈判人员，他喜欢提前到达谈判地点，通过与他人聊天获取一些意外的情报。有一次，他到一家工厂去谈判，他提前来到工厂，与上班的工厂师傅聊起了天。聊天时发现，这个师傅是一位工段长而且还很了解小刘公司的产品。在融洽的交谈中，师傅称赞道："你们公司的产品很不错，我们与这么多公司合作过，只有你们的产品能符合我们工厂的规格与标准。"聊天结束时，师傅还说："希望你们能早日谈成，因为我们厂里的存货快用完了。"最后，小刘通过分析这些情报，成功在谈判中为自己公司争取了非常好的条件。

★案例启示：案例中，小刘在与工厂师傅聊天的过程之中，通过积极倾听、诱发性地发问获得了对己方谈判非常有利的情报，为己方争取了更有利的交易条件。而这些情报，则是对方在谈判交涉过程之中不会轻易泄露出来的。

（三）擅用红白脸术

红白脸术是指谈判过程中，利用谈判者既想与你合作，但又不愿与有恶感的对方人员打交道的心理，由两个人分别扮演"红脸"和"白脸"的角色，诱导谈判对手妥协的一种策略。商务谈判研究表明，在一方充分把握另一方的心理态度或一方掌握另一方的重要信息的前提下，可以利用红白脸术迫使对方妥协交易。

课堂小实训 1-2-6

一位富豪计划从帝豪家具厂购进 20 套红木家具，于是他派出助手提前到帝豪家具厂进行摸底，了解该家具厂的详细情况。昨日，他亲自来到家具厂与对方代表进行谈判。富豪了解到该家具厂最近在管理上出现了点问题，资金回无法筹，于是提出了 14 项严苛的要求，加上富豪性情古怪、脾气暴躁，谈判过程中双方相持不下，怎么谈也谈不拢。

富豪不死心，接着派出私人代表出面谈判。意想不到的是，他的私人代表竟然把20套红木家具全部买到手了。富豪便问他是如何做到的，私人代表说："那很简单，每当谈不拢时，我都问对方，你是希望和我解决这个问题，还是请我老板出面来谈呢？"这么一问，对方只好乖乖地说："算了，还是按你的意思办吧。"

讨论：富豪的私人代表是如何利用红白脸术促成交易的？

_____

_____

（四）利用报价改变谈判对手的期望

1．卖方高报价策略

一笔好的交易，往往都是通过双方不断讨价还价，各自让步后才更能体现。高报价策略能够创造出一种对方取胜的气氛，卖方通过一定的让步给对方造成一种错觉——我方已为促成交易做出很大的牺牲，但实际上不过是舍弃了一些微不足道的要求或东西而已。

2．非整数报价策略

非整数报价是利用一些巧妙的数字安排，给对方造成感知上的错觉，从而刺激购买，促使谈判成功。非整数报价容易给对方形成这样的感觉：产品定价精细、准确、合理，从而增加购买可信赖感。由于地区差异、民族风俗习惯的不同，往往会存在不同数字的偏好或忌讳。比如中国喜欢"6""8"，寓意事事顺利，兴旺发达，忌"4""7"；美国认为"13"不吉利。采用非整数报价，应有意识地选择对方偏好的数字或避开对方忌讳的数字，使谈判取得满意的效果。

参考答案

本任务中"课堂小实训"参考答案详见二维码。

技能实训1-2

商务谈判心理分析

1．训练目的和要求

根据谈判情境仔细观察对方，揣摩对方的谈判心理，运用所学的理论与技巧开展商务谈判活动，培养和提高学生在业务情境中谈判心理分析和问题解决的能力。

2．场景设计

假如你计划出国定居，现想将国内自己名下的房屋进行出售，联系房产中介将出售信息放出，有以下几个人联系你欲洽谈房屋买卖事宜。

场景一：陈太太的儿子今年6岁了，她计划买套学区房给儿子上中学，刚好你的

房子是当地较好的二中学区，陈太太向你发出求购意愿。谈判过程中，尽管陈太太再三请求，你的态度仍很坚定，在交易条件和价格方面丝毫不让步。最后因价格问题，谈判以失败告终。

场景二：小张计划在明年结婚，初次与你进行购房谈判，以 25 万元，各付个税，一次性付款达成初步意向。数日后，约见面谈其他细节问题，小张不经意听到你的电话谈话，得知你准备下个月出国，即时改变谈判态度，表示购房需征求未婚妻意见，并拟造未婚妻的购房要求，表示房子可能不大合适，想再观望看看，除非你愿意降低价格。你看穿了小张的心思，不愿就范，第二次谈判双方相持不下，谈判无果。

又过了一周，你行期日益逼近，另寻买主已不大现实，但你仍不动声色。小张再次约谈试探。这次你主动发声，表明自己没有时间与小张讨价还价，并告知近期准备出国，春节后再回来，若到时还想买再来谈，并拿出机票发出最后通牒。双方僵持了一会儿，最后小张当场拿出他准备好的 25 万元现金成交。其实你已经做好最坏的打算——以 20 万元的价格成交。

将班级学生分成若干实训小组，根据情景模拟开展房子买卖交易谈判，运用适当的商务谈判心理理论与技能，使谈判顺利进行。

3．训练准备

（1）熟悉商务谈判心理的理论与技能。
（2）布置谈判会场，准备好谈判所需道具。
（3）根据场景自行设计合理的谈判对话。
（3）模拟房子买卖交易，利用心理学知识，洞察对方的心理，掌握谈判的主动权。

4．训练实施

（1）根据场景，分析谈判双方的需求，了解双方的谈判态度。
（2）观察对方谈判经验、交易意向。
（3）模拟房子买卖交易谈判，注意观察对方的动作、神情和语态，根据情境分析对方心理，试探对方的谈判条件和目标。
（4）巧用商务谈判心理技巧。
（5）学生互评：每个小组派出一名同学作为裁判组成员，对展示小组进行评价。各小组的组长对本组的表现进行综合点评，分析其优势及不足。
（6）教师点评：老师根据各小组的成员现场模拟表现，对各小组进行点评总结。

任务评价

教师组织填写"任务完成情况评价要素表"，对本次实训过程中学生的完成情况进行一个综合评估。

任务完成情况评价要素表

组别：　　　　　　　　　　　　　　　　　　　　学生姓名：

序　号	考 核 点	分　值	得　分
	小组评价	共20分	
1	出勤情况	2	
2	态度与纪律	3	
3	参与活动时与人沟通的能力	5	
4	参与讨论的积极性	5	
5	团队合作的表现	5	
	本人评价	共40分	
6	了解商务谈判心理的重要性	5	
7	熟悉商务谈判心理的特点	5	
8	掌握商务谈判心理的实用技巧	6	
9	能洞察对方心理，分析对方需求	6	
10	能在谈判过程中运用肢体动作或微表情，意思表达明确	8	
11	心理技巧选择得当，达到谈判目的	10	
	教师评价	共40分	
12	商务谈判心理素质理论知识的掌握	20	
13	培养商务谈判心理素质技能的掌握	20	
		本次实训分数小计（总分100分）	
		累计积分账户	

累计积分账户说明：90～100分积5分；80～89分积4分；70～79分积3分；60～69分积2分；60分以下积1分。

任务三　训练商务谈判思维能力

案例导入

医疗设备采购谈判

我国南方某科研机构准备向德国采购10台大型精密医疗设备。在第一轮谈判中，德方报价是每台80万美元。而根据我方了解到的情况，同类产品国际行情价格为50万美元一台，因此我方提出要求德方就报价做出解释并希望能够以市场行情价成交。

第二轮谈判中，德方提出同意将设备价格降至65万美元一台，并表示非常珍惜和中方的合作关系，甚至不惜工本将价格降到了不能再降的地步，希望中方能够接受。在谈判中，德方一直围绕已经根据中方要求进行了大幅的降价，如果中方再不能接受，那么谈判也无法继续。

在第二轮谈判中，德方似乎非常有诚意，采取了折中的报价，但实际上则回避了我方要求对价格进行解释的要求。如果原本的报价就虚高，再大幅降价，又有何意义呢？如果中方被这种大幅降价的诡诈术所迷惑，被对方牵着鼻子走，那么在谈判中无疑就陷入被动挨打的境地。

商务谈判是一项充满思维艺术和逻辑艺术的社会活动。如何充分运用有利因素、避免不利因素、达成谈判目标，都依赖于商务谈判人员准确的思维逻辑。在这个案例中德方采用了避实就虚的诡辩思维，避开解释报价的组成基础，而转向自己已经大幅降价这点上。那么作为中方谈判人员，该如何应对德方的诡辩思维呢？在后面的学习中我们将予以揭晓。商务谈判思维能力的内容十分广泛而丰富，我们将从发散思维、跳跃思维、诡辩思维来进行学习。

知识储备

一、发散思维

（一）发散思维的概念

发散思维，又称放射思维、扩散思维或求异思维，是指大脑在思维时呈现的一种扩散状态的思维模式，它表现为思维视野广阔，思维呈现出多维发散状。用"一题多解""一事多写""一物多用"等方式，可以培养发散思维能力。

（二）发散思维的特点

以新颖独特的思维活动揭示客观事物本质及内在联系，并指引人们获得新的灵感，这就是发散性思维的作用。发散思维在创造性思维中起着重要的作用，它给人带来新的具有社会意义的成果，是一个人智力水平高度发展的产物。那么，发散思维有什么特点呢？

发散思维的特点见表 1-3-1。

表 1-3-1　发散思维的特点

序　号	发散思维的特点	内 容 描 述
1	流畅性	思维的进程流畅，没有阻碍，在短时间内能得到较多的思维结果
2	灵活性	发散思维的思路能迅速地转换，能变化多端，可举一反三，触类旁通，从而提出不同凡响的新观念、解决方案，产生超常的构想
3	独特性	独特性使发散思维成果有着新颖、独特、稀有的特点，因而它更多地代表发散思维的本质，属于最高层次

案例 1-3-1

鸡精销量如何提高

日本有一家工厂生产瓶装鸡精，质量好，瓶子内盖上有 4 个孔，顾客使用时只需甩几下，很方便。可是销售量一直徘徊不前。全体职工费尽心机，销售量还是不能大增。后来一位家庭主妇提了一条小建议。厂方采纳后，不费吹灰之力便使销售量提高了近 25%。原来，那位主妇的小建议是：在鸡精瓶的内盖上多钻一个孔。由于一般顾客放味精时只是大致甩个二三下，4 个孔时是这样甩，5 个孔时也是这样甩，结果在不知不觉中多用了近 25%。

★案例启示：这个案例中鸡精销量的提高方法并不是从商家的角度出发，而是从用户的角度出发，用户使用量大了，鸡精的需求也就提高了，销量自然就上去了。这体现了发散思维的独特性和灵活性。

课堂小实训 1-3-1

1. 请运用发散思维灵活性的特点，尽可能多地说出铅笔的用途。

_____

_____

2. 假设你是爱情小说作家明枫（男性），请运用发散思维独特性这一特点，推销你滞销的小说。

_____

_____

知识链接

发散思维的形式

1. 横向思维

横向思维是指当纵向思维受挫时，从横向寻找问题答案。美国柯达公司是生产胶卷的，却并没有急于卖胶卷，而是生产了一种大众化自动照相机。当这种照相机受到欢迎时，柯达公司还宣布各厂家都可以仿制，于是世界各地出现了生产自动相机热，这就为柯达胶卷开辟了广阔的销售市场。

2. 逆向思维

从问题的反面去思考解决的方法和途径，也叫作反向思维。在学习、工作和生活中，我们经常会遇到从正面无法解决的问题，因而陷入思维的陷阱。如果能转换一下思维视角，"反其道而行之"，把事物的位置颠倒过来进行思考，从反面寻找出原因，问题往往迎刃而解。如小孩掉进水里，把人从水中救起，是使人脱离水。司马光救人是打破缸，使水脱离人，这就是逆向思维。

（三）培养发散思维能力

在培养发散思维能力时，我们要注意以下几个方面。

（1）把握好发散思维和想象思维的关系。发散思维和想象思维是密不可分的，在向四面八方任意地展开想象时，也就是在进行发散思维。所以，在做发散思维训练时，应大胆想象，而不必担心其结果是否合理，是否有实用价值。

（2）要注意流畅性、灵活性和独特性的要求，在训练中要尽量追求独特性。当然，如果一开始产生不了独特性的思维结果也不要着急。从流畅性到灵活性再到独特性，循序渐进，逐渐就可以进入较高水平的发散思维状态。

课堂小实训 1-3-2

1. 请在"十"字上加最多 3 笔构成新的字,写出 10 个。

_____

_____

2. 请在"日"字、"口"字、"大"字、"土"字的上、下、左、右各加一笔,写出尽可能多的字来。(每种至少 3 个)

_____

_____

3. 0 是什么?(至少想出 30 种答案)

_____

_____

二、跳跃思维

(一)跳跃思维的概念

跳跃思维,又叫跳跃式思维,或叫作跳跃性思维。是指一种不依逻辑步骤,直接从命题跳到答案,并再一步推而广之到其他相关的可能的一种思考模式。

(二)跳跃思维的特点

跳跃思维的思维过程,最终可以归结为三部分,即出发知识、接通媒介(通常省略)和结论性知识。跳跃性思维省略的常常是接通媒介的部分或全部。它可以是横向跳跃,也可以是纵向跳跃。那么下面我们来学习一下跳跃思维的特点。

跳跃思维的特点见表 1-3-2。

表 1-3-2　跳跃思维的特点

序　号	跳跃思维的特点	内　容　描　述
1	新颖性	对事物的认识切入点很多,多方面思考或者换位思考,观点新颖
2	全面性	不会对事物死钻牛角尖,对事物会提出多方面质疑,自相矛盾,又自我克服
3	丰富性	对事物的认识触类旁通,善于找出事物的规律并应用于其他方面,想象力丰富

(三)培养跳跃思维能力

培养跳跃思维,我们可以加强自由联想训练和强制联想训练。

(1)自由联想训练:即随便找一个词汇起头,在规定的时间内快速联想,要求想到的词组概念越多越好,这是训练思维联想的速度。如:电—闪电—雷鸣—暴雨—彩虹—太阳—宇宙—外星人……

(2)强制联想训练:即随机找两个不相关的事物,要求尽可能多地想出它们之间的相关联系或相同点。比如:大海和羽毛球有什么联系、有哪些相同点等。这是帮助提高思维联想的跨度。

课堂小实训 1-3-3

1. 自由联想训练：杯子—（　　）—（　　）……（15个联想词／1分钟）

_____

_____

2. 强制联想训练：请分析宇宙和牛奶有哪些联系。（10个相同点／3分钟）

_____

_____

3. 强制联想训练：请分析绘画和政府有哪些联系。（10个相同点／3分钟）

_____

_____

三、诡辩思维

（一）诡辩思维的概念

德国哲学家黑格尔说，诡辩是"以任意的方式，凭借虚假的根据，或者将一个真的道理否定了，弄得动摇了，或者将一个虚假的道理弄得非常动听，好像真的一样"。

（二）诡辩思维的表现形式

诡辩，就是有意地把真理说成是错误，把错误说成是真理的狡辩。有诡辩思维的人论证一个问题，往往能拿出很多"根据"和"理由"来。但是，这些根据和理由很多都是不能成立的。那么下面我们来看看诡辩思维的表现形式有哪些。

诡辩思维的表现形式见表 1-3-3。

表 1-3-3　诡辩思维的表现形式

序　号	诡辩思维的表现形式	内 容 描 述
1	偷梁换柱	偷偷改变一个概念的内涵和外延，使之变成另外一个概念
2	避实就虚	通过转移论题的方式来掩盖自身谈判条件的弱点，以达到压服对方、牟取私利的目的

案例 1-3-2

我的那一份不要了

一辆公共汽车开到某站，车下的人不等下车的人下完，便一窝蜂似地往上挤，突然，"哗啦"一声，一块玻璃被一个小伙子弄碎了。售票员对他说："同志，你把玻璃弄碎了，你要赔偿！"小伙子反问道："为什么要我赔？"售票员说："损坏了人民的财产就应当赔偿。"小伙子理直气壮地说："我是人民中的一员，人民的财产也有我的一份，用不着赔，我的那一份不要了。"

★案例启示：在这个案例中，小伙子用的就是偷梁换柱的诡辩思维，把"人民的财产"这一概念换成了"自己的财产"。

而在本项目开篇的案例导入中，中方人员应对德方避实就虚的诡辩思维可以这样处理。要求德方谈判人员回到起点："贵方提出了目前的报价，所以我方要求解释这种报价的形成基础，如果贵方无法解释目前报价的基础，我方也无法形成最终报价。"这样说之后，对方

若希望谈判成功，就不好再固执己见了。

课堂小实训 1-3-4

一天陈晨去饭馆吃饭，先要的是面条，服务员端来的是辣味面，他不想吃，就让服务员换了一盘包子，吃后不付款就要走。服务员对他说："您吃的包子还没有交钱呢！"陈晨说："我吃的包子是用面条换的。"服务员说："面条你也没有交钱。"陈晨又说："面条我没有吃呀！"气得服务员一时说不出话来。

请问上面这个故事当中陈晨运用了什么样的诡辩手法？如果你是服务员，你会如何应对呢？

_____

_____

知识链接

机智诡辩术

捕捉破绽诡辩术：是指在论辩中，面对咄咄逼人的气势，巧妙地捕捉对方暴露的破绽进行反驳，这样，往往收到良好的效果。

弦外之音诡辩术：是指在论辩中，由于某种主观或客观原因，双方为了表达自己的意向，便使用"提醒式"的"隐言"，达到"弦外传音""话外有话"的诡辩技巧。

不偏不倚诡辩术：是指当第三方处于第一方和第二方的矛盾夹缝中时，为了避免因言语不慎而无意中使自己的观点或思想感情明显倾向于某一方，刺伤了另一方而不得已采用的一种两边都不得罪的有效手段。

倒打一耙诡辩术：是诡辩者明知己错非但拒不认账，还故意推脱，进而倒打一耙，指责对方的诡辩技巧。

软磨硬泡诡辩术：是在论辩处于劣势或形成僵局时，以和缓的方式缠住不放，在软磨中寻找契机，从困境中冲出一条活路，形成"柳暗花明又一村"的局面，达到感动对方、说服对方的目的。软磨硬泡术作为诡辩技巧，靠的是精诚所至、金石为开，而不是死缠烂打。运用软磨硬泡诡辩术，往往是借助耐心，寻找契机，通过坚持不懈的努力，化被动为主动，化劣势为优势，直到使对方折服。

参考答案

本任务中"课堂小实训"参考答案详见二维码。

技能实训1-3

商务谈判思维能力训练

1. 训练目的和要求

培养学生商务谈判思维能力，能够运用谈判思维进行独立思考，并且进行小组讨论。

2. 训练实施

以材料、功能、结构、形态、组合、方法、因果、关系 8 个方面为"发散点",进行具有集中性的多端、灵活、新颖的发散训练,以培养创造性思维的能力。

(1)材料发散:以某个物品作为"材料",以其为发散点,设想它的多种用途。

例:尽可能多地写出(或说出)回形针的各种用途。

把纸或文件别在一起;当作发夹用;可用来代替西装领带上的别针;打开一端,烧红了可在软木塞上穿孔;拉开一端,能在蜡版或泥地上画印痕 —— 画图、写字;拉直了,可用作纺织工的针或织针;拉直了还可以用作鞋带(穿过鞋带孔扭结起来代替鞋带);当鱼钩;穿上一条线当挂钩;可用来固定标签;装在窗帘上代替小金属圈……

训练题:

① 尽可能多地写出旧食品罐头盒的各种用途。

② 尽可能多地写出玻璃杯的各种用途。

③ 尽可能多地写出火柴盒的各种用途。

④ 尽可能多地写出废旧牙膏管的各种用途。

(2)功能发散:以某事物的功能为发散点,设想出获得该功能的各种可能性。

例:怎样才能达到照明的目的?(办法越多越好)

点油灯;开电灯;点蜡烛;用镜子反射太阳光;划火柴;烧纸片;用手电筒;点火把;燃篝火……

训练题:

① 怎样才能达到取暖的目的?(办法越多越好)

② 怎样才能达到降温的目的?(办法越多越好)

③ 怎样才能使脏衣服去污?(办法越多越好)

④ 怎样才能达到休息的目的?(办法越多越好)

(3)结构发散:以某种事物的结构为发散点,设想出利用该结构的各种可能性。

训练题:尽可能多地画出包括"⌒"结构的东西,并写出或者说出它们的名称。

(4)形态发散:以事物的形态(如形状、颜色、声音、味道、气味、明暗等)为发散点,设想出利用某种形态的各种可能性。

训练题:

① 尽可能多地设想利用黑颜色可以做什么事。

② 尽可能多地设想利用铃声可以做什么事。

③ 尽可能多地设想利用鼓声可以做什么事。

④ 尽可能多地设想利用粉末状态可以做什么事。

(5)组合发散:从某一事物出发,以此为发散点,尽可能多地设想与另一事物(或一些事情)联结成具有新价值(或附加值)的新事物的各种可能性。

训练题:

① 尽可能多地写出圆珠笔可与哪些东西组合在一起。

② 尽可能多地写出伞可与哪些东西组合在一起。

③ 尽可能多地写出小刀可与哪些东西组合在一起。

④ 尽可能多地写出电话可与哪些东西组合在一起。

(6)方法发散:以人们解决问题或制造物品的某种方法为发散点,设想利用该种方法

的各种可能性。

训练题：

① 尽可能多地写出用"敲"的方法可以办成哪些事情或解决哪些问题。

② 尽可能多地写出用"提"的方法可以办成哪些事情或解决哪些问题。

③ 尽可能多地写出用"压"的方法可以办成哪些事情或解决哪些问题。

④ 尽可能多地写出用"踩"的方法可以办成哪些事情或解决哪些问题。

（7）因果发散：以某个事物发展的结果为发散点，推测造成该结果的各种原因；或以某个事物发展的起因为发散点，推测可能发生的各种结果。

训练题：

① 尽可能多地写出造成日光灯管损坏的各种原因。

② 有名一年级的新生，在开学上第一节课时不在教室里，请尽可能多地写出他不在教室里的各种可能的原因。

③ 买东西时常发现缺斤少两、重量不足，尽可能多地写出重量不足的各种可能原因。

④ 老王今天下班后未回家，尽可能多地写出老王没有回家的各种可能的原因。

（8）关系发散：从某一事物出发，以此为发散点，尽可能多地设想与其他事物之间的各种联系。

训练题：

① 过去儿童阅读的报纸不多，现在全国有几十种儿童报纸。尽可能多地写出这将关系到哪些方面，会发生怎样的变化。

② 尽可能多地写出太阳与自然界的哪些事物有关系。

③ 尽可能多地写出人类与月亮有哪些关系。

④ 尽可能多地写出塑料薄膜的发明对人类社会会产生哪些影响。

任务评价

教师组织填写"任务完成情况评价要素表"，对本次实训过程中学生的完成情况进行一个综合评估。

任务完成情况评价要素表

组别：　　　　　　　　　　　　　　　　　　学生姓名：

序　号	考 核 点	分　值	得　分
	小组评价	共 20 分	
1	出勤情况	2	
2	态度与纪律	3	
3	参与活动时与人沟通的能力	5	
4	参与讨论的积极性	5	
5	团队合作的表现	5	
	本人评价	共 40 分	

续表

序　号	考核点	分　值	得　分
6	了解发散思维、跳跃思维、诡辩思维的概念	3	
7	熟悉跳跃思维的特点、诡辩思维的表现形式	4	
8	能够运用商务谈判思维思考问题	5	
9	能够运用商务谈判思维解决问题	6	
10	学会不同发散思维的方法	6	
11	能灵活运用商务谈判思维	8	
12	答案呈现多样性和创新性，充分体现开放性思维	8	
	教师评价	共40分	
13	商务谈判思维知识的掌握	20	
14	商务谈判思维技能的掌握	20	
	本次实训分数小计（总分100分）		
	累计积分账户		

累计积分账户说明：90～100分积5分；80～89分积4分；70～79分积3分；60～69分积2分；60分以下积1分。

任务四　应用商务谈判沟通技法

案例导入

巧用沟通技法

我国某农村蔬菜种植企业掌握了高产量、优品质的种植技术，其在市面上所卖的优质蔬菜是一般蔬菜价格的 10 倍，销量也在逐年增长，拥有全国领先的技术。深圳 A 连锁超市正在打造一个高质量蔬菜售卖点，打算与该种植企业谈合作事宜，于是 A 连锁超市派出谈判员小李到种植基地与对方黄经理谈判。

让 A 连锁超市的经理感到意外的是，小李能在一天内与对方顺利达成一致。

经理找到小李："此次谈判非常顺利，你是如何吸引对方的呢？"

"很简单，我只是问他几个问题，然后他就开始发表自己的观点。"

经理好奇地问道："那你是怎么问的？"

（小李与黄经理的交流）

小李："您对我们的合作有什么看法？"

黄经理："目前我们的种植基地还在发展，正筹集资金开发另一个种植园来扩大种植面积，要是能成功开发，我们的合作必然会有非常好的前景！"

小李："那真是太棒了！贵公司必定是行业的领先者，假如我们公司能够给你们提供资金支持，您能跟我谈谈你们行业和我们合作的发展吗？让我学习一下。"

黄经理："当然！……"就这样，他们的谈判进展非常顺利。

通常企业处于劣势的时候，谈判员会有压力，小李能与对方顺利谈判，得益于他善于通过倾听与巧妙的提问调动对方的积极性。沟通中，要专心地鉴别和重视对方所说的重点内容，这样能让对方感受到我方的真诚，也要在短时间内通过有效提问引导对方的思路，获得自己想要的信息。

知识储备

在商务谈判中，充分的沟通能使双方利益达到最大化。谈判者要取得谈判的成功，必须掌握沟通的语言沟通和非语言沟通技巧，在实践中不断总结和提升技能，做到灵活运用听、问、答和恰当的肢体行为进行协调并达成一致。

一、倾听技巧

倾听不同于一般的听，需要不断思考、理解并主动参与到对方思维活动中。在商务沟通中，要以听到的信息为前提，充分了解对方的立场和态度后再进行有效的谈判。认真倾听别人讲话，别人将感受到你的真诚与尊重，对方也会更热情地为你提供更详细的信息。

谈判中，应该如何听取对方的发言和意见才能实现有效沟通呢？我们可把"听"的方法归纳为"五要"和"五不要"，见表1-4-1。

表1-4-1 "五要五不要"

"五要五不要"				
五要	要为愉快地交流创造良好的环境	五不要		不要急于判断问题而耽误听
	要有鉴别地倾听			不要回避难以应付的话题
	要做好记录			不要急于抢话、反驳而放弃听
	要克服先入为主			不要逃避交往的责任
	要专心、聚精会神地听			不要使自己陷入争论

课堂小实训 1-4-1

小张想购买一台冰箱，在查阅大量资料后选定××型冰箱。

周末，他想去店里看实物。他来到第一家店，导购非常热情地接待了他，没有询问小张有什么需要，却滔滔不绝地介绍起各种产品来。尽管导购对各品牌冰箱的功能、特点和优惠活动介绍得很详尽，但是却忽略了小张的感受。小张始终没有说话的机会，也对这位导购感到非常反感，最后他随便找3个借口离开。

从第一家店出来后，小张又进入第二家店。不一样的是，这家店的导购让他对这款冰箱有更透彻的了解，也使他更坚定自己当初的选择，当场就买下了冰箱。

想一想：假如你是第二家店的导购员，你有什么办法让小张当场就买下冰箱？

_____

_____

二、提问技巧

在商务谈判中，巧妙的提问可更清楚地探究对方的意图，还可以补充己方想了解但对方没有详细说明的内容，使谈判更具有针对性，获取有意义的信息，控制谈判方向。商务谈判沟通要依据提问的对象、内容和时机等选择恰当的提问方式。表 1-4-2 为常见的提问方式及其适用条件。

表 1-4-2　常见的提问方式

常见的提问方式		
类型	适用条件	示例
封闭式提问	适合于获取重点信息，缩小讨论范围。封闭式提问的答案具有唯一性，有限制的范围，让回答者答复"是"或"否"的问句	封闭式提问的答案具有唯一性，有限制的范围，让回答者答复"是"或"否"的问句。如："贵公司能否在下周前发货？"
开放式提问	适合于不严格限制回答的内容，让对方充分表述意见	开放式提问能在广泛的领域引出广泛的答复，让对方更自由地回答。如："贵公司对我公司的产品质量有什么看法？"
证实式提问	适合于证实己方理解正确与否的议题	证实式提问要求对方对问题和观点做进一步的证实或补充解释。如："你们答应预付货款30%，也就是预付款为300万元吗？"
引导式提问	适合于需要对方认同的议题	引导式提问具有强烈的暗示性，让回答者产生与我方观点一致的答复。如："如果违约是应该承担责任的，对吧？"

知识链接

提问的要诀

商务谈判中，要达到提问的预期效果，要根据谈判情势有针对性地选择提问的方式。还必须注意几点提问的要诀。

（1）要预先准备好问题，最好是对方不能迅速想到适当答案的问题。

（2）不要强行追问，耐心等待时机再次提问。

（3）避免提出可能会影响对方让步的问题。

（4）提出问题的句式应尽量简短。

（5）提问后应专心等待对方回答。

（6）提问的态度要诚恳，以表示尊重。

（7）不要为了表现自己而故意提问或对对方私人生活和工作进行提问。

课堂小实训 1-4-2

猜猜小动物

通过巧妙设问，比一比谁能提问越少、越快想出小动物，谁的沟通技巧就越高。

1. 游戏设计

（1）分小组，每个小组选出一位同学参加竞猜游戏。

（2）请准备竞猜的同学先离开教室，不让他（她）知道相关信息。

（3）请一位同学在纸上写出一种供竞猜的动物，这种动物是大家所熟知的。

（4）留在教室的同学记住动物，然后让离开教室的同学进来，宣布游戏规则。

2. 游戏规则

（1）竞猜的同学围绕动物来进行封闭式提问。

（2）班上同学回答"是"或"不是"。

（3）如果提问不是封闭式的，可拒绝回答；提问设计巧妙，接近结果，则掌声鼓励。

（4）可以限定必须在几个问题内猜出动物，超出则游戏结束。

（5）提问越少，越早猜出答案的同学，获得胜利。

提问是商务谈判中最常用的语言技巧，通过巧妙的设问，可以掌握对方的心理状态和真实需求。提问者要根据预期的结果设计好问题，以达到提问的目的。

课堂小实训 1-4-3

请分析以下商务谈判中有什么不足，并运用提问的技巧为业务员小刘设计更好的提问方法，获取有效信息。

A公司是一家销售木材的企业，B公司是一家木器加工企业。

一天，A公司业务员小刘到B公司与李经理谈合作项目，他们的对话如下。

小刘："我们的产品很抢手的，你们什么时候决定购买啊？"

李经理："一两周时间吧，我们还要再讨论。"

小刘："这么久啊，能这两天给我答复吗？"

李经理："我们要考虑要商量，没这么快呢。"

小刘："××公司同样是木器加工企业，但他们早就和我们合作了，你们也应该与我们合作。"

李经理(生气)："××公司是小公司，怎能跟我们比！算了，我们的谈判到此结束！"

_____

_____

三、回答问题的技巧

商务谈判中有问必有答，谈判者对回答的每一句话都有责任，代表着一种承诺，要求回答时要把问题尽可能地说明白。为了应对对方谈判人员在提问中预设的陷阱，商务谈判

人员都应当掌握相应的回答技巧，我们总结出几种常见的回答提问的技巧，见表 1-4-3。

表 1-4-3　回答提问的技巧

技　巧	具　体　做　法
1. 从容不迫地回答	可通过喝水、调整姿势和椅子、整理资料或翻笔记本来延缓时间，给自己留下充足时间思考问题
2. 不全盘托出	将问话的范围缩小，忽略不值得回答的问题，有些问题只做局部回答，避免轻易亮出自己的"底牌"
3. 避正答偏	很难正面回答问题时，避开问题的实质，将话题引向歧路，破解对方的进攻
4. 以问代答	当面临棘手的问题或不想回答的问题时，采用以问代答，即以彼之矛攻彼之盾
5. 委婉拒答	当面对可能损害己方形象或与谈判主题无关的问题时，可礼貌委婉地拒绝回答

课堂小实训 1-4-4

"巧答"练习

思考商务谈判中的以下问题，想想适合用哪种回答技巧，应如何做最佳的回答。

1. A 电器销售商与 B 空调制造企业初次洽谈合作事宜，由于 A 销售商非常注重成本，初次谈判想试探 B 企业的价格，B 企业不希望太早透露价格，对于 A 销售商提出的问题"请问贵公司的产品价格是多少"，B 企业可以怎样回答？

_____

_____

2. 小企业 A 公司前往大型企业 B 公司谈判并寻求合作，由于实力上差距较大，谈判时 A 企业受到 B 企业的质疑，对于 B 企业的提问"你对合作的前景怎么看"，A 企业可以怎样回答？

_____

_____

3. A 服装生产企业正与 B 布料供应商洽谈布料采购事宜，B 供应商渴望借助 A 企业的名气提高知名度，在谈判中较容易妥协，但 A 企业希望尽早收到货。对于 B 供应商的提问"如果我能把您最喜欢的款式提供给您，您能否考虑今天签约"，A 企业可以怎样回答？

_____

_____

四、非语言沟通技巧

非语言沟通是指以面部表情、人体姿势、动作等肢体行为来表达的一种沟通方式。谈判者能通过表情、眼神、动作等洞察同伴和对手的心理变化，并做出策略调整。

（一）面部表情

人们的喜怒哀乐都可以通过面部表情展示出来，而面部表情主要是通过眼睛透露的。在谈判中要注意与对方保持眼神的接触与交流，既表示尊重，又表现出足够的自信，让听

者感到所说的内容真实，产生信任感。

知识链接

面部微表情解读

在商务活动中，要善于通过观察对方的面部表情来了解其真实想法，尤其是眼睛和嘴周围肌肉的动作。

（1）当人觉得自己撒谎成功后，嘴角会微微上翘，持续不到 5 秒。

（2）当人需要唤起记忆时，目光会暂时移开，如果撒谎，就早有准备了，不需要回忆，目光也不会移动。

（3）如果在沟通时，对方对你的所说的话感兴趣，就会向你投来注视的目光。

（4）当人处于兴奋、喜欢、肯定的情绪时，眼睛瞳孔会放大，炯炯有神；反之，当人处于厌恶、痛苦、否定的情绪时，瞳孔就会缩小，双目无神。

（5）当人处于高兴或疑问时，眉毛会呈上扬状态；当人处于赞同、兴奋、激动时，眉毛会迅速上下跳动。

（二）肢体语言

除了面部表情，肢体语言也是人们心理的反射。作为谈判者，要善于观察对方的肢体动作，挖掘重要的信息。

知识链接

肢体语言的心理反射

肢 体 动 作	心 理 反 射
1. 双臂交叉于胸前	防御、不信任
2. 反复搓手，眼看别处	急切等待
3. 握拳	向对方挑战
4. 用手指或铅笔敲打桌面	对对方的话题不感兴趣
5. 腰板挺直，颈部与背部呈直线	情绪高昂，充满自信，自制力强
6. 架腿而坐	拒绝对方，保护自己
7. 慢慢打开笔记本，开始记录	重视，发现了重要问题
8. 双手横叉于腰间	胸有成竹，有优越感
9. 不断变换站、坐等体位，身体不断摇晃	焦躁或情绪不稳
10. 扫一眼手腕上的表或收起桌上的笔	准备结束

课堂小实训 1-4-5

肢体语言沟通游戏

通过两人谈话，并伴随肢体语言表达情感，互相观察对方的肢体语言并分析其中所表达的意思。游戏规则如下。

（1）分组，两人一组进行3分钟的交流，内容自选感兴趣的话题。

（2）谈话停止后互相说说对方有什么非语言表现，包括表情和肢体动作。

（3）问问做这些动作的人是否意识到自己的行为，问问对方看到这些表情或肢体动作时的感受，是否有表情或动作让你觉得极不舒服，影响你与他的交流兴趣？

（4）继续讨论3分钟，但这次不要有肢体语言，比较一下两次谈话的感受有什么区别。不使用肢体语言辅助谈话是否会让你感到不舒服？

（5）最后讨论哪些表情或肢体动作会对沟通带来积极影响，哪些表情或肢体语言会带来消极影响。

参考答案

本任务中"课堂小实训"参考答案详见二维码。

技能实训1-4

模拟商务谈判沟通

1. 训练目的和要求

根据谈判的实际情况，运用听、问、答、非语言沟通技巧，实现有效沟通谈判。

2. 场景设计

广东省中山市古镇灯饰以其灯饰产品款式时尚、品质可靠而闻名全国。在春节前，古镇A灯饰厂打算通过招代理开发中山市区及部分镇区市场。目前，市区与部分镇区需求情况如下。

（1）市区：春节前，市区各大型商业中心需要灯饰布置，各商业中心对灯饰供应商的要求高，除了要求款式新颖，还需有批量采购的优惠。

（2）坦洲镇：毗邻珠海和澳门，地理位置的优越使坦洲镇的房地产发展迅速，较多人希望在春节前完成装修，主要客户群体为新购房的住户。由于坦洲镇上也有很多本地的灯饰门店，客户会通过比价选购灯饰。

（3）周边各镇区：客户群体分布比较均匀，有政府、企业、个人的客户，售卖以日常灯饰为主。由于古镇灯饰在周边镇区当中比较出名，在客户讨价还价中占有优势。

假如你是A灯饰厂的代理商，在谈判初探阶段，你将如何巧妙地初探各个地区客户的购买意向和价格接受程度？

　　将班级学生分为若干实训小组，每组确定一名小组负责人。各组根据场景需要进行角色分配，模拟进行沟通谈判。

3．训练准备

（1）收集、整理有关客户的信息，了解客户的需求。

（2）提前对 A 灯饰厂在各地区的优势进行分析。

（3）设计有效的问题提问，了解对方的购买意向和价格接受程度。

（4）提前想好如何应对对方试探己方"底牌"的问题。

（5）提前与同伴协商好你们与客户沟通中所默认的面部表情和肢体动作。

4．训练实施

（1）根据已收集信息，分析谈判双方实力，了解双方的谈判态度。

（2）模拟商务沟通谈判：问候、询问了解客户的购买意向和对产品的要求，促成下订。注意礼仪，做到言行、举止大方得体。注意时间的掌控，实现有效的沟通。

（3）运用倾听技巧，体现倾听的五个要点，可适当做谈判记录。

（4）根据实际情况进行有效提问，调动对方的积极性。

（5）根据实际情况，识别对方的问题，并做出适当的回答。

（6）观察对方的面部表情和肢体动作，分析对方的心理活动，适当调整策略。

（7）学生互评：每个小组派出一名同学作为裁判组成员，对展示小组进行评价。各小组的组长对本组的表现进行综合点评，分析其优势及不足。

（8）教师点评：老师根据各小组的成员表现及小组协作表现，对各小组进行点评总结。

任务评价

　　教师组织填写"任务完成情况评价要素表"，对本次实训过程中学生的完成情况进行一个综合评估。

任务完成情况评价要素表

组别：　　　　　　　　　　　　　　学生姓名：

序 号	考 核 点	分 值	得 分
	小组评价	共20分	
1	出勤情况	2	
2	态度与纪律	3	
3	参与活动时与人沟通的能力	5	
4	参与讨论的积极性	5	
5	团队合作的表现	5	
	本人评价	共40分	
6	了解倾听技巧的"五要五不要"	3	
7	熟悉常见的提问方式和适用条件	3	
8	掌握回答问题的技巧	4	

续表

序　号	考核点	分　值	得　分
9	掌握非语言沟通的方法	4	
10	能专心、集中精神去听，做好记录	4	
11	能注重倾听礼节，营造良好的倾听环境	4	
12	能有针对性地进行提问，获取有利信息	6	
13	能运用各种提问形式和回答技巧解决沟通障碍	6	
14	能巧妙运用面部表情和肢体动作与同伴沟通	6	
	教师评价	共40分	
15	商务谈判沟通技法知识的掌握	20	
16	商务谈判沟通技法技能的掌握	20	
	本次实训分数小计（总分100分）		
	累计积分账户		

累计积分账户说明：90～100分积5分；80～89分积4分；70～79分积3分；60～69分积2分；60分以下积1分。

任务五　学会商务谈判的礼仪规范

案例导入

礼仪的重要性

某职业中学商贸专业30名学生到知名家具公司参加实习锻炼，报到的第一天全体学生被带到会议室，在等待公司经理到来的时候，秘书正忙着给大家倒水。突然一位同学问秘书："有冰水吗？天气太热了。"秘书回答说："抱歉，公司没有冰水。"另一位同学陈明看着有点别扭，心里嘀咕："人家给你倒水还挑三拣四。"轮到他时，他轻声说："谢谢，大热天的，辛苦了。"秘书抬头看了他一眼，满含着惊奇，虽然这是很普通的客气话，却是她今天唯一一听到的一句。

这时门开了，经理走进来和大家打招呼，不知怎么回事，静悄悄的，没有一个人回应。陈明左右看了看，犹犹豫豫地鼓了几下掌，同学们这才稀稀落落地跟着拍手，由于不齐，越发显得零乱起来。经理挥了挥手："欢迎同学们到这里来实习。我给大家讲讲公司的情况和工作安排。我看同学们都好像没有带笔记本，这样吧，王秘书，请你去拿些我们公司印的纪念手册，送给同学们当作纪念。"接下来，更尴尬的事情发生了，大家都坐在那里，很随意地用一只手接过经理双手递过来的手册。经理的脸色越来越难看，来到陈明面前时，已经快要没有耐心了。就在这时，陈明礼貌地站起来，身体微倾，双手握住手册，恭敬地说了一声："谢谢您！"经理闻听此言，不觉眼前一亮，伸手拍了拍陈明的肩膀："你叫什么名字？"陈明照实回答，经理微笑点头，回到自己的座位上。

两个月实习锻炼结束后，陈明被该公司录取了。有几位颇感不满的同学找到实习指导老师："陈明的学习成绩也只是中等，凭什么选他不选我们？"老师看了看这几张尚属幼稚的脸，笑道："其实，你们的机会是完全一样的，你们的成绩甚至比陈明还要好，但是除了学习之外，你们需要学的东西太多了，修养是第一课，生活中最重要的是有礼貌，它是最高的智慧，比学知识更重要。"

知识储备

礼仪作为重要的生活规范和道德规范，是对他人表示尊敬的方式与体现，同时也是人类文明的重要表现形式，它在一定程度上反映了一个国家、一个民族、一个地区或个人的文明文化程度和社会风尚。商务谈判是有关双方和多方相互交往的重要活动，谈判各方都希望在谈判过程中获得谈判对手的尊重和理解。因此，懂得并掌握必要的礼仪与礼节，是商务谈判人员必须具备的基本素养。

一、商务谈判的个人礼仪

（一）仪态礼仪

仪态，又称"体态"，是指人的身体姿态和风度。姿态是身体所表现的样子，风度则是内在气质的外在表现。人们可以通过自己的仪态向他人传递个人的学识与修养，并能够以其交流思想、表达感情。

1. 谈话姿势

谈话的姿势往往反映出一个人的性格、修养和文明素质。所以交谈时，首先双方要互相正视、互相倾听，不能东张西望、看书看报、面带倦容、哈欠连天。否则，会给人心不在焉、傲慢无理等不礼貌的印象。

2. 站姿

站立是人最基本的姿势，是一种静态的美。站立时，身体应与地面垂直，重心放在两个前脚掌上，挺胸、收腹、收颌、抬头，双肩放松，双臂自然下垂或在体前、体后交叉，眼睛平视，面带笑容。站立时不要歪脖、斜腰、屈腿等，在一些正式场合不宜将手插在裤袋里或交叉在胸前，更不要下意识地做些小动作，那样不但显得拘谨，给人缺乏自信之感，而且也有失仪态的庄重。标准站姿如图 1-5-1 所示。

图 1-5-1　标准站姿

谈判中站姿给人的感觉

充满信心、乐观豁达、积极向上的人，站立时总是背脊挺得笔直。

缺乏自信、消极悲观、甘居下游的人，站立时往往弯腰曲背。

自觉地并肩站立是一种关系友好、有共同语言的表现。

双腿分开，一手叉腰，一手着摸下巴或拿着什么是一种无所畏惧、不急于求成的态度。

双腿分开，一手叉腰，一手摸着下巴低头看对方脚则表现了一种深思、为难的姿态。

3．坐姿

正确的坐姿应该是腰背挺直，肩放松。女性应两膝并拢，男性膝部可分开一些，但不要过大，一般不超过肩宽。双手自然放在膝盖上或椅子扶手上。在正式场合，入座时要轻柔和缓，起座要端庄稳重，不可猛起猛坐，弄得桌椅乱响，造成尴尬气氛。不论何种坐姿，上身都要保持端正，如古人所言的"坐如钟"。若能坚持这点，那么不管怎样变换身体的姿态，都会优美、自然。标准坐姿如图 1-5-2 所示。

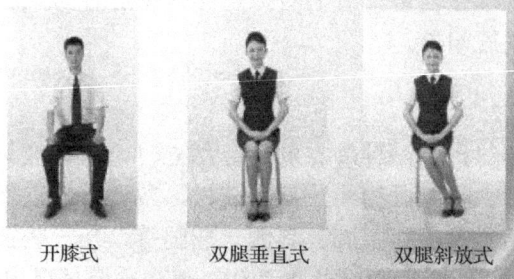

图 1-5-2　标准坐姿

几种不同场合的坐姿要求如下。

（1）谈判、会谈时，场合一般比较严肃，适合正襟危坐，但不要过于僵硬。要求上体正直，端坐于椅子中部，注意不要使全身的重量只落于臀部，双手放在桌上、腿上均可。

（2）倾听他人教导、指示、传授、指点时，对方是长者、尊者、贵客时，坐姿除了要端正外，还应坐在座椅、沙发的前半部或边缘，身体稍向前倾，表现出一种谦虚、迎合、重视对方的态度。

（3）在比较轻松、随便的非正式场合，可以坐得轻松、自然一些，全身肌肉可适当放松，可不时变换坐姿，以做休息。

课堂小实训 1-5-1

1. 请观察一下你周围的人站姿、坐姿有什么问题，应该怎样避免出现这些问题？

_____

_____

2. 请按照标准站姿、坐姿的要求进行仪态练习。

（二）服饰礼仪

合适的服饰不仅体现出对自己的尊重，也体现出对别人的尊重，从而会对交易产生有利的影响。谈判前应整理好自己的仪容仪表，穿着要整洁、正式、庄重。男士应刮净胡须，穿西服必须打领带。女士穿着不宜太性感，不宜穿细高跟鞋，应化淡妆。

第一，着装春秋季以西装、西装套裙为佳，夏季着装可以是长、短袖衬衫配裙子或裤子、连衣裙、西装、西装套装等。袜子的色彩不可太鲜艳，裙装不宜高过膝盖。

第二，首饰佩戴和化妆力求淡雅、端庄、大方，不可过分鲜艳、香浓、俗气。首饰"三原则"：以少为佳，同质同色，合乎惯例。正式场合，适度化妆是对客方尊重的必要标志。注意拉链、吊带等。

第三，用餐前后洗手，忌人前化妆。

知识链接

服饰要求

1. 基本特点

高雅大方。

2. 基本要求

踏实、端庄、严肃。

3. 着装色彩

男士外装应为较深的颜色，全身上下的颜色不应多于三种。

4. 着装样式

男士应穿西装套装或深色中山装，女士可着西装套裙或礼装。

5. 佩戴饰物

酌情佩戴，饰物应档次高、款式新、做工精。

6. 女士化妆

浓淡适宜，与环境相协调，力戒浓妆艳抹。

7. 发型设计

精心修饰，与实际身份相符。

课堂小实训 1-5-2

　　某企业与外方公司洽谈割草机出口事宜。按礼节，企业方提前五分钟到达公司会议室。客人到后，中方人员全体起立，鼓掌欢迎。不料，外方脸上不但没有出现期待的笑容，反而均显示出一丝不快的表情。更令人不解的是，按计划一上午的谈判日程，半个小时便草草结束，外方匆匆离去。事后了解到：外方之所以提前离开，是因为企业方谈判人员的穿着。外方谈判人员中男士个个西装革履，女士个个都穿职业装。而企业方人员呢?除经理和翻译穿西装以外，其他人有穿夹克衫的，有穿牛仔服的，有一位工程师甚至穿着工作服。

　　1. 为什么外方提前结束谈判?

　　_____

　　_____

　　2. 企业方谈判人员应该怎样穿着才符合洽谈要求?

　　_____

　　_____

二、商务谈判的交际礼仪

　　合于礼节的交际礼仪，不仅表达出对交际双方关系的认定，而且是良好交际或进行有效交谈的起始点。交际是商务谈判中的一项重要活动，交际礼仪主要包括介绍礼仪和握手礼仪。

（一）介绍礼仪

　　（1）自我介绍：是在没有他人介绍的情况下，自己将自己介绍给他人，以便使对方认识自己。在正式自我介绍时，介绍的内容包括自己的单位、部门、职务和姓名。

　　（2）居中介绍：是指由介绍人作为第三者，为彼此不相识的双方相互进行介绍。居中介绍在陌生人之间架起了相互了解的桥梁。居中介绍，首先要了解双方是否有结识的愿望，经双方同意后再进行介绍。介绍顺序是：先把年龄小的介绍给年长的；先把职位低的介绍给职位高的；先把宾客介绍给主人；先把男士介绍给女士。

　　（3）集体介绍：集体介绍是为他人介绍的一种特殊情况。它指的是由介绍者为两个集体之间或者个人与集体之间所做的介绍。

　　集体介绍的顺序：介绍集体时，在顺序上也有尊卑先后之别。在一般情况下，集体介绍同样应当遵守"尊者优先了解情况"规则。比如说，替两个团体进行介绍时，通常应当首先介绍东道主一方，随后方可介绍来访者一方。至于具体介绍的内容则有两种。一是只做整体介绍。即只介绍双方集体的情况，而不具体涉及个人情况。二是介绍个人情况。在介绍集体时涉及个人情况，一般讲究"双方对等"，即在遵守"尊者优先了解情况"规则的同时，对双方的个人情况均应予以介绍，在具体介绍各方的个人情况时，则应当由尊而卑，依次进行。

知识链接

通常的引见介绍一般遵循的规则是：先将年轻者介绍给年长者；将地位低者介绍给地位高者；将客人介绍给主人；将公司同事介绍给客户，将自己公司的同事介绍给别家公司同行；将非官方人事介绍给官方人士；将本国同事介绍给外籍同事；将资历浅的介绍给资历深的；将男士介绍给女士。

课堂小实训 1-5-3

今天，小李到恒福国际贸易公司应聘文员职位，在面试的时候主考官问："你是李晨吧？请问你是从哪所学校毕业？什么时候毕业的？"小李很不解地说："您没有看我的简历吗？您问的这些问题简历上都写着呢。"主考官说："看了，不过我还是想听你说说。那么，请用一分钟叙述一下你的简单情况。"小李有点不耐烦，快速地说："我在大学里学的是文秘专业，实习时在一家广告公司负责文案。这几年，我报考了英语专业的自学考试，目前已通过五门功课的考试。我很想到贵公司工作，因为贵公司的工作环境很适合年轻人的发展。我希望贵公司给我一个机会，而我将回报贵公司一个惊喜。"主考官皱起眉头说："好吧，回去等通知。"小李急匆匆地走出面试室。

1. 你认为小李这次面试会成功吗？请说明原因。

_____

_____

2. 假如你是小李，应该怎样进行自我介绍？

_____

_____

039

（二）握手礼仪

握手是国内外通用的交际礼节，一般是在相互介绍和会面或离别时进行，表示友好、祝贺、感谢或相互鼓励之意。商务谈判中，谈判双方握手已成为一种习以为常的礼节。

人们在见面时，一般情况下，总喜欢握手，再加上几句客套话，以示亲热。虽然握手简单，但也有许多规则和禁忌需要了解和注意。

（1）握手用力要适度，双方握手的时间一般以 3～6 秒为宜，异性间握手时间应以 1～3 秒为宜。

（2）握手时，目光要注视对方，切忌左顾右盼。

（3）男士与女士握手时，须先脱去手套，女士也应脱去手套，但对地位较高者可不必。如果女子不愿握手，也要微微欠身问好。

（4）握手要遵循以下顺序规则：在上下级之间，上级伸手后，下级才能伸手相握；在长辈与晚辈之间，长辈伸手后，晚辈才能伸手相握；在男女之间，女士伸手后，男士才能伸手相握；在主人与客人之间，主人应先伸手，客人再伸手相握。

（5）握手时，作为主人应主动、热情，适时地与客人握手，会让人感到亲切；多人同时握手，要注意不能交叉，待他人握手完毕后再行握手礼；女士没先伸手，男方则不必主动伸手。

（6）握手的禁忌：

① 忌用左手握手；

② 忌坐着握手；

③ 忌戴有手套；

④ 忌手脏；

⑤ 忌交叉握手；

⑥ 忌与异性握手用双手；

⑦ 忌三心二意。

知识链接

国际上握手的礼仪与禁忌

（1）大部分欧洲人，握手是标准的见面礼，但那只是轻轻地碰。东欧一些国家初次见面行握手礼，朋友之间可以拥抱和亲吻脸颊。

（2）在通常情况下，美国人在相互介绍后，双方只是笑笑，说声"嗨"或"喂"，而不是一本正经地行握手礼。只有在正式场合，他们才注重握手礼。而握手时，力度和幅度较大，胳膊上下摆动，甚至带动肩膀。

（3）在中东及海湾国家，一般以握手表示问候。但你到当地人家访问时，主人可能会亲吻你的双颊表示欢迎，这时你要以同样的形式进行回报。

（4）在伊斯兰国家，左手是不能用来从事如签字、握手、拿食物等干净的工作的，否则会被看作是粗鲁的表现，因为左手一般是用来做不洁之事的。

课堂小实训 1-5-4

陈厂长去广交会考察，恰巧碰上出口经理和印尼客户在热烈地洽谈合同。见厂长来了，出口经理忙向客户介绍，厂长因右手拿着公文包，便伸出左手握住对方伸出的右手。谁知刚才还笑容满面的客人忽然笑容全无，并且就座后也失去了先前讨价还价的热情，不一会儿便声称有其他约会，急急地离开了摊位。

1. 为什么印尼客户会急急地离开了摊位？

_____

_____

2. 假如你是陈厂长，应该要怎么做？

_____

_____

三、商务谈判的洽谈礼仪

（一）洽谈的座次安排

座次安排是洽谈礼仪中一个非常重要的方面。业务洽谈多使用长方形的桌子，通常宾主相对而坐，各占一边。谈判桌横对入口时，来宾对门而坐，东道主背门而坐；谈判桌一端对着入口时，以进入正门的方向为准，来宾居右而坐，东道主居左而坐。双方的主谈人是洽谈中的主宾和主人。主宾和主人居中相对而坐，其余人员按职务高低和礼宾顺序分坐左右。原则是以右为尊，即主谈人右手第一人为第二位置，主谈人左手第一人为第三位置，依次类推。

（二）洽谈的时间

商务谈判的时间限定，一般以双方约定的正式会谈时间为主。在英国，下班后就不再谈论

任何公务问题。在饮酒或吃饭时，如果你继续谈些生意方面的事情，英国人会感到不愉快。而其他一些国家，例如日本，则完全不同。对日本人来说，谈生意没有昼夜之分。他们认为和商业伙伴一起度过每个夜晚，是他们个人生活及职业生活中的一个组成部分。阿拉伯人一般在他们的办公室里谈判，他们喜欢同时与那些在办公室里进进出出的人讲话。有时你只讲了半句话，却被迫停下来20分钟。这样，在你看来1个小时便可以解决的问题，而会谈却持续了2~3个小时。面对这种情况，要既来之，则安之。如果你急于求成，会适得其反。

（三）洽谈的态度

交谈时的态度从另一方面直接反映出谈判者的修养及谈判技巧。作为优秀的谈判人员，在谈判过程中无论面对何种情况，都能以谦虚、热情、诚恳的态度对待谈判对手，从而促进谈判进展。这种态度具体表现为在别人讲话时注意倾听，直视对方而不是左顾右盼，显出不耐烦的样子。选择合适机会发表意见，不随便打断别人谈话，自己讲话时，则要表情自然，态度和气。

（四）洽谈的眼神

与对方交谈时眼神应注意何处?各国习惯不同。有的国家的人在相互交谈时喜欢双方对视，认为只有这样才表明谈话双方是诚实的、可信赖的，如瑞典人在交谈时喜欢直视对方。也有的国家的人在谈话时不喜欢一方打量另一方，特别是两眼直视对方的脸部，认为这样会使对方紧张、难堪而又不礼貌，如英国人谈话时很少注视对方，日本人在谈话时喜欢避开对方眼神而注视对方的脖子。

在谈判桌上，最好的做法是：以平静的目光注视对方的脸与眼。这样做一方面表示你在认真倾听对方的发言，另一方面可以通过注视对方的脸部表情和眼神来观察对方的心理活动，捕捉对方的思想。但是，最好在谈判前对谈判对手在这方面的习惯有一定了解。

041

知识链接

洽谈中的身体语言运用

洽谈中，有人会在不经意间做出一些动作，这恰恰能反映出其内心的想法，比如频繁地擦汗、抚摸下颌、敲击桌面等都反映心情的紧张不安。有经验、训练有素的洽谈人员极能自我控制，能最大限度地避免无意识动作，在任何情况下都能镇定自若，不慌不忙，稳如泰山。另一方面，自觉的体态运用也能微妙地、不知不觉地影响对方的心理。如抱着胳臂，这表示警觉和戒备心理；摸鼻梁、扶眼镜及闭目休整，表示正在集中精力思考某个问题，准备做出重大决策。因而，合适的身体语言的运用也表现出一定的人情味，也是一种礼仪和风度。

课堂小实训 1-5-5

小王参加工作不久，在一家公司做销售工作，通过连日发传真、写电子邮件等方式，终于找到一家对他们公司产品感兴趣的大公司，该公司同意与小王见面洽谈合作的事情。小王也十分重视这次机会，特意穿上笔挺的西装、锃亮的皮鞋和一双刚买的白色球袜来到对方公司。在与对方面谈时，小王由于是初次，不免有些紧张，坐在椅子上双腿不停地晃动，手指也不时在腿上敲击。面谈结束后，对方只是淡淡地说："以后再联系吧。"面对失败，小王百思不得其解，后来请经理向对方询问原因，对方说："你们员工的素质还有待提高。"

在本次洽谈中，小王的表现在哪些方面还有待提高?

_____

_____

四、商务谈判的宴请礼仪

(一) 宴会或招待会的形式

在商务谈判中，可视不同情况采取不同形式的宴会或招待会。宴会一般包括国宴、正式宴会、便宴、家宴等。

正式宴会，一般十分讲究，各种礼仪规定比较严格。

便宴为非正式宴会，这类宴会形式简单，可以不排座位，不做正式讲话。便宴较随便、亲切。

家宴，即在家中设宴招待客人。

在商务谈判中，小型的正式宴会和便宴较为普遍采用。而用家宴招待谈判对方的要员，可以增加亲密感，还可能使谈判发生良好转机。

招待会是一种不安排席次的较为灵活的宴请方式，它包括冷餐会（又叫自助餐）和酒会（又称鸡尾酒会）。由于这两种方式，客人和主人都可以自由活动，不受礼仪限制，可以随意取用自己喜欢的饮食，可以方便地寻找自己感兴趣的交谈对象，所以在现代商务谈判中被越来越多地采用。

还有种招待方式为工作餐，这是种非正式宴请形式，它特别适于谈判双方在公司内会谈或参观工厂正好到就餐时间。在公司内用工作餐，一方面可以节省时间，边吃边谈，另一方面，又拉近了谈判双方的距离。

(二) 参加宴会礼仪

1. 接受邀请

在接到参加宴会的邀请后，应根据对方的具体要求尽早、及时复函或打电话向对方表示感谢，并通知对方自己能否按时到会。接受邀请后，不要随意改动，万一非改不可，应尽量向主人解释、道歉。

2. 抵达宴会地点

出席宴会抵达时间的早晚，逗留时间的长短，在一定程度上反映对主人的尊重与否。因此参加宴会绝对不能迟到，应准时或稍早一点到达，到达后主动向主人问好。

3. 入座

入座的规矩十分讲究，席位一般早已安排好，应听主人安排就座，如果邻座是长者或妇女，应主动协助她们先坐下，入座后主动与同桌的人交谈。

4. 祝酒

正式宴会一般都有祝酒的习惯，因此主宾应事先了解有关事项以做好必要准备，其他人在主人和主宾致祝酒词时应注意倾听并暂停进餐和交谈。碰杯时，主人和主宾先碰，人多时可同时举杯致意，不一定逐一相碰。祝酒时注意不要交叉碰杯。

5. 告辞

宴会结束客人告辞时，应对主人的盛情款待表达真诚的谢意，男主人则应将客人送至大门外。如果有必要中途离席，应先向主人简略说出离席的缘由，离席前向同桌的人致歉后才可离开，不可贸然离席，否则会令人感到不礼貌。

6. 致谢

在出席私人宴请活动之后，往往致一封谢函或名片以表谢意，这封致谢信往往要写给女主人。一封得体的谢函会让主人非常高兴，也会为以后的交往奠定坚实的基础。

（三）宴会就餐礼仪

1. 用餐姿态

用餐时应注意保持良好的坐姿和仪态，身体与餐桌之间要保持适当距离，理想的坐姿是身体挺而不僵，仪态自然，既不呆板也不轻浮。用餐时不要把桌面弄得非常凌乱。

2. 用餐礼仪

宴会上为每位客人配备的餐具主要有杯盘碗筷等，如果是吃西餐会有刀叉取代筷子。无论使用什么餐具，都应在面前摆放整齐，一是好看，二是取用方便。餐巾只有当主人动手摊开使用时，客人才能将它摊开。不可用餐巾擦脸、擦汗，也不可用它擦拭餐具，用餐完毕或用餐后离桌，应将餐巾放于座前桌上左边，不可胡乱扭成一团。

中餐宴请外国客人时，既要摆碗筷，也要摆刀叉，以中餐两吃为主。西餐刀叉的使用是右手持刀，左手持叉，将食物切成小块后用叉送入嘴中。吃西餐时，按刀叉顺序由外往里取用，每道菜吃完后，将刀叉并拢平放于盘内，以示吃完；否则摆成八字或交叉型，刀口向内。切带骨或带壳食物时，叉子一定要把食物套牢，刀要紧贴叉下切，以免滑走。喝汤时不要发出声响，如汤菜太热可等稍凉再吃，切勿用嘴吹。嘴内的鱼刺、骨头不要直接外吐，可用餐巾捂嘴用手或筷子取出，放在盘内。用过的餐具、牙签、吃剩的饭菜都应放在盘内，勿置桌上。

宴会进行过程中，如果由于就餐者不慎发生意外情况，如打翻酒水、餐具摔落在地等，应沉着应对。餐具摔落可由服务员另送一副，酒水打翻也可由服务员擦净。但如果溅到邻座身上，应表示歉意并协助其擦干，假如对方是异性，应递上干净餐巾或手帕，由其自行处理。

知识链接

宴请的时间和地点

宴请一般不安排在重大节日或双方的禁忌日，确定宴请时间时，主宾之间应事先进行协商，然后再进行邀请；根据宴请的规格安排合适的地点，宴请的场所应以环境幽雅、交通便利、菜肴精美、服务优良的饭店为佳。

课堂小实训 1-5-6

陈先生到一家西餐厅就餐，他拿起刀叉用力切割，发出刺耳的响声；他狼吞虎咽，将鱼刺随便吐在洁白的台布上；他随意将刀叉并排放在餐盘上，把餐巾放在餐桌上，起身去了一趟洗手间。回来以后，发现饭菜已被端走，餐桌已收拾干净，服务员拿着账单请他结账。他非常生气，与服务员争吵起来。

1. 陈先生在就餐的时候有哪些不妥的地方？

_____

2. 假如你是陈先生，去了洗手间回来还想继续就餐，应该怎样做？

_____

_____

参考答案

本任务中"课堂小实训"参考答案详见二维码。

技能实训1-5

模拟商务洽谈礼仪

1．训练目的和要求

通过实训，使学生明确在商务活动过程中的礼仪规范要求，养成良好的礼仪习惯。

2．场景设计

华南钢铁贸易协会在本周六要举办业务洽谈会，中新钢铁贸易有限公司是该协会的会员，该公司张总收到参加洽谈会的邀请函。为了更好地进行业务交流，作为会员，张总准备如期参加业务洽谈会。假如你是张总，在参加洽谈会前需要做什么准备工作？在洽谈会上张总应该怎么做？

将班级学生分为若干实训小组，每组确定一名小组负责人。各组根据场景需要进行角色分配，模拟张总参加洽谈会的情景。

3．训练准备

将全班学生进行合理分组。

各小组拟订参加洽谈会前需要准备的工作。

各小组分工合作，落实各项工作（包括场地、道具等）。

4．训练实施

（1）分小组进行角色扮演，一人扮演张总，另外一人扮演洽谈会与会人员。

（2）其他小组对表演进行讨论，提出问题和建议。

（3）授课教师进行讲评。

任务评价

教师组织填写"任务完成情况评价要素表"，对本次实训过程中学生的完成情况进行一个综合评估。

任务完成情况评价要素表

组别： 学生姓名：

序 号	考 核 点	分 值	得 分
	小组评价	共20分	
1	出勤情况	2	
2	态度与纪律	3	
3	参与活动时与人沟通的能力	5	
4	参与讨论的积极性	5	
5	团队合作的表现	5	
	本人评价	共40分	
6	了解商务谈判礼仪的类型	3	
7	熟悉个人礼仪、宴请礼仪的规范要求	3	
8	掌握交际礼仪、洽谈礼仪的规范要求	4	
9	能按照仪态礼仪的规范要求进行练习，起到示范作用	5	
10	能按照服饰礼仪的规范要求对自我进行形象设计，提升职业素养	5	
11	能根据任务情景按照交际礼仪的规范要求进行角色扮演	6	
12	能模拟任务情景按照洽谈礼仪的规范要求进行商务谈判	6	
13	能养成良好的礼仪习惯	8	
	教师评价	共40分	
14	商务谈判礼仪规范知识的掌握	20	
15	商务谈判礼仪规范技能的掌握	20	
	本次实训分数小计（总分100分）		
	累计积分账户		

累计积分账户说明：90～100分积5分；80～89分积4分；70～79分积3分；60～69分积2分；60分以下积1分。

项目导航

请同学们学完本项目后，完成以下思维导图中的填空。

1. 关键知识点回顾

（1）商务谈判，它是一种经济谈判，是不同利益群体之间，以经济利益为目的，就双方或多方的商务往来关系而进行的谈判。

（2）商务谈判的特性包括：①商务谈判的主体是相互独立的利益主体；②商务谈判的目的是经济利益；③商务谈判的核心议题是价格。

（3）商务谈判的基本原则是指商务谈判中谈判各方应当遵循的基本准则，它是商务谈判的实践总结和制胜规律。它包括：①平等自愿原则；②互利多赢原则；③立场服从利益原则；④对人不对事原则；⑤诚实守信原则；⑥客观标准原则。

（4）在遵循商务谈判的艺术技巧时，我们要注意以下几点：①针对性强；②表达方式婉转；③灵活应变；④语言幽默；⑤恰当地使用无声语言。

（5）商务谈判心理概念：是指在商务谈判活动中谈判者的各种心理活动。它是商务谈判者在谈判活动中对各种情况、条件等客观现实的主观能动反映。

（6）商务谈判心理的特点：①内隐性；②相对稳定性；③个体差异性。

（7）商务谈判心理的重要性：①有助于谈判人员培养自身良好的心理素质；②有助于揣摩谈判对手的心理，实施心理诱导；③有助于恰当地表达或掩饰谈判者的心理；④有助于营造恰当的谈判气氛。

（8）商务谈判应具备的良好心理素质：自信心、诚意、耐心。

（9）商务谈判心理实用技巧：①利用商务谈判需要；②积极倾听；③擅用红白脸术；④利用报价改变谈判对手的期望。

（10）发散思维的定义：又称放射思维、扩散思维或求异思维，是指大脑在思维时呈现的一种扩散状态的思维模式，它表现为思维视野广阔，思维呈现出多维发散状。

（11）跳跃思维的定义：又叫跳跃式思维，或叫作跳跃性思维。是指一种不依逻辑步骤，直接从命题跳到答案，并再一步推而广之到其他相关的可能的一种思考模式。

（12）诡辩思维的定义：以任意的方式，凭借虚假的根据，或者将一个真的道理否定了，弄得动摇了，或者将一个虚假的道理弄得非常动听，好像真的一样。

（13）发散思维的特点：①流畅性；②灵活性；③独特性。

（14）跳跃思维的特点：①新颖性；②全面性；③丰富性。

（15）诡辩思维的表现形式：①偷梁换柱；②避实就虚。

（16）倾听的方法归纳为"五要"和"五不要"。"五要"：①要为愉快地交流创造良好的环境；②要有鉴别地倾听；③要做好记录；④要克服先入为主；⑤要专心、聚精会神地听。"五不要"：①不要急于判断问题而耽误听；②不要回避难以应付的话题；③不要急于抢话、反驳而放弃听；④不要逃避交往的责任；⑤不要使自己陷入争论。

（17）常见的提问方式有：①封闭式提问；②开放式提问；③证实式提问；④引导式提问。

（18）回答问题的技巧有：①从容不迫地回答；②不全盘托出；③避正答偏；④以问代答；⑤委婉拒答。

（19）非语言沟通是指以面部表情、人体姿势、动作等肢体行为来表达的一种沟通方式。

（20）仪态，又称"体态"，是指人的身体姿态和风度。姿态是身体所表现的样子，风度则是内在气质的外在表现。

（21）谈话的姿势往往反映出一个人的性格、修养和文明素质。所以交谈时，首先双方要互相正视，互相倾听，不能东张西望、看书看报、面带倦容、哈欠连天。

（22）站立时，身体应与地面垂直，重心放在两个前脚掌上，挺胸、收腹、收颌、抬头，双肩放松，双臂自然下垂或在体前、体后交叉，眼睛平视，面带笑容。

（23）正确的坐姿应该是腰背挺直，肩放松。女性应两膝并拢，男性膝部可分开一些，但不要过大，一般不超过肩宽。双手自然放在膝盖上或椅子扶手上。

（24）自我介绍：是在没有他人介绍的情况下，自己将自己介绍给他人，以便使对方认识自己。在正式自我介绍时，介绍的内容包括自己的单位、部门、职务和姓名。

（25）居中介绍：是指由介绍人作为第三者，为彼此不相识的双方相互进行介绍。

（26）集体介绍是为他人介绍的一种特殊情况。它指的是由介绍者为两个集体之间或者

个人与集体之间所做的介绍。在一般情况下，集体介绍同样应当遵守"尊者优先了解情况"规则。

（27）在商务谈判中，可视不同情况采取不同形式的宴会或招待会。宴会一般包括国宴、正式宴会、便宴、家宴等。

2．填制思维导图

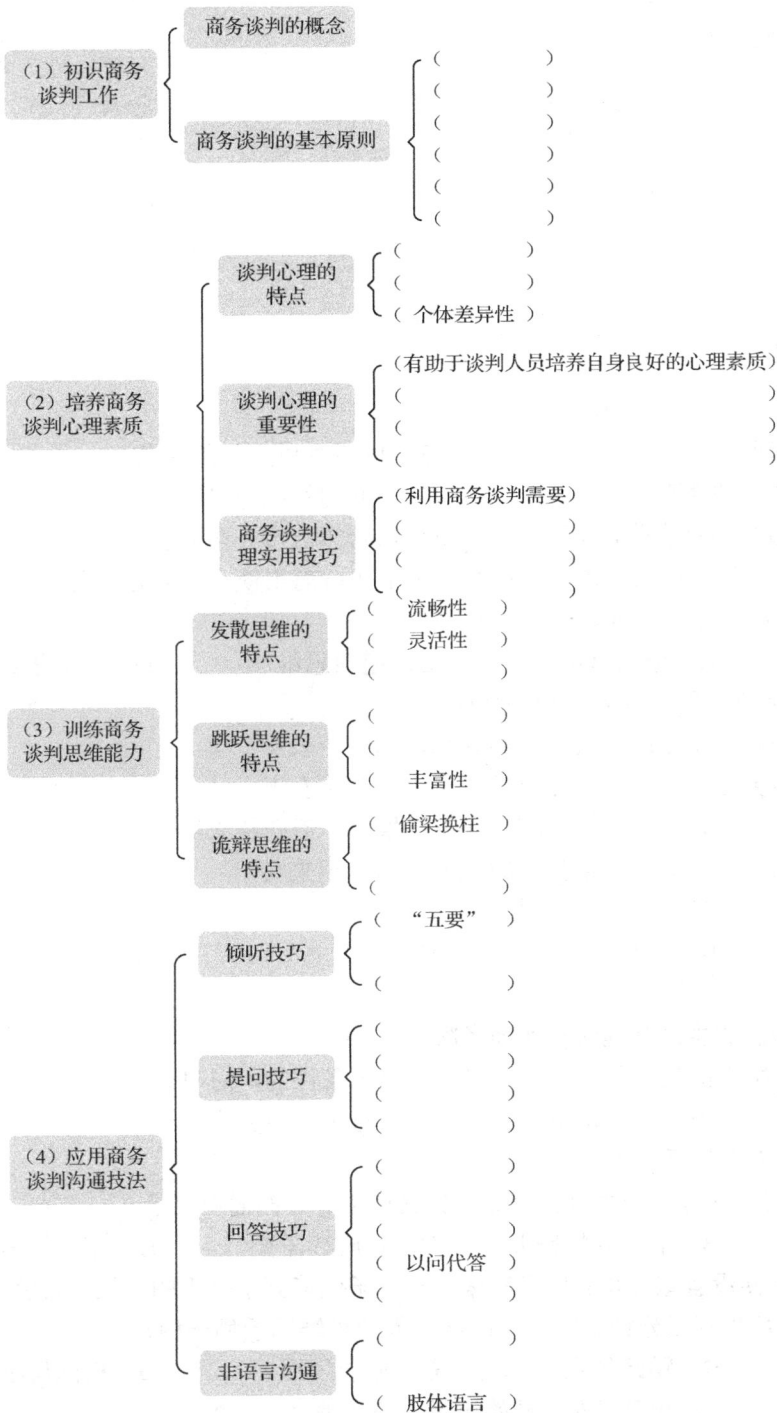

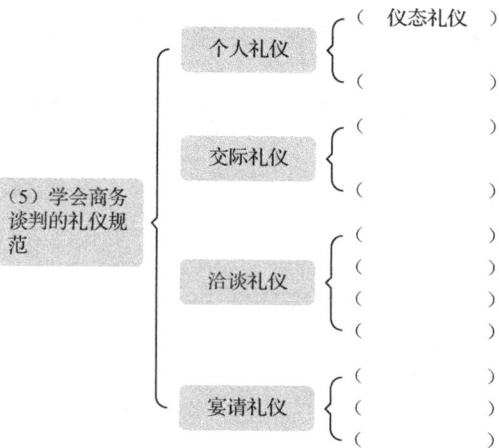

```
                              ( 仪态礼仪 )
              个人礼仪  {
                              (          )
              交际礼仪  {     (          )
(5) 学会商务                   (          )
谈判的礼仪规                    (          )
范                            (          )
              洽谈礼仪  {     (          )
                              (          )
              宴请礼仪  {     (          )
                              (          )
```

048

项目检测

一、单项选择题

1. 属于有效的倾听的是（   ）。

    A．急于判断问题　　　　　　　　　　B．回避难以应付的话题

    C．专心、聚精会神地听　　　　　　　D．急于抢话、反驳

2. 鼎宁公司与杰市公司谈合作，在谈判中鼎宁公司希望杰市公司派出几名优秀的技术人员来到自己公司培训自己的员工，杰市公司对这个话题避而不谈，转向之后利润分成的分配方法，请问这属于什么谈判思维？（   ）

    A．偷梁换柱　　　　B．避实就虚　　　　C．逆向思维　　　　D．横向思维

3. 介绍他人时，不符合礼仪的先后顺序是（   ）。

    A．介绍长辈与晚辈认识时，应先介绍晚辈，后介绍长辈

    B．介绍女士与男士认识时，应先介绍男士，后介绍女士

    C．介绍已婚者与未婚者认识时，应先介绍已婚者，后介绍未婚者

    D．介绍来宾与主人认识时，应先介绍主人，后介绍来宾

4. 握手的全部时间应控制在（   ）内。

    A．1 秒　　　　　　B．3 秒　　　　　　C．5 秒　　　　　　D．7 秒

5. 属于开放式提问的是（   ）。

    A．我们能否到您的生产基地进行实地考察？

    B．我方已做出很大的让步了，贵方可以接受这个条件的，对吗？

    C．您刚说可以尽快发货，这是不是说可以在 3 月 1 日前交货？

    D．您对目前的竞争对手有什么看法？

6. 谈判人员希望在谈判时受到尊重、平等、独立自主等方面需要属于（   ）。

    A．主导性需要　　　B．非主导性需要　　C．物质性需要　　　D．精神性需要

7. 一个人说话的时候没有重点，从自己的家人一下子谈到了今天的天气，然后又聊国家大事，这些转变都是在两三分钟之内，请问这个人的思维属于哪一种？（   ）

    A．发散思维　　　　B．跳跃思维　　　　C．逆向思维　　　　D．横向思维

8. 谈判中发现对方慢慢打开笔记本，开始记录，表示他（   ）。

A. 急切等待　　　　　　　　　　B. 重视，发现了重要问题

C. 胸有成竹，有优越感　　　　　D. 对对方的话题不感兴趣

9. 按照规格划分，规格最高的宴会是（　　　）。

A. 国宴　　　　　B. 正式宴会　　　　C. 家宴　　　　D. 便宴

10. 孩子不愿意做爸爸留的课外作业，于是爸爸灵机一动说："儿子，我来做作业，你来检查如何？"孩子高兴地答应了，并且把爸爸的"作业"认真地检查了一遍，还列出算式给爸爸讲解了一遍。只是他可能不明白为什么爸爸所有作业都做错了。这种让孩子做作业的巧妙方法是运用了什么思维方式呢？（　　　）

A. 诡辩思维　　　B. 避实就虚　　　C. 逆向思维　　　D. 跳跃思维

二、多选题

1. 以下属于倾听技巧的有（　　　）。

A. 要为愉快地交流创造良好的环境　　B. 要有鉴别地倾听

C. 要做好记录　　　　　　　　　　　D. 要克服先入为主

2. 商务谈判心理活动具有（　　　）的特点。

A. 内隐性　　　B. 虚实相间性　　　C. 相对稳定性　　　D. 个体差异性

3. 腰板挺直，颈部与背部呈直线，反射出的心理活动是（　　　）。

A. 防御、不信任　　　　　　　　　B. 情绪高昂

C. 充满自信　　　　　　　　　　　D. 自制力强

4. 在与人交谈时不能（　　　）。

A. 东张西望　　　B. 面带倦容　　　C. 互相尊重　　　D. 互相倾听

5. 在正式自我介绍时，介绍的内容包括（　　　）。

A. 单位　　　　B. 部门　　　　C. 职务　　　　D. 姓名

6. 以下属于封闭式提问的有（　　　）。

A. 您想要咖啡还是奶茶？　　　　　B. 您是想今天讨论这个议题吗？

C. 您谈论这个议题的目的是什么？　　D. 您对我们的产品有什么建议？

7. 下面选项中属于商务谈判思维的有（　　　）。

A. 逆向思维　　　B. 跳跃思维　　　C. 发散思维　　　D. 诡辩思维

8. 握手的禁忌包括（　　　）。

A. 忌用右手握手　　　　　　　　　B. 忌交叉握手

C. 忌站着握手　　　　　　　　　　D. 忌戴有手套

9. 以下对于谈判的描述，哪些是对的？（　　　）

A. 推销商品是谈判。　　　　　　　B. 生意往来是谈判。

C. 上街购物是谈判。　　　　　　　D. 夫妻沟通是谈判。

10. 对于谈判的概念，我们可以从以下哪些方面来理解？（　　　）

A. 谈判是一种有目的的活动。　　　B. 谈判是一种双向交流与沟通的过程。

C. 谈判是一种人际交往活动。　　　D. 谈判是一个协调行为的过程。

三、简答题

1. 请说说你认为什么是谈判。

2．研究商务谈判心理主要有什么作用？

3．要实现有效沟通，倾听有哪五个"不要"？

4．艺术技巧在商务谈判中起到什么作用？

5．商务谈判中，回答问题的技巧有哪些？

6．居中介绍的顺序是什么？

7．握手要遵循哪些规则？

8．商务谈判中，常用的心理实用技巧有哪些？

四、案例分析题

某公司业务员李丽去一家石材店采购板材，看中了橱窗里陈列的"将军红"大理石板材。她走进商店询问价钱，老板心里知道，进价是每平方米 180 元，但没有告诉她售价，只是给她倒了一杯水。李丽开始为买"将军红"打埋伏，说她想要黑珍珠石材。"这里有很漂亮的大理石。"老板边说边请她看样品。李丽又改口，说想要厚一点点的，老板说他也有这样的大理石。到此，李丽决定为那批"将军红"与老板讨价还价了。她再次问了价钱，老板说 300 元。"这太贵了！"李丽开始还价，她出价 200 元。"260 元。"老板说。"谢谢！"李丽边说边朝门口走去，老板怕失去这桩生意，最后以每平方米 210 元的价格卖给了李丽。这笔生意老板赚了近 17%，比预期 15%的毛利率还多了 2 个点。最终皆大欢喜。

问题：（1）本案例中，李丽和老板的沟通体现了哪些技巧？

（2）老板利用了哪种心理技巧成功售出大理石？

项目二　商务谈判准备

项目描述

充分的准备是商务谈判的重要基础。周密而准确的背景资料调查能够给谈判者提供强有力的决策依据。谈判团队的有效组织与管理，为谈判活动提供了重要的保障。商务谈判方案的合理制订，是商务谈判顺利进行和实现谈判目标的指南。本项目从准备商务谈判信息、组建商务谈判团队和制订商务谈判方案三个角度介绍商务谈判的准备工作。

学习目标

知识目标：

➢ 了解谈判的主要调查内容和信息来源；

➢ 了解谈判人员的素质要求、谈判团队的组织构成和人员分工；

➢ 熟悉谈判方案制订的流程、主要内容和要求。

能力目标：

➢ 具备收集、分析、整理商务谈判相关背景信息的能力；

➢ 能够选择合适的谈判人员，合理组建谈判团队；

➢ 能够制订确实可行的商务谈判方案。

项目实施

任务一　准备商务谈判信息

案例导入

充分准备　助力谈判

广东省某机械制造厂一行人奔赴美国商谈机械出口事宜。在多次交锋后，谈判陷入僵局，因为谈判双方在价格上存在分歧且各不退让。这时，美方提出暂缓谈判。对此，中方经理也表示赞同。第二天，谈判继续，情况依然。第三天、第四天……几天过去了，美商始终没有任何协商的意思，也没有给出任何答复。

中方团队中有人开始沉不住气，表示是否需要退让，以免本次谈判破裂。而中方的经理却气定神闲地表示："不用担心，对方一定比我们更想促成此次交易。"

原来，美国为了保护本国的利益，近期对日本等国家和地区都实行了高关税政策，

由于税率过高以及其他一些因素，原本从日本采购的机械迟迟没有发货。而这家美国公司已经和其他客户签订了合同，急需交货。整个市面上，也只有我国这家机械制造厂生产的产品能够替代日本产品，而且价格更为优惠。正是有了这些调查和准备，中方经理才能这么胸有成竹。

果不其然，一天以后，美方主动要求回到谈判桌，可惜此时谈判主动权已经掌握在了中方团队手中。最后，中方团队以一个满意的价格达成了此次交易。

良好的准备是有效促成谈判的基础。要知己知彼，深入调查，掌握准确的信息，并进行周密地筹划。在这个案例中，中方企业能在谈判中获胜，拿到满意的价格，与其前期周密而准确的调查是密不可分的。由此可见，商务谈判调查，是谈判开始前必不可少的重要环节。

知识储备

"知己知彼，百战不殆"，它不仅仅是兵法中引述的经典，在商务谈判领域也发挥着极其重要的作用。充分的信息搜集工作，是商务谈判前期至关重要的一个环节。通过各种渠道的信息收集、分析和处理，可以为制定谈判策略提供可靠的依据。因此，充分而准确的调查工作，是谈判人员在谈判准备过程中必不可少的重要环节。

一、商务谈判调查的内容

谈判前期应该对哪些方面进行调查，是由谈判的具体内容和要求所决定的。不同的商务谈判，所调查的内容也不尽相同，但通常会从宏观因素和微观因素两个层面开展调查工作。

（一）宏观因素调查

宏观因素调查主要是指对商务活动大环境的调查。宏观因素不受企业的控制和影响，它既能给企业带来商机，又能给企业带来一定的威胁。宏观因素调查通常归纳为以下几个方面，如表 2-1-1 所示。

表 2-1-1　宏观调查因素

序　号	调查因素	具体内容
1	政治环境	政局的稳定性、政治制度、政府政策、国家对企业的管理制度等
2	法律制度	法律制度状况、法律执行状况、司法独立程度等
3	社会文化	民族习惯、社会风俗、宗教信仰和宗教禁忌、社交礼仪、价值观念、文化教育等
4	商业习惯	企业决策的程序、谈判场合的安排惯例、商业间谍现象、商业贿赂现象等
5	财政金融	税收政策、货币流通及兑换情况、支付信誉、汇率变动等
6	自然环境	地理位置、气候特点、自然资源、生态环境、自然灾害等情况
7	基础设施及后勤保障	劳动力资源、当地运输条件、邮电通信事业的发展等

案例 2-1-1

我国某建筑公司在国外承包了一个工程项目。然而在施工的过程中，建筑公司方却收到了法院一纸诉状。原来，在距离施工地现场不远处有一家医院，由于建筑公司在施工过程中打地基时对其造成了噪声污染，该医院对该建筑公司进行控告，最后该建筑公司赔偿了医院 20 万美元。

★**案例启示：** 如果该建筑公司了解当地的法律法规，在施工前委派当地的律师进行实地考察，并及时做好预防措施，就可以有效避免不必要的经济损失。

就跨国商务活动而言，一定要对当地的商务宏观环境有全面而准确的调查分析，才能为商业活动的开展奠定良好的基础。

课堂小实训 2-1-1

提起国产手机，大家首先想到的就是华为、小米、OPPO、VIVO 等品牌，殊不知 2016 年国产手机在海外的销量排名第一的是一家叫传音的手机厂商。这家成立于 2006 年的公司凭借着超高的性价比和出色的本地化策略在非洲市场占据了高达 40% 的市场份额。

区别于国内手机市场的竞争激烈，传音创始人竺兆江发现非洲手机市场竞争相比之下要小很多。在前期市场调研过程中，传音手机发现非洲的运营商之间结算成本很高，许多用户需要两张以上的手机卡，但无力承担购买两部手机的费用。因此针对这一调研结果，传音一度推出高性价比的四卡手机。同时在产品细节上，传音手机针对非洲人的肤色特点，不同于其他手机的脸部识别，而是通过眼睛、牙齿定位，并进行曝光补偿，以更符合当地居民对"肤白"的追求。同时针对非洲购物环境差的特点，建立起专门的客服中心，以提升品牌形象。

2016 年，南非的商业杂志《African Business》发布的年度"非洲消费者最喜爱品牌 100 强"中，传音旗下的 TECNO 和 itel 均有上榜。

在这个案例中，你认为传音公司为何能够在非洲市场获得巨大的成功？

_____

_____

（二）微观因素调查

微观因素调查主要涉及市场信息、谈判对手情况、自身情况、竞争对手情况、交易相关因素等方面，如表 2-1-2 所示。

表 2-1-2　微观调查因素

序　号	调查因素	具体内容
1	市场信息	产品的市场分布状况、市场需求、市场供给信息、市场销售情况、市场竞争情况等
2	谈判对手情况	对方合法资格审查、资信审查、权限、需求、谈判时限、谈判风格和个人情况等
3	自身情况	经济实力、谈判策略与目标、谈判可行性分析、谈判资料准备等
4	竞争对手情况	现实和潜在竞争对手的类型和数量、企业实力、营销策略等
5	交易相关因素	价格、付款及交货方式、运输、包装等

案例 2-1-2

　　云麦公司是一家成立于 2014 年，专注于家庭智能健康设备自主研发的移动互联网公司。在一次偶然的情况下，云麦公司创始人汪洋看到一个国外的体脂秤仅仅多了一个蓝牙模块，售价便可高达 800 元人民币，于是他开始思考，是否可以运用互联网思维做一台高性价比的体脂秤。

　　他立马从美国、日本、荷兰买了十几台秤回来反复研究，发现生物阻抗技术在体脂秤上的应用已经相对成熟。而当下，互联网模式的智能体脂秤几乎是真空状态。他敏锐地发现智能体脂秤作为家庭健康的入口，在未来必然会受到人们的重视。

　　通过调研，他发现国内当时最便宜的体脂秤是 699 元，而这个过高的价格消费者定然不会接受。并且考虑到潜在竞争对手小米公司的价格优势，如果云麦产品定价过高必然没有竞争优势。因此，云麦一开始就瞄准了 99 元的产品定价。然而尴尬的是，在他跑遍了珠三角的代工厂后，发现因为利润过低没有一家工厂愿意帮他们做。

　　为了与工厂达成合作，云麦提出了输出自主研发的蓝牙解决方案给工厂的条件。并且隔三岔五就带着资料到目标工厂进行拜访，反复和工厂负责人进行谈判商议。最终，与工厂达成了合作，领先于小米公司，成了互联网思维下体脂秤的开创类品牌。

　　★**案例启示：** 在这个案例中，云麦创始人汪洋对市场相关信息、自身情况、竞争对手情况、谈判对手情况都做出了全面的商业调查。正是云麦全面而准确的微观因素调查才使得它成了互联网体脂秤的开创类品牌。由此可见，微观因素的调查在商务活动中同样也是必不可少的重要环节。

课堂小实训 2-1-2

　　学校附近有一家奶茶店转让，报价 15 万元。假如你正在寻求合适的创业机会，想要接手这家奶茶店。你会调研该奶茶店哪些方面的信息呢？

　　_____

　　_____

二、商务谈判调查的方法

　　商务谈判调查需要运用多种信息渠道和调查方法，以确保调查结果准确、全面且如实反映现实情况。常用的市场调查方法有很多，通常情况下，会选取组合的方式收集、分类、

筛选和提炼出有效的相关信息，如表 2-1-3 所示。

表 2-1-3 商务谈判调查的方法

序 号	调查方法	含 义	方 法
1	案头调查法	又称检索调研法，根据公开资料信息，采用各种统计方法进行系统研究	资料来源有：报纸、杂志；公开的文件资料
2	直接调查法	通过与有关人士的直接接触来收集、整理情报资料的方法	参观对方的生产经营场地；获取对方的产品或服务进行研究；创造机会，进行预备性接触，获知对方态度
3	网络调查法	利用互联网的交互式信息沟通渠道收集相关资料	在网上直接进行问卷调查；通过网络来收集统计调查中的一些二手资料

知识链接

了解国外谈判对手的信息来源

进行调查分析的前提必须有大量的信息来源，并从中筛选出准确且对谈判有实际影响的客观因素。通常我们可以从以下途径进行调查了解。

（1）国内：

① 对外经贸部门；

② 对外经济贸易促进机构及其各地的分支机构；

③ 银行的咨询机构；

④ 已与该谈判对手国建立业务联系的本国商行；

⑤ 有关的报纸、杂志、新闻广播、互联网。

（2）国外：

① 本国驻当地的大使馆、领事馆、特使馆等；

② 国内银行在当地的分支；

③ 本公司或本行业集团在当地开设的营业机构；

④ 本公司的代理人。

必须注意的是，由于任何信息从某种程度上来说都是主观意识的产物，难免会存在一定的片面性。而其产生片面性的原因如下。

（1）提供信息的人可能想要促进你的谈判。因此，他提供的信息很大部分都是有利于谈判的，而对于不利信息可能闭口不谈。

（2）有些人为了讨好你，专门提供合你胃口的信息。

（3）有些人无法回答你的问题，但为了不失面子，就不懂装懂地回答你。

（4）有些人虽然从来不说谎，但他的消息来源可能不够准确。

（5）最坏的情况是，表面上，有的人是在为你提供信息，而实际上他在暗中支持你的竞争对手，以换取更多的报酬。

三、商务谈判调查报告的基本内容与格式

在完成市场调查后，需要把调查内容进行整理、分析、提炼，并形成书面性报告。在写市场调查报告时，要符合言简意赅、条理清晰原则。市场调查报告的格式一般由标题、引言、正文、结论与建议等几部分组成，如图 2-1-1 所示。

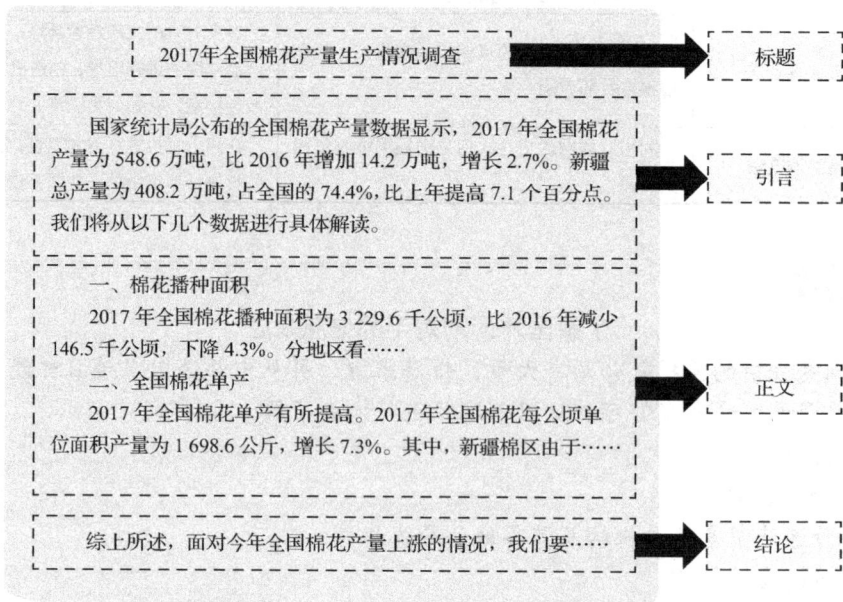

图 2-1-1　商务谈判调查报告示范

参考答案

本任务中"课堂小实训"参考答案详见二维码。

技能实训2-1

准备商务谈判信息

1. 训练目的和要求

通过多种渠道收集商务谈判背景信息，为制订谈判计划提供依据。能够运用多种信息收集的方法，进行相关因素调查，并独立完成商务谈判调查报告。

2. 场景设计

谈判甲方：全国小家电十强企业 A 公司派出的谈判团队，以市场总监王先生为负责人。

企业背景：国内小家电十强企业，产品线多元化，在北方市场占有率为行业第一，现正全力以赴准备充分开拓南方市场。主要竞争对手为美的，与美的相比，在价格方面更具有优势。但是，在南方的品牌影响力不如美的，且渠道运作经验较少。希望能借助天虹商

场的渠道优势，在南方市场提升市场占有率。

谈判乙方：天虹商场采购团队，以采购经理李先生为负责人。

企业背景：天虹商场是国有控股的中外合资连锁百货企业，在全国有近百家分店，是深圳和广东地区销售额最高、商场数量最多的连锁百货企业。近年，天虹不断在全渠道方向转型，初步形成了"天虹微品+网上天虹+天虹微信"的"实体店+PC端+移动端"立体电商模式，实现从实体店走向线上线下融合的全渠道。

天虹卖场内已有5个同类品牌上架，包括美的，但由于缺乏品牌大型活动之处，小家电区销售额一直上不去，天虹方希望能够寻找合适的品牌与时机提升小家电类目的销售额。

假设你们组正是小家电企业派出的谈判团队，为本公司产品进入天虹超市而进行谈判。

将班级学生分为若干实训小组，每组确定一名负责人。各组根据情境需求进行角色划分。

在谈判开始前，谈判团队必须对本次谈判所涉及的背景资料进行收集和分析，并完成商务谈判调查报告。

3. 训练准备

（1）准备好开场寒暄话题，落实谈判人员任务分工。

（2）各组根据给定的谈判背景资料，通过查找网络资料及实地市场调查收集有关的信息。

（3）各组在认真分析谈判背景资料的基础上，讨论调查报告如何撰写。

（4）各组在汇报调查结果前先提前演练几次。

4. 训练实施

（1）从宏观因素方面，对本次谈判的相关信息进行收集和分析，包括政治、法律法规、文化、商业习惯等谈判的环境因素。

为了规范零售商与供应商的交易行为，维护公平、公正的市场交易秩序，促进零售商与供应商平等合作、共同发展，《零售商供应商公平交易管理办法》于2006年颁布出台，其中对于取消进场费、账期天数不超过60天等都做出了明确的规定。

但是作为低利润的零售行业，各个卖场都不愿意放弃进场费这块肥肉。同时，名目众多的各种促销补贴费用也被卖场转移到供应商头上，作为零售市场的弱势群体，绝大多数供应商出于自身利益的考虑也是敢怒不敢言。

（2）谈判对手的信息收集及情况分析：在谈判开始前，通过多样化渠道，对谈判对象的企业基本状况、市场状况、财务状况、相关人员、需求状况等各个方面进行调查和分析。

（3）谈判者自身情况分析：谈判团队对企业自身的经济实力进行评价，评估自身的优势和劣势，并制定明确的谈判目标。

（4）在进行资料收集分析后，完成商务谈判调查报告的撰写。

（5）对自己的调查分析进行小组汇报。此环节可由一名同学完成，也可由多名同学完成。为支持本方论点，可借助图表、PPT、相关道具等。

任务评价

教师组织填写"任务完成情况评价要素表",对本次实训过程中学生的完成情况进行一个综合评估。

任务完成情况评价要素表

组别: 学生姓名:

序　号	考　核　点	分　值	得　分
	小组评价	共20分	
1	出勤情况	2	
2	态度与纪律	3	
3	参与活动时与人沟通的能力	5	
4	参与讨论的积极性	5	
5	团队合作的表现	5	
	本人评价	共40分	
6	了解商务谈判调查的内容	4	
7	熟悉商务谈判调查报告的基本内容与格式	5	
8	掌握商务谈判调查的方法	5	
9	能灵活运用调查方法收集谈判对手信息,信息来源渠道全面、真实、可靠	6	
10	能对谈判对手及自身的情况进行准确分析	6	
11	能撰写商务谈判调查报告,内容完整、重点突出	6	
12	能对调查分析情况进行汇报	8	
	教师评价	共40分	
13	准备商务谈判信息知识的掌握	20	
14	准备商务谈判信息技能的掌握	20	
	本次实训分数小计(总分100分)		
	累计积分账户		

累计积分账户说明:90~100分积5分;80~89分积4分;70~79分积3分;60~69分积2分;60分以下积1分。

任务二　组建商务谈判团队

案例导入

吉利集团与宝腾的收购案例

2017年5月24日,吉利集团与DRB签署收购协议。谈判团队耗费一年时间,从全球20多家企业中脱颖而出赢得收购,开启了中国汽车业的技术输出时代。

"如释重负。"一位谈判组成员在电话里如此描述现在的感受,"整个团队疲劳不堪,

躺得横七竖八的。昨晚谈判谈到凌晨三点，有一段时间每天到凌晨一两点钟。签约的那一刻，我们团队很多人都哭了，真不容易。"

宝腾从 2012 年起就开始寻找合作伙伴，双方在 5 年前开始接触。2016 年 5 月，宝腾正式开始招标，吉利 6 月收到标书后，迅速地组建了收购项目团队，集团 CFO 李东辉任谈判小组组长，集团副总裁余宁任执行组长。

在这次马拉松式的谈判中，谈判团队保持坚定的目标，充分调研相关竞争对手、制订高性价比方案，无数次挑灯夜战讨论相关细节。谈判组成员手里的资料垒起来有一尺半那么厚，一个问题谈两天也成为常态，对各种细节进行反复推敲。最终，吉利从 20 多家竞争对手中脱颖而出。

谈判团队的实力是促成谈判的关键因素。在当下经济时代，商务谈判的本质是人际关系的一种特殊体现，因此在商务谈判过程中，谈判代表的重要性就尤为突出。在这个案例中，吉利集团能够在谈判中脱颖而出，与优良的谈判团队建设与管理是密不可分的。

知识储备

"知己知彼，百战不殆"，进行一场商务谈判，充分的准备工作至关重要。

商务谈判是一项复杂的经济活动，良好的商务谈判团队对于谈判活动的开展能够起到极其重要的作用。精明强干的谈判人员能够提高谈判把握，一般而言，谈判人员应当具备自信、思维敏捷、谈吐清晰等基本素质。在很多情况下，商务谈判不是由一个人，而是由一个团队共同完成。因此，要做好谈判团队的组织构成与团队管理工作。

一、谈判人员应具备的条件

艾克尔在《国家如何进行谈判》一书中提出："一个完美无缺的谈判家应该心智敏捷，而且有无限的耐心；能巧言掩饰，但不欺诈行骗；能取信于人，而不轻信他人；能谦恭节制，但又果敢刚毅；能施展魅力，而不为他人所惑；能拥巨富、藏娇妻，而不为钱财和女色所动。"

（一）谈判人员应具备的职业素质

1. 思想方面

谈判人员的思想品德是谈判利益的安全保证。谈判人员应当具备团队精神、忠于职守、认真负责、尊重他人的优良品德。

广东省某大型汽车零配件生产企业想引进日本一家企业的先进生产设备。在这场谈判过程中，日方所带的翻译为留学后定居日本的华裔男青年，而中方的翻译为当地一名女青年。因为日方的开价远高于中方企业心理预期，因此谈判迟迟没有进展。

在谈判的过程中，日方留意到，中方的翻译代表在言行举止中无不表现出对日本的向往和对日方男翻译的美慕。于是，日方心生一计，他们在谈判休息时间，主动让男翻译接近女翻译，表示愿意带女方赴日本留学，并承担相关费用。作为交换，女翻译必须把中方的底价如实告知。

最后，在这位女翻译的倒戈下，日方企业完全占据了谈判的主动权，使得中方企业付出了高额的代价。然而，这位女翻译并没有迎来她想象的美梦，当她拿到护照时，因为事情败露而锒铛入狱。

以上这个案例中，为何中方会付出高额的代价？一个优秀的谈判人员应该具备什么样的思想品质呢？

2. 心理素质

谈判过程中会遇见各种不可抗因素和阻力，谈判人员只有具备良好的心理素质，才能良好地应对复杂多变的谈判局势，如图 2-2-1 所示。

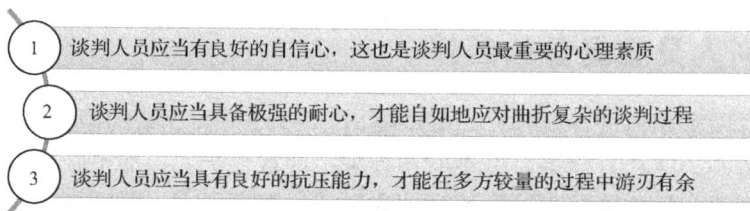

1 谈判人员应当有良好的自信心，这也是谈判人员最重要的心理素质

2 谈判人员应当具备极强的耐心，才能自如地应对曲折复杂的谈判过程

3 谈判人员应当具有良好的抗压能力，才能在多方较量的过程中游刃有余

图 2-2-1 谈判人员心理素质

小马奔腾收购特效公司数字王国

曾经为《泰坦尼克号》《变形金刚》等 90 多部大片担任特效制作的数字王国公司，上市后由于过度扩张导致破产，于 2012 年 9 月申请破产保护。在拍卖前，40 多家企业参与资格审核，6 家公司进入最后一轮竞拍，最终我国小马奔腾集团以 3 020 万美元的价格赢得这场战役。

面对众多行业顶尖竞争对手，这次谈判无疑对小马奔腾董事长钟丽芳是极大的考验。此次竞价中，当价格喊道 2 700 万美元时，只剩下小马奔腾和 Anchorage 两家仍在

竞拍。当价格逐渐逼近3 000万美元的心理关口时，Anchorage直接将竞价从2 700万美元喊到了近3 000万美元，企图吓退这家名不见经传的中国公司。而此时，钟丽芳却沉住气没有退却，她请求暂停，与团队进了休息室，且时不时把提前退出竞拍的信实公司的人叫进来。当她从房间出来的时候，故意大披肩一甩一甩，笑声爽朗，显得非常高兴，和信实公司的人并肩坐下。当Anchorage看到这一幕，得知小马奔腾已与信实公司联手，也随即宣布休庭。"他们从房间出来后，就宣布放弃了。"钟丽芳笑着回忆道，"我们赢了。"

请思考，在这个案例中小马奔腾董事长钟丽芳作为一名优秀的谈判人员，从哪些方面展示了其优秀的心理素质？

_____

_____

知识链接

如何在压力面前保持良好的心理素质？

（1）找个宣泄减压的渠道。需要找个肯耐心倾听你，让你在他面前大哭一场的人，朋友、父母等都可以。

（2）降低期望，先设定较为容易实现的短期目标，而后不断提高短期目标，并最终实现长期目标。

（3）正确面对失败，避免过度解读失败结果。

（4）进行体育锻炼，通过运动宣泄压力。

（5）化压力为动力，合理分配时间，利用时间管理APP（如滴答清单），对时间进行有效计划。

061

（二）谈判人员应具备的能力要求

1. 专业知识能力

如图2-2-2所示。

① 商务方面专业知识，包括金融、价格、国际贸易、仓储、运输、财务、商检、保险等多方面

② 生产工艺、专业技术等方面的专业知识

③ 相关政策、法律法规方面的知识

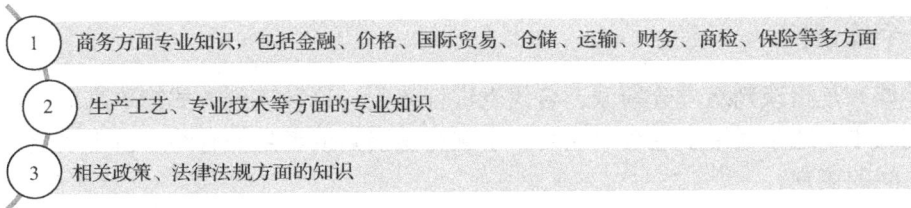

图2-2-2 专业知识能力

2. 综合职业能力

通常情况下，专业谈判人员应当具备以下综合职业能力，如图2-2-3所示。

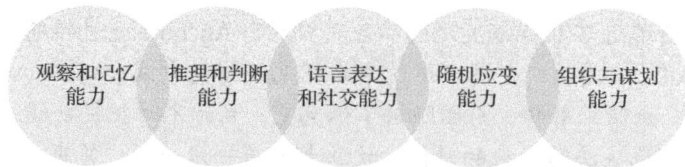

图 2-2-3 综合职业能力

案例 2-2-1

2020 年 3 月比亚迪发布"刀片电池",被认为是颠覆性的黑科技。作为比亚迪的实际掌舵人,王传福近年来无疑带领比亚迪在在商场上获得了亮眼的成绩。为了王传福,巴菲特打破不投高科技企业的惯例,十几年重仓比亚迪。巴菲特甚至把他列为自己最欣赏的四位 CEO 之一,与之并列的是:扎克伯克、库克、多尼根。

在比亚迪与巴菲特方进行第一次融资谈判时,为了证明电池有多环保,谈判桌上王传福竟然喝下了一杯电池液。最终,通过出色的沟通技巧,巴菲特被王传福描绘的电动车未来说服了。他愿意给王传福投 5 亿美元,占股 20%。但是,王传福却拒绝了!他表示比亚迪的确需要钱,但最多让出 10% 的股份。最后,双方商定,巴菲特投资 2.3 亿美元,占股 10%。

王传福和比亚迪,从无到有,一点一滴积攒出企业的创新能力和制造实力,带领中国制造走向了世界前列。

★**案例启示:** 毫无疑问,王传福不仅仅是一名优秀的企业家,同样也是一名出色的谈判专家,他在企业急需投资的情况下,依旧能坚守底线,坚持 10% 的股份出让原则,这无疑都是其卓越综合职业能力的体现,也正是由于其卓越的综合职业能力,成就了一家具备世界领先水平的创新型制造企业。

二、谈判团队的组织构成

(一)谈判团队的类型

谈判团队按照实际谈判的人数划分可以分为个体谈判和集体谈判。

1. 个体谈判

个体谈判是指谈判双方分别派一名代表进行谈判。这种谈判方式简单高效,极大地降低了谈判成本。通常适用于老客户谈判、小额交易谈判或者是拥有绝对自主决定权的私营企业主之间的谈判。

2. 集体谈判

集体谈判是指谈判双方都派出多人组成谈判团队进行谈判。谈判人员的规模并没有统一的标准,但一般领导者的有效管理幅度为 3~7 人。这种谈判方式的优势在于谈判代表之间可以进行优势互补,互相商量,寻找最佳策略。

（二）谈判团队的构成原则

1. 精干和高效原则

谈判团队成员人数要求精干，能够进行有效幅度管理，同时需要有扎实的专业能力、较高的业务水平，以保证谈判任务的圆满完成。

2. 谈判成员互补性原则

谈判团队成员不仅要求在专业技能方面能够达到互补，同时在性格方面也能够互相补充，互相协调。例如沉稳型的谈判成员可以和活跃型谈判成员达到互补。

3. 学历和经验并重原则

谈判成员的选择不能一味看重学历或者是经历，而是需要将有学历的人员和有经验的成员结合在一起，取长补短，发挥团队的最大优势。

4. 新老搭配梯队原则

就年龄而言，年轻人更争强好胜，寸土必争；年长者沉着稳重，以柔制刚。采取新老搭配梯队原则，能够更加巧妙地运用谈判策略和技巧。

知识链接

谈判团队成员的性格互补

在心理学中，根据气质理论，人可以分为胆汁质（兴奋型）、多血质（活泼型）、黏液质（安静型）、抑郁质（抑制型）。

胆汁质的人情绪易激动，兴奋性很高，脾气暴躁，性情直率，精力旺盛，能以极高的热情埋头事业。兴奋时，有着克服一切困难的决心，但当精力耗尽时，情绪又一落千丈。在克服困难上有坚忍不拔的劲头，但不善于考虑能否做到，工作有明显的周期性。代表人物：张飞、李逵。

多血质的人头脑灵活，善于交际，社会适应性强。他们精力充沛而且效率高，兴趣爱好广泛，但容易发生转移。他们也容易出现变化无常、粗枝大叶、缺乏一贯性的特点。这种人适宜做要求反应迅速而灵活的工作。代表人物：韦小宝、王熙凤。

黏液质的人反应较为缓慢，能克制冲动，在艰苦的岗位上也能严格遵守既定的工作制度和社会秩序。情绪不易激动，也不易流露感情，自制力强，不爱显露自己的才能，但灵活性不足。代表人物：沙和尚。

抑郁质的人具有高度的情绪易感性，他们沉静，深含，易相处，办事稳妥可靠，做事坚定，能克服困难；但比较敏感，易受到挫折，性格孤僻寡断，疲劳不容易恢复，不图进取。代表人物：林黛玉。

以上四种气质的人各有其优缺点，在一个谈判团队中应该兼顾到不同气质类型的成员，以达到互补的作用。

063

（三）谈判团队的人员分工

谈判团队的构建，不仅要求个体谈判人员拥有良好的素质和扎实的业务能力，并且要

求充分发挥团队的整体优势，互相配合，以满足谈判中对多学科、多专业知识的需求。一支专业的谈判团队应当包含以下几种人员，如图2-2-4所示。

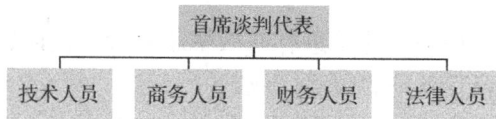

图 2-2-4　谈判团队的人员分工

此外，如有需要，还可以配备一名文秘人员，负责谈判的文书记录和后勤工作。如果是国际商务谈判，还可增设一名翻译。

课堂小实训 2-2-3

使用翻译人员的好处

有一家法国驻中国分公司的经理，能够说一口流利的中文，但是在进行商务谈判中，他却始终通过翻译进行沟通。在谈判结束后的酒会上，有人向他问道："为何在谈判中，你不直接使用中文沟通呢？"请同学们猜想，该经理是如何回答的呢？

_____

_____

知识链接

首席谈判代表的人选

谈 判 内 容	首席谈判代表的人选
大型投资项目	总经理、副总经理、财务总监
购买大型设备、引进重要技术	副总经理、总工程师、技术部经理
购买一般设备或重要零部件	总工程师、技术部经理、有关部门经理
购买重要原材料	生产部经理、采购部经理、采购主管
重要的销售合同	营销总经理、营销总监、市场部经理
一般的销售合同	市场部经理、区域经理、业务主管
合同争议	项目经理、生产部经理、市场部经理或其他曾参与过合同谈判的有关部门经理

参考答案

本任务中"课堂小实训"参考答案详见二维码。

技能实训2-2

组建商务谈判团队

1. 训练目的和要求

根据谈判团队的组建原则，以及谈判的实际需要，组建一支商务谈判团队。

2．场景设计

假设某校将位于学生食堂一楼的 300 平方米的区域作为超市进行招标，有两家企业进入了本次招投标的最后一个环节。目前，将进行最后一轮谈判，就价格、运营、维护以及校企合作方案进行研讨。据悉，该校希望把本超市作为营销综合实践基地进行运作，因此他们非常看重这部分的合作方案。目前，最后入围的两家企业分别是华润万家便利超市和美宜佳超市。

而你是美宜佳超市的市场部经理，将代表你们企业组建一支谈判团队，进行最后一轮的洽谈。

将班级学生分为若干实训小组，每组确定一名小组负责人。各组根据需要组建谈判团队。

3．训练准备

（1）解读情景案例信息。

（2）针对以上案例到以上两家企业做市场调研，了解企业的实力。

（3）请企业顾问指导组建团队过程，记录相关要点。

4．训练实施

（1）从宏观因素方面，对本次谈判的相关信息进行收集和分析，包括校企合作相关法律法规、政策支持等环境因素。

（2）谈判对手及竞争对手的信息收集及情况分析。在谈判开始前，通过多样化渠道，对谈判对象和竞争对手的基本情况、市场状况、财务状况、相关人员、需求状况等各个方面进行调查和分析。

（3）谈判者自身情况分析。谈判团队对企业自身的经济实力进行评价，评估自身的优势和劣势，制定明确的谈判目标。

（4）在进行资料收集分析后，完成商务谈判调查报告的撰写。

（5）设计团队人员构成及职责分工，并完成表 2-2-1。

表 2-2-1 团队人员构成及职责分工

	团队成员姓名	职务	工作职责	素质和能力要求	核心优势
1					
2					
3					
4					
5					

（6）对自己的调查分析及团队分工进行小组汇报。此环节可由一名同学完成，也可由多名同学完成。为支持本方论点，可借助图表、PPT、相关道具等。

任务评价

教师组织填写"任务完成情况评价要素表",对本次实训过程中学生的完成情况进行一个综合评估。

任务完成情况评价要素表

组别:　　　　　　　　　　　　　　　　　　学生姓名:

序　号	考　核　点	分　值	得　分
	小组评价	共20分	
1	出勤情况	2	
2	态度与纪律	3	
3	参与活动时与人沟通的能力	5	
4	参与讨论的积极性	5	
5	团队合作的表现	5	
	本人评价	共40分	
6	了解谈判人员应具备的职业素质和能力要求	3	
7	熟悉谈判团队的类型	3	
8	掌握谈判团队构成的原则和人员分工	4	
9	能根据谈判团队的构成原则组建谈判团队,小组角色分工明确	5	
10	能收集宏观信息、谈判对手信息,信息调查全面、来源真实可靠、分析准确	5	
11	能准确进行自我评估,突出个人核心优势,制定明确的谈判目标	6	
12	谈判调查报告内容完整、重点突出	6	
13	能对自己的调查分析及团队分工进行小组汇报	8	
	教师评价	共40分	
14	组建商务谈判团队知识的掌握	20	
15	组建商务谈判团队技能的掌握	20	
	本次实训分数小计(总分100分)		
	累计积分账户		

累计积分账户说明:90～100分积5分;80～89分积4分;70～79分积3分;60～69分积2分;60分以下积1分。

任务三　制订商务谈判方案

案例导入

竞标失利

广东省某学校对外发布招标信息,计划建立智慧校园系统。省内外多家企业都参与了此次竞标,其中不乏有全国行业领先的A公司。A公司代表信心满满的等待结果公示,结果却发现中标的是临市一家小型企业。

对于本次竞标，A 公司原以为稳操胜券，因为该公司不仅拥有全国领先的技术水平，更曾经和该学校有过良好的合作。

为此 A 公司的投标负责人联系到该学校的项目负责人，咨询本次投标失败的原因，得到的答复是 A 公司的技术支持方案的确是全国领先，但是付款要求不够灵活，不符合学校年度预算计划。而 B 公司既能够制定满足学校需求的智慧系统，同时具备更灵活的付款方式。

如果 A 公司的项目负责人能够提前考虑到该学校的实际需求，制定更合理的谈判方案，也许此次竞标会有不同的结果。

知识储备

商务谈判方案是就谈判的内容所拟订的谈判主体目标、准则、具体要求和规定，谈判方案的制订可根据谈判的规模、重要程度的不同而定。内容可多可少，可简可繁，可以是书面形式的也可以是口头交代。

美国一位资深的谈判专家——莉娅·蒂普勒将谈判过程比作一次旅行。她说："当你要旅行时，应该清楚从哪里出发，目的地在哪里，才能确定行程。"

出发点就好比谈判的切入点，目的地就好比谈判的最终目标，而谈判中涉及的一些特殊要求和条件就相当于行程中的某些特殊停靠点，这些地方的确定规定了你旅行的正确路线，而对于一些要求和条件的预设及时间安排则规定了谈判的议程与进度。

从商务谈判的角度来说，首先必须找准旅行的"出发点"和"目的地"，即事先拟订谈判的方案。通过制订谈判方案，明确谈判主题和谈判目标，确定谈判进程和各阶段的策略，并针对谈判中可能出现的情况制定相应对策。

一、商务谈判方案的基本内容及基本要求

（一）基本内容

商务谈判方案的基本内容主要包括谈判主题、谈判目标、时间地点、谈判议程、双方优劣势分析，具体见表 2-3-1。

表 2-3-1 商务谈判方案基本内容

序 号	要 素	具 体 内 容
1	谈判主题	本次谈判需要解决的主要问题及双方期待的结果
2	谈判目标	谈判目标分为定量目标和定性目标两类，谈判目标按层次分为最优期望目标、可接受目标和最低目标
3	时间地点	谈判前双方通过沟通、协商确定的谈判时间和地点
4	谈判议程	议程是指谈判整体时间长度、谈判的主要内容；进度是指先谈什么、后谈什么，用时多久
5	双方优劣势	分析双方的优劣势，明确自身需要的利益和可能做出的让步，预计对手需要的利益和可能做出的让步

（二）基本要求

（1）简明扼要。尽量使谈判人员容易记住谈判方案的主要内容与基本原则，在谈判中能随时根据计划要求与对方周旋。

（2）内容具体。谈判方案的简明扼要不是目的，它还要与谈判的具体内容相结合，以谈判的具体内容为基础。

（3）灵活预判。谈判过程中可能突发各种情况，要使谈判人员在复杂多变的形势中取得比较理想的结果，就必须使谈判方案具有一定的灵活性。谈判方案的灵活性表现在：有几个可供选择的谈判目标、有根据实际情况可供选择的几种策略方案、指标有上下浮动的余地，如果情况变动较大，原方案不适合，可以实施第二套备选方案。

二、明确商务谈判目标

（一）谈判目标的内容

谈判目标的内容主要包括：协议的主要方面；希望对方答应哪些条件；对我方来说什么是最重要的问题；我方准备在哪些方面做出让步。

谈判目标要经过谈判团队充分协商确定，并让谈判成员都知晓。如果在确定谈判目标时遇到超越团队人员决定权问题时，必须向上级领导请示；而有决定权的谈判者也应与参加谈判人员协商，取得一致意见后再加以行动。

谈判者要对谈判目标十分清楚，对谈判目标底线要严格保密，除参加谈判的内部人员外，绝不能向他人泄露任何信息。

（二）谈判目标的层次

谈判目标要具有灵活性，要制定有弹性的目标，应根据谈判情形选择不同层次的目标，如最优期望目标、可接受目标和最低底线目标，不同层次目标的具体要求和期望不同。

1. 最优期望目标

最优期望目标是指一般达不到的目标，是为了提高己方心理优势而设定的，通常在报价时提出。

2. 可接受目标

可接受目标是谈判人员根据主、客观因素，对谈判对手进行全面估价、对利益进行全面考虑，经过科学论证后所确定的目标。它可以是一个区间和范围，能够满足部分需求、实现部分经济利益，是谈判时的主要防线，它的实现一般意味着谈判的成功。

在谈判中应该持有两种态度：一是现实态度，即树立"只要能达到大部分条件就是成功的谈判"的观念，不应该硬充好汉，持有"谈不成、出口气"的想法，这样可能连可接受目标也达不到；二是合作途径多元化，应多交谈判伙伴，这样才有可能获得需求目标下的总体利益。

3. 最低底线目标

最低底线目标是指必须达到的目标，是谈判的最低底线，是作为心理安慰的目标。如果没有最低底线，一味追求高标准目标，这种心理往往会带来僵化的谈判策略。最低底线目标是不允许冲破的，一旦对方的要求冲破了己方的最低底线目标，可以阻止对方进攻，或做出最坏的打算，宣布谈判中止或谈判破裂。

案例 2-3-1

确立多层次的谈判目标是成功的关键

2018 年的春耕时节，乐海山西瓜合作社的谈判负责人张涛与高仁乡村民们在一起，就土地的转让事宜展开了一场别开生面的"谈判"。

谈判中，张涛提出以每亩 300 元价格购买 30 户村民的 350 亩中低产田。虽然条件很诱人，但是村民们对土地相当看重，不愿轻易转让。于是张涛又提出了另一套方案：对每亩土地无偿投入 1 000 元的资金，用于土质改良。日后，农民只需要在这些地里按照合作社的订单种植相应的作物即可，合作社会以市价收购这些果子，不用担心销路问题。

农民们都心动了："这简直是天上掉馅饼的好事！"很快，村民们和张涛达成了共识。

★**案例启示：**案例中张涛的谈判目标具有灵活性和弹性，能根据谈判情形选择不同层次的目标，最后成功让农民们达成共识，因此，确立多层次的谈判目标是成功的关键。

课堂小实训 2-3-1

作为一家高端健身房的老板，你急需购置一台划船机，最高预算为 1 万元人民币。供应商为你推荐了几款产品，外观不一，性能不同，价格不等。你相中的款式标价为 1.5 万元，性能卓越，而且外观非常适合你的健身房。正当你担心以你的预算无法拿下时，你发现展厅中正在八折出售此机型的样品。该样品有明显的试用痕迹，但是不影响使用。另外有一款产品与这款性能相似，但是外观相对简陋很多，只需要 1 万元。假设这家供应商与你相熟，可以在一定程度上讲价，你会如何设定三个层次的目标呢？

最优期望目标：

可接受目标：

最低底线目标：

谈判主要是在最优期望目标与可接受目标之间展开讨价还价，要将谈判控制在最优期望目标与可接受目标之间，这样就可以保证成交目标比较满意。

三、确定商务谈判议程

谈判议程的安排对谈判双方都非常重要，议程本身就是一种谈判策略。谈判议程一般要说明谈判时间的安排和谈判议题的确定。谈判议程可由一方准备，也可双方协商确定。无论由哪一方确定谈判议程，都应注意谈判议程的互助性与简洁性。互助性是指确定的谈判议程既要符合己方的需求，也要兼顾对方的习惯做法。简洁性是指在一次谈判过程中，谈判事项不宜过多。

（一）谈判议题确定

谈判议题就是谈判双方提出和讨论的各种问题。确定谈判议题首先要明确己方要提出哪些问题、要讨论哪些问题。对所有问题进行全盘比较和分析；判断哪些问题是主要议题并将其列入重点讨论范围；判断哪些问题是非重点问题、哪些问题可以忽略，这些问题之间是什么关系、在逻辑上有什么联系；预测对方会提出哪些问题，哪些问题是需要己方必须认真对待、全力以赴去解决的，哪些问题是可以根据情况做出让步的，哪些问题是可以不予讨论的。

> **课堂小实训 2-3-2**
>
> 我公司拟购入一批手机给员工，电信运营商提供了不同的机型以及月租套餐。若双方就此次采购进行谈判，你认为会涉及哪些议题？
>
> _____
>
> _____

（二）谈判时间、地点安排

1．谈判时间的安排

在确定何时开始谈判、谈判计划多长时间结束时要考虑以下四点因素。

第一，谈判准备的程度。如果已经做好参加谈判的充分准备，谈判时间安排得越早越好。

第二，谈判人员的身体和情绪状况。如果参加谈判的人员多为中年以上的人，要考虑他们的身体状况能否适应较长时间的谈判。

第三，市场形势的紧迫程度。如果所谈项目与市场形势密切相关，瞬息万变的市场形势不允许稳坐钓鱼台式的长时间谈判，谈判就要及早及时进行。

第四，谈判议题的需要。对于多项议题的大型谈判，不可能在短时间内解决问题，所需时间相对长一些；对于单项议题的小型谈判，没有必要耗费很长时间，力争在较短时间内达成一致。

案例 2-3-2

一位企业负责人谈起一次他们去美国的谈判经历。该企业一行人长途飞行 18 个小时后于当地时间上午 8 点抵达洛杉矶。一行人头脑昏昏沉沉地立马参加了当地公司举办的欢迎仪式。好不容易到了晚上，由于时差问题，他躺在床上怎么也无法入睡。好不容易睡着，天又亮了，不得不起来应对正式的谈判事项。该负责人只好强打精神参与谈判，可惜事与愿违，由于连日没有休息好，始终无法集中注意力参与谈判。为避免疏忽，他们只好含糊应对，结果引起了美国方面极大的不满。几天后，当他们适应了时差时，谈判也即将结束，其结果也可想而知。

★**案例启示**：案例中这位企业负责人并没有做好谈判的准备，忽略了谈判人员的身体和情绪状况对谈判结果的影响。切记，如果谈判人员的身体和情绪状态不佳，谈判的应变能力和表达能力会大大下降，最终会让对方产生不满，导致谈判失败。

我国某工艺品制造商准备向美国进口商出售一批圣诞装饰,对于这种市场竞争激烈的季节性产品,我们做足准备,决定派出最精锐的谈判小组,那么下一步,应该如何安排谈判时间呢?

_____

_____

2. 谈判地点的选择

选择谈判的地点,会影响谈判中具体战术的运用。谈判地点的选择上通常要考虑双方谈判力量的对比、可供选择地点的多少、双方的关系、谈判的项目等。

谈判地点的选择主要包括两个方面:一个是在国际商务谈判中对于国家地区的选择,另一个是谈判场所的选择。一般来说前者的标准应该是通信方便、交通便利,而后者通常分为主场、客场、中立场地三种类型。

知识链接

主场,可以比较容易地利用一些策略性的暂停,熟悉的环境会使自己产生一种安全感;能随时与自己的上级和专家顾问保持沟通、商讨对策等。

客场,就是自己带着东西到对方那儿去谈。不仅要受旅途劳顿之苦,而且也会因为不适应环境而在谈判中产生心理紧张、情绪不稳定。当然客场谈判可以省却迎来送往的麻烦,同时如果在谈判遇到僵持时可借口权力有限,需回去请示而方便地暂时退出谈判。

(三)谈判议程确定

谈判议程是谈判的议事日程,即对谈判内容所做的程序编排,主要包括以下几方面的内容,如图 2-3-1 所示。

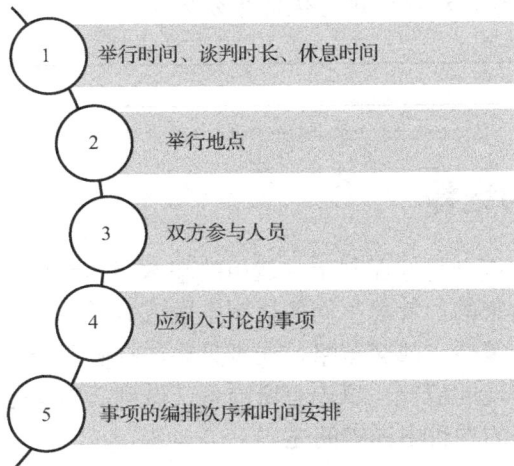

图 2-3-1 谈判议程的主要内容

四、谈判双方的优劣势分析

以货物买卖谈判中的卖家为例，要对市场情况进行充分调查，掌握市场行情，并从这些方面挖掘优势；除此之外，也可以从产品自身，如质量、品牌、品种、功能、外观和包装、价格、售后服务等方面寻找优势。

分析谈判双方的优势和劣势，主要包括五个步骤，见图 2-3-2。

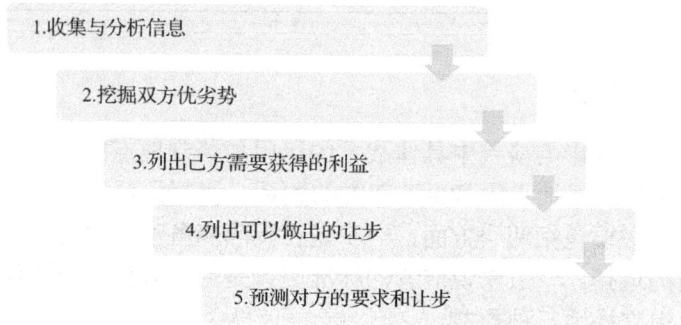

1.收集与分析信息

2.挖掘双方优劣势

3.列出己方需要获得的利益

4.列出可以做出的让步

5.预测对方的要求和让步

图 2-3-2 优劣势分析的主要步骤

总之，对本企业及竞争对手企业和谈判对手企业的优势和劣势都了如指掌之后，就可以为谈判提供可靠的依据，增强谈判成功的信心。

课堂小实训 2-3-4

某本地小品牌绿茶产自我国最好的茶叶产区，产品营养价值很高，有检验机构的证明，在本地很受欢迎。现该品牌想向全国推广，需要更多的资金扩大生产规模和宣传力度，于是向社会召集投资者。

刚好近来绿茶饮料市场的行情不错，经熟人介绍，省会城市的一家服装制造企业愿意对该品牌进行 200 万以内的投资，但是要求在一年内能取得 20% 以上的收益。

请从绿茶品牌的角度，对双方进行优劣势分析。

_____

_____

_____

五、谈判策略的选择

谈判策略是指为达到谈判目标而制定并运用的基本纲领或指导原则，它是调查分析双方的需要及实力后制定出来的。针对不同的谈判主题或对手，可以设计不同的策略，如开局策略、报价策略、磋商策略、成交策略、让步策略、打破僵局策略、进攻策略、防守策略等。要根据谈判可能出现的情况，事先有所准备，做到心中有数，在谈判中灵活运用。谈判的具体策略将在之后的项目中详细阐述。

六、商务谈判方案范例

一份完整的商务谈判方案，主要内容除了包括谈判主题、谈判目标、时间地点、谈判议程、双方优劣势分析等基本内容，还包括小组成员分工、各阶段策略、谈判预案等。图 2-3-3 为一份商务谈判方案的示例分析。

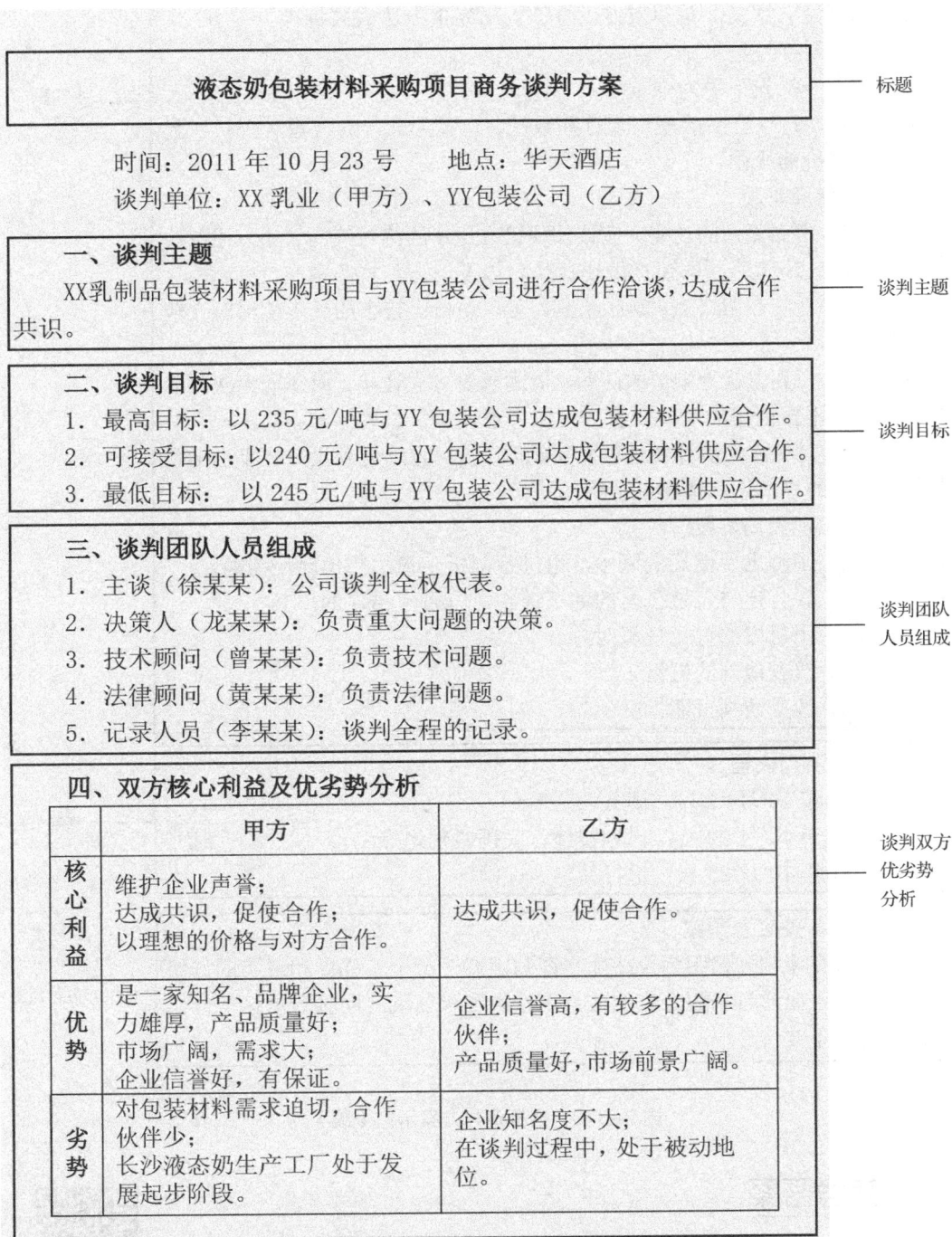

液态奶包装材料采购项目商务谈判方案 ——— 标题

时间：2011 年 10 月 23 号　　　地点：华天酒店
谈判单位：XX 乳业（甲方）、YY 包装公司（乙方）

一、谈判主题
XX乳制品包装材料采购项目与YY包装公司进行合作洽谈,达成合作共识。 ——— 谈判主题

二、谈判目标
1. 最高目标：以 235 元/吨与 YY 包装公司达成包装材料供应合作。
2. 可接受目标：以240 元/吨与 YY 包装公司达成包装材料供应合作。
3. 最低目标： 以 245 元/吨与 YY 包装公司达成包装材料供应合作。 ——— 谈判目标

三、谈判团队人员组成
1. 主谈（徐某某）：公司谈判全权代表。
2. 决策人（龙某某）：负责重大问题的决策。
3. 技术顾问（曾某某）：负责技术问题。 ——— 谈判团队人员组成
4. 法律顾问（黄某某）：负责法律问题。
5. 记录人员（李某某）：谈判全程的记录。

四、双方核心利益及优劣势分析

	甲方	乙方
核心利益	维护企业声誉； 达成共识，促使合作； 以理想的价格与对方合作。	达成共识，促使合作。
优势	是一家知名、品牌企业，实力雄厚，产品质量好； 市场广阔，需求大； 企业信誉好，有保证。	企业信誉高，有较多的合作伙伴； 产品质量好,市场前景广阔。
劣势	对包装材料需求迫切，合作伙伴少； 长沙液态奶生产工厂处于发展起步阶段。	企业知名度不大； 在谈判过程中，处于被动地位。

——— 谈判双方优劣势分析

图 2-3-3　商务谈判方案示例

五、各阶段具体策略

1. 开局阶段

方案一：和平开局。首先分析本次争端的背景，强调失去本次合作将带来的损失，大家应本着尽早解决争端、迅速达成合作的共识。

方案二：强硬开局。如果价格不能达成双方的合作共识，尽量强调合作的好处、意义，希望双方以合作大局为重，达成共识。

2. 报价阶段

方案一：先下手为强策略。

方案二：以产品的规格、订购数量、付款形式与对方进行报价，显示自己报价的缘由。

3. 磋商阶段

（1）不做无谓的让步，应该体现己方让步的绝对值的大小，还取决于彼此的让步策略，即怎样做出让步，以及对方怎样争取到让步。

（2）让步在刀口上，让得恰到好处，使自己较小的让步能给对方较大的满足。

（3）在我方认为重要的问题上要力求对方先让步，而在较为次要的问题上，根据情况的需要，我方可以考虑让步。

（4）对每次让步都要进行反复磋商，使对方感受到我方让步也不是轻而易举的事情，珍惜已经得到的让步。

4. 出现僵局阶段

（1）了解出现僵局的缘由，再进行剖析，最后想出对应策略。

（2）先肯定与包装公司的局部谈判，再否定错误的。

（3）用对方的意见说服对方。

（4）改变谈判的气氛。

（5）改变谈判日期。

各阶段策略

六、谈判议程

2011年10月21日：商务谈判策划。

2011年10月22日：计划实施、安排谈判地点。

2011年10月23日：进行谈判。

谈判议程

七、备妥应急预案

如果在谈判开始因为价格而将谈判定在一个极其强硬和恶劣的气氛中，我方则应通过畅想合作的前景等行为缓和气氛，同时暗示这一合作对双方的重要性。

应急预案

图 2-3-3　商务谈判方案示例（续）

参考答案

本任务中"课堂小实训"参考答案详见二维码。

技能实训2-3

制订商务谈判方案

1．训练目的和要求

根据谈判方案的内容要求和谈判场景的实际内容，制订谈判方案。能够运用所学理论知识，制定谈判目标，并参照格式完成商务谈判调查报告。

2．场景设计

海滨职业中学位于 Z 市，校风优、口碑好，学校信息化建设较完善，是国家级示范学校，经常有学校和企业前来参观。某年 12 月 1 日，该校为开展商务模拟实训，计划采购200 台电脑，希望能以实惠的价格购买一批性能稳定的台式电脑，主要用于商务模拟平台和办公软件的安装和使用。因接近年末，需要尽快与供应商达成协议，递交审批。

在多个供应商中，X 公司的资质较为突出。作为电子产品销售代理商，X 公司的业务范围广泛，产品种类齐全，技术支持和售后服务方面都是业内的佼佼者。虽然一直以来公司效益良好，但是台式电脑的市场近年来严重缩水，所以公司正在想办法拓展除了零售以外的新渠道进行销售。

X 公司推荐了两个型号的电脑，A 型号标价 2 800 元/台，配置和性能都符合我校的需求，但因为是较新的机型，所以优惠幅度较小。B 型号标价 2 500 元/台，机型较旧，勉强足够运行学校需要安装的软件。但是 X 公司 B 机型存货较多，所以愿意以较优惠的价格出售。

学校与 X 公司沟通后，决定邀请 X 公司前来学校进行谈判。

3．训练准备

（1）解读案例信息要点。
（2）查找关于电子产品项目谈判的案例，熟悉谈判过程。
（3）了解事业单位与企业单位谈判过程中相关的政策性要求。

4．训练实施

（1）请代表海滨职业中学的谈判人员，为本次谈判制定谈判目标。
（2）确定此次谈判的时间、地点、议题、程序和日程安排。
（3）对谈判对手进行优劣势分析。
（4）对自身进行优劣势分析。
（5）在进行资料收集分析后，参照前文格式书写完成商务谈判方案。
（6）对自己的调查分析进行小组汇报。此环节可由一名同学完成，也可由多名同学完成。为支持本方论点，可借助图表、PPT、相关道具等。

任务评价

教师组织填写"任务完成情况评价要素表"，对本次实训过程中学生的完成情况进行一个综合评估。

任务完成情况评价要素表

组别：   学生姓名：

序　号	考 核 点	分　值	得　分
	小组评价	共20分	
1	出勤情况	2	
2	态度与纪律	3	
3	参与活动时与人沟通的能力	5	
4	参与讨论的积极性	5	
5	团队合作的表现	5	
	本人评价	共40分	
6	了解谈判的基本内容和基本要求	3	
7	知道商务谈判目标的内容和层次	3	
8	熟悉商务谈判方案制订的过程	4	
9	能够按照谈判目标的三个层次确定谈判的目标	4	
10	能合理安排谈判日程，谈判时间、地点、议题等内容安排合理、清晰	6	
11	能全面可靠地收集谈判双方的信息资料	6	
12	能够进行谈判双方优劣势分析	6	
13	能够独立完成谈判方案的撰写	8	
	教师评价	共40分	
14	制订商务谈判方案知识的掌握	20	
15	制订商务谈判方案技能的掌握	20	
		本次实训分数小计（总分100分）	
		累计积分账户	

累计积分账户说明：90～100分积5分；80～89分积4分；70～79分积3分；60～69分积2分；60分以下积1分。

项目导航

请同学们学完本项目后，完成以下思维导图中的填空。

1. 关键知识点回顾

（1）宏观因素调查主要是指对商务活动大环境的调查。它包括：政治环境、法律制度、社会文化、商业习惯、财政金融、自然环境、基础设施及后勤保障。

（2）微观因素调查主要涉及市场信息、谈判对手情况、自身情况、竞争对手情况、交易相关因素等方面的调查。

（3）案头调查法：又称检索调研法，是指根据公开资料信息，采用各种统计方法进行系统研究。

（4）直接调查法：通过与有关人士的直接接触来收集、整理情报资料的方法。

（5）网络调查法：利用互联网的交互式信息沟通渠道收集相关资料。

（6）谈判人员应具备的素质要求包括：一是职业素质，包括良好的思想品德及心理素

质；二是能力要求，包括专业知识能力和综合职业能力。

（7）谈判团队按照实际谈判的人数划分可以分为个体谈判和集体谈判。

（8）个体谈判是指谈判双方分别派一名代表进行谈判。

（9）集体谈判是指谈判双方都派出多人组成谈判团队进行谈判。

（10）谈判团队的构成原则包括：精干和高效原则、谈判成员互补性原则、学历和经验并重原则、新老搭配梯队原则。

（11）专业的谈判团队核心人员包括：首席谈判代表、技术人员、商务人员、财务人员、法律人员，如有必要还配有文秘人员和法律人员。

（12）商务谈判方案是就谈判的内容所拟订的谈判主体目标、准则、具体要求和规定。

（13）谈判方案的基本内容包括：谈判主题、谈判目标、时间地点、谈判议程和双方优劣势。

（14）谈判目标的三个层次：最优期望目标、可接受目标、最低底线目标。

（15）最优期望目标是指一般达不到的目标，是为了提高己方心理优势而设定的，通常在报价时提出。

（16）可接受目标是谈判人员根据主、客观因素，对谈判对手进行全面估价、对利益进行全面考虑，经过科学论证后所确定的目标。

（17）最低底线目标是指必须达到的目标，是谈判的最低底线，是作为心理安慰的目标。

（18）商务谈判议程要确定议题、时间和地点等。

（19）谈判策略是指为达到谈判目标而制定并运用的基本纲领或指导原则，它是调查分析双方的需要及实力后制定出来的。

2. 填制思维导图

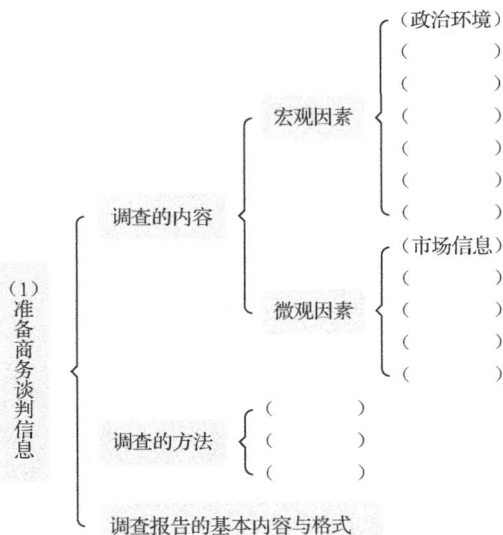

```
（2）组建商务谈判团队
├─ 谈判人员应具备的条件
│   ├─ 职业素质
│   │   ├─（    ）
│   │   └─（    ）
│   └─ 能力要求
│       ├─ 专业知识能力
│       │   ├─（    ）
│       │   ├─（    ）
│       │   └─（    ）
│       └─ 综合职业能力
│           ├─（观察和记忆能力）
│           ├─（    ）
│           ├─（    ）
│           ├─（    ）
│           └─（    ）
├─ 谈判团队的组织构成
│   ├─ 谈判团队的类型
│   │   ├─（    ）
│   │   └─（    ）
│   └─ 谈判团队的构成原则
│       ├─（    ）
│       ├─（    ）
│       ├─（    ）
│       └─（    ）
└─ 谈判团队的人员分工
    ├─（首席谈判代表）
    ├─（    ）
    ├─（    ）
    ├─（    ）
    ├─（    ）
    ├─（    ）
    └─（    ）

（3）制订商务谈判方案
├─ 基本内容和基本要求
│   ├─ 基本内容
│   │   ├─（  谈判主题  ）
│   │   ├─（    ）
│   │   ├─（    ）
│   │   ├─（    ）
│   │   └─（    ）
│   └─ 基本要求
│       ├─（  简明扼要  ）
│       ├─（    ）
│       └─（    ）
├─ 明确商务谈判目标
│   ├─ 谈判目标的内容
│   └─ 谈判目标的层次
│       ├─（    ）
│       ├─（    ）
│       └─（    ）
├─ 确定商务谈判议程
│   ├─ 谈判议题确定
│   ├─ 谈判时间地点安排
│   │   ├─ 时间安排的考虑因素
│   │   │   ├─（谈判准备的程度）
│   │   │   ├─（    ）
│   │   │   └─（    ）
│   │   └─ 地点选择
│   │       ├─（  主场  ）
│   │       ├─（    ）
│   │       └─（    ）
│   └─ 谈判议程确定
├─ 谈判双方的优劣势分析步骤
│   ├─（收集与分析信息）
│   ├─（    ）
│   ├─（    ）
│   └─（    ）
└─ 谈判策略的选择
```

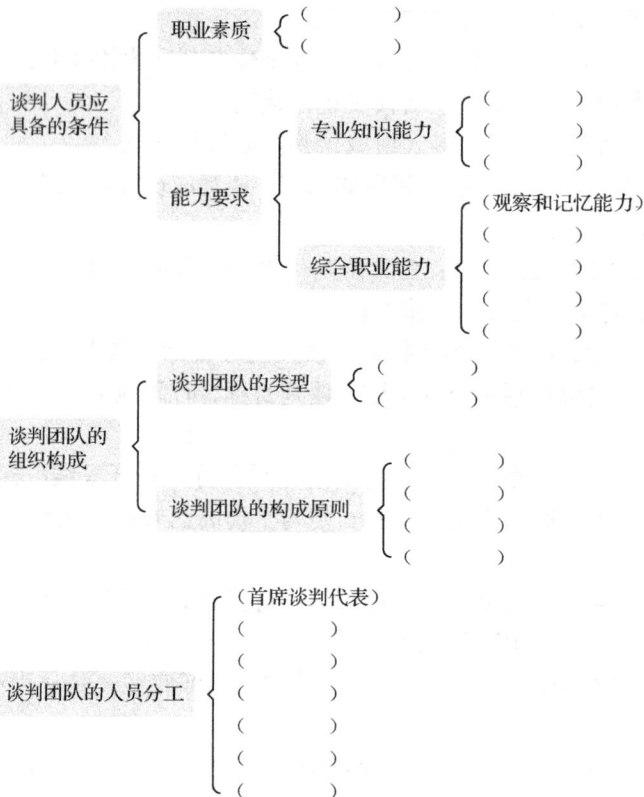

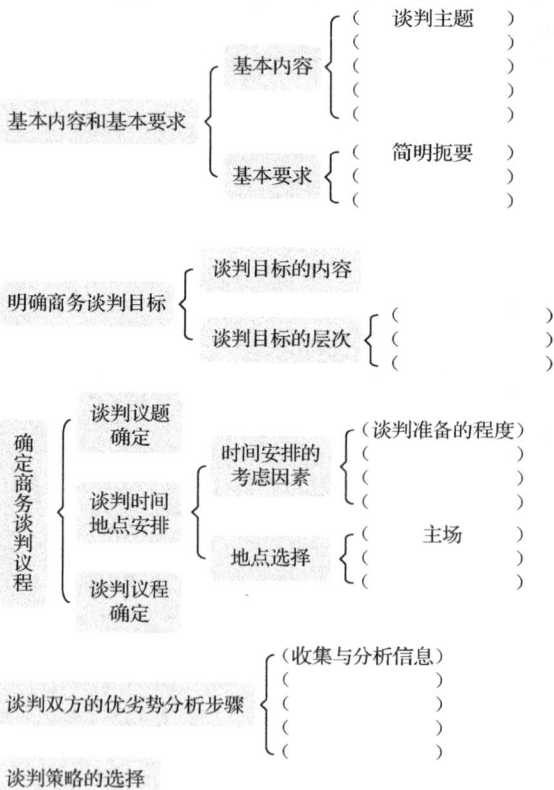

项目检测

1. 商务谈判的资料收集是谈判开始前的一项重要准备工作。其中，法律法规和政府政策属于（　　）。

    A．宏观因素信息　　　　　　　　　B．微观因素信息

    C．主观经验信息　　　　　　　　　D．客观事实信息

2. 在商务谈判中，利用公开资料如报纸、杂志等进行信息获取的方式是（　　）。

    A．直接调查法　　B．案头调查法　　C．网络调查法　　D．问卷调查法

3. 对商业贿赂情况的了解属于社会环境分析中的（　　）分析。

    A．政治环境　　　B．社会文化　　　C．商业习惯　　　D．财政金融

4. 个体谈判是指谈判双方分别派一名代表进行谈判。这种谈判方式简单高效，极大地降低了谈判成本。以下不适用于个体谈判的是（　　）。

    A．老客户谈判　　　　　　　　　　B．小额交易谈判

    C．拥有绝对自主决定权的私营企业主　D．大型投资谈判

5. 如果在一次谈判中，我方先进行报价，那么我们应该以（　　）进行报价。

    A．最低底线目标　　　　　　　　　B．可接受目标

    C．最优期望目标　　　　　　　　　D．初始目标

二、多选题

1. 商务谈判调查中，微观因素调查主要涉及市场信息、谈判对手情况、自身情况、竞争对手情况、交易相关因素等方面，其中属于市场信息调查的有（　　）。

    A．产品的市场分布状况　　　　　　B．市场需求

    C．市场供给信息　　　　　　　　　D．市场销售情况

2. 商务谈判团队人员组建与选拔时，我们一般遵从哪些原则？（　　）

    A．互补原则　　　　　　　　　　　B．年龄新老搭配

    C．学历经验并重　　　　　　　　　D．精干高效原则

3. 商务谈判人员应具备的专业知识能力包括（　　）。

    A．商务方面专业知识

    B．生产工艺、专业技术等方面专业知识

    C．相关政策、法律法规方面的知识

    D．观察和记忆能力

4. 谈判目标指明了谈判方向，明确了谈判目的，代表着谈判双方的期望水平。它可以分为（　　）三个层次。

    A．最优期望目标　　　　　　　　　B．总体目标

    C．可接受目标　　　　　　　　　　D．最低底线目标

5. 在商务谈判方案中，应写明的内容包括（　　）。

    A．谈判主题　　　　　　　　　　　B．谈判目标

    C．谈判议程　　　　　　　　　　　D．时间地点

三、简答题

1. 商务谈判调查的内容一般包含哪些方面？
2. 通常情况下商务谈判团队的人员构成是什么样的？
3. 商务谈判人员应当具备哪些条件？
4. 什么是可接受目标？它的实现一般代表了什么？
5. 应如何选择谈判时间？

四、案例分析

印度尼西亚拥有 2.6 亿人口，但是网络零售尚处于初始阶段，这也意味着市场潜力巨大。截至 2017 年 7 月，京东在印尼拥有 4 个仓库，并计划在之后一年内，在印尼每个重要城市建立仓库，京东表示由于劳动力成本低，建仓库的成本要低于许多人的预期。一年之内，京东在印尼的员工数量增长了近两倍，达到 400 名左右。数据显示，京东在印尼的扩张已经取得了初步进展，用户逐步增加。

然而，京东也面临不小的挑战。首先，网络支付在印尼尚不普及，当地人习惯使用现金，这为网络零售造成不便。其次，印尼的公路、机场等基础设施的落后，也为配送制造了难题，更增加了配送成本。另外，京东还面临东南亚电商巨头 Lazada 的竞争，后者现在由京东主要对手阿里控股。同时，京东还面临着来自文化差异的威胁，由于对东南亚民众的上网习惯、消费习惯、消费需求不甚了解，甚至发生了被印尼有关部门要求禁售苹果手机的事件（印尼要求进口电子产品必须有 20%零件是在本地生产）。此外，相关电商专业人员的缺失，也为京东的扩张带来不小的困扰，本地懂得电商技术、运营、互联网产品等的专业型人才依旧需要时间的培养。

即便面临着各种挑战，印尼市场由于规模庞大，京东在东南亚扩张的脚步仍未停止。

问题：该案例中，京东在东南亚的扩张进程中面临了哪些宏观因素方面的机遇和威胁？

项目三　商务谈判开局

项目描述

良好的开端是成功的一半。商务谈判的开局是双方接触的初始阶段，但是对整个谈判活动的走向有极大的影响。它关系着对谈判局面的控制，进而影响谈判的最终结果。商务谈判的开局主要包含了谈判开局的导入、营造开局气氛、开场陈述以及商务谈判的开局策略实施。

学习目标

知识目标：
➤ 理解商务谈判开局的含义；
➤ 学会商务谈判开局的方式和任务；
➤ 学会商务谈判开局策略和开局技巧。

能力目标：
➤ 能够营造良好的商务谈判开局气氛；
➤ 能够准确应用商务谈判的开局策略和开局技巧。

项目实施

任务一　把握谈判开局

案例导入

巧用开局话题

佛山市 M 马赛克生产企业，想把自己的产品销售给美国一家大型超市。通过不懈的尝试后，美国超市方终于同意派出采购团队到 M 工厂进行考察参观。为了迎接美国采购团队的到来，M 工厂谨慎地对厂区各方面进行了升级改造。例如整改企业识别系统、完善规划厂区物资摆放、规范工人操作流程等。

美方团队到达后，M 工厂的谈判代表并不急于谈此行的目的，而是把话题引到了他曾经在英国卡迪夫大学留学的事情上。原来，M 工厂的谈判代表打听到美国方的谈判代表正是卡迪夫人。因为这个话题的开展，一下拉近了双方之间的距离。在此基础上，双方开展了顺利的洽谈。M 工厂也在众多竞争对手中脱颖而出，拿到了美方的生产订单。

商务谈判开局是商务谈判整个过程中的关键阶段。合理地运用影响商务谈判开局的各种因素，营造一个良好的开局氛围，才能为下一步谈判做好准备工作。案例中 M 工厂谈判代表在我方实力弱于对方的情况下，借由双方共同的兴趣点作为开局话题来拉近距离，为后续谈判奠定了良好的基础。由此可见，做好商务谈判的开局，才能为谈判的成功营造先机。

知识储备

俗话说"好的开始等于成功的一半"，一个良好的商务谈判开局会为我们整个商务谈判活动奠定良好的基础。从时间分配上看，开局阶段只占商务谈判整个过程中的很小一部分，但是它关系着整个谈判格局的基本格调和发展趋势，是谈判双方为了实现各自利益而做的前期准备。

一、商务谈判开局的定义

商务谈判的开局阶段是商务谈判的非实质阶段，是指谈判双方见面后，在进入正式内容洽谈前，互相介绍、寒暄以及就非正式内容进行接触的那段活动。

二、谈判开局的主要任务

（一）开局导入

所谓开局导入就是指谈判双方从见面、相互介绍到寒暄结束时，就谈判内容以外的话题所进行交谈的那段时间和过程。

一般的开局导入包括以下 5 个环节，如图 3-1-1 所示。

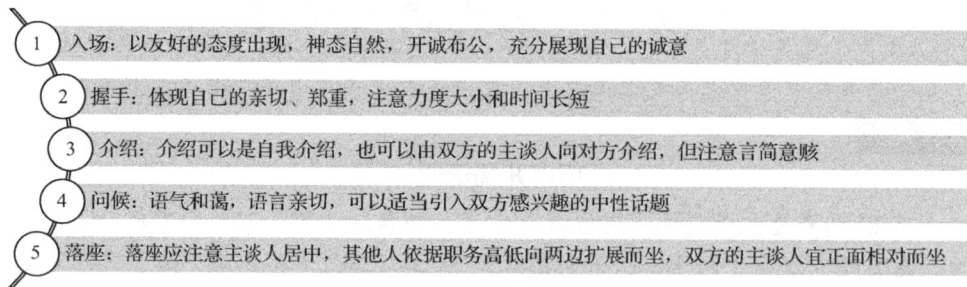

1. 入场：以友好的态度出现，神态自然，开诚布公，充分展现自己的诚意
2. 握手：体现自己的亲切、郑重，注意力度大小和时间长短
3. 介绍：介绍可以是自我介绍，也可以由双方的主谈人向对方介绍，但注意言简意赅
4. 问候：语气和蔼，语言亲切，可以适当引入双方感兴趣的中性话题
5. 落座：落座应注意主谈人居中，其他人依据职务高低向两边扩展而坐，双方的主谈人宜正面相对而坐

图 3-1-1 开局导入的环节

知识链接

握手时需注意以下几个方面。

（1）握手时的力度要适当，可握得稍紧些，以示热情，但不可太用力。

（2）握手时间不宜过长，以3秒为宜。

（3）握手顺序一般遵循主人、长辈、上司、女士主动伸出手，客人、晚辈、下属、男士再相迎握手。

（4）握手时面带微笑，注视对方，身体稍往前倾。

课堂小实训 3-1-1

以下图 3-1-2 中的握手姿势是否有问题呢？如有问题请予以指出。

图1

图2

图3

图4

图5

图6

图 3-1-2 握手的姿势

083

（二）营造恰当的谈判气氛

谈判开局气氛对整个谈判过程起着相当重要的影响和制约作用，很大程度上决定着整个谈判的发展趋势及走向。所以，在谈判开局阶段，谈判人员的首要任务是营造恰当的谈判气氛。

1. 谈判气氛的含义

开局气氛是指谈判双方在接触初期彼此形成的态度。它由谈判参与人员的情绪、态度、

行为等共同营造。谈判开局的气氛会影响到所有谈判个体的情绪、思维，使他们产生不同的状态。因此，谈判开局的氛围会对整个谈判过程产生重大影响。

2. 商务谈判气氛的类型

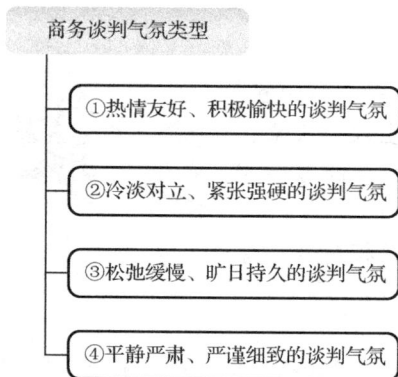

商务谈判气氛类型

①热情友好、积极愉快的谈判气氛

②冷淡对立、紧张强硬的谈判气氛

③松弛缓慢、旷日持久的谈判气氛

④平静严肃、严谨细致的谈判气氛

图 3-1-3　商务谈判气氛的类型

不同的谈判气氛对谈判的结果会起到不同的影响。例如热情友好、积极愉快的谈判气氛会促使谈判向达成一致靠拢。而冷淡、对立、紧张的谈判气氛会使得谈判走向困难的境地。

3. 合理利用营造谈判气氛的各种因素

为了在开局阶段达到双赢的目的，在谈判的初始阶段我们就要合理地利用各种因素来建立良好的开局气氛，如表 3-1-1 所示。

表 3-1-1　营造谈判气氛的各种因素

1	塑造良好的个人形象	谈判人员应当注意自己的仪容仪表，选择恰当的服饰颜色和款式；谈判时应眼神真诚，表情自然；行为举止要大方得体，做到有礼有节
2	建立良好的谈判环境	谈判室最好选择在相对安静、无干扰的地点，且尽量将谈判地点选择在己方所在地，以发挥主场优势；如在客方，可以以权力有限为借口，要求暂停谈判，以对谈判事件有更清晰的思考
3	选择合适的开局话题	谈判双方都应该选取一些轻松的话题作为开局，以缓和开场紧张的气氛
4	巧妙地利用传播媒介	谈判主体通过传播媒介向对方传递心理意图，制造有利于己方的舆论准备
5	合理地安排谈判座位	谈判的座次安排在细微之处也会对谈判的结果起到影响，需要谨慎安排

商务谈判从根本上来说是涉及双方利益的活动，因此难免会产生一些紧张的气氛。一般情况下，谈判双方都应该选取一些轻松的话题开局，以缓和紧张的气氛，确保商务谈判能够顺利进行。

知识链接

适合作为开局的话题	
1. 以日常话题入题	谈判以外的话题，例如新闻、体育、娱乐、旅行、气候、饮食等日常性话题，或是得体的玩笑
2. 以双方感兴趣的话题入题	利用双方感兴趣的话题非常容易产生共鸣。想要找到双方共同的话题，必须在谈判前做好准备，利用多方渠道搜集相关知识
3. 以介绍己方谈判代表入题	谈判小组负责人介绍己方谈判代表姓名、经历、学历、年龄等。可以适当提高被展示人的背景，以显示自己团队实力，提高己方在对方心中的地位。例如："这是我们的技术骨干，毕业于某大学，是某大学某院士高徒，年轻有为。"
4. 以介绍本企业基本情况入题	可以介绍本企业的规模、生产经营情况、企业文化等内容，可以通过幻灯片、视频等生动形象地展示自己良好的企业形象，坚定对方谈判的信念，为日后的合作奠定基础
不适合作为开局的话题	
1. 私人问题，如收入、年龄、婚姻家庭、健康、经历等	
2. 非议国家和政府的相关话题	
3. 国家和行业机密	
4. 对方内部事情	
5. 背后议论领导、同事、同行	
6. 格调不高的话题	

课堂小实训 3-1-2

请判断以下开局话题是否合适，如有不合适的地方请予以指出。

1. 小李："王经理，您桌上摆放的是您女儿的照片吧，真看不出来您女儿都这么大了！不知道王经理是哪年的呀？"

_____

2. 小刘："刘总监，贵公司可是我们行业里人人羡慕的大公司，听说你们这待遇可好了，我听朋友说贵公司新入职员工就有年薪十万，是不是呀？"

_____

3. 陈总："今天因为马拉松比赛，城市交通很多地方都封路了，绕了不少路才到贵公司。我看林总办公桌上也有马拉松奖牌，看来林总也是运动健将？"

_____
_____

（三）开场陈述

开场陈述是指在开始阶段双方就针对本次洽谈的内容，阐明自己的观点、立场及其建议。

课堂小实训 3-1-3

买方："我们对贵公司的这套生产设备很感兴趣，很符合我们新产品开发的需求。但是，我们对于时间的要求很紧迫，希望在最快的时间能够完成此次购买。因此，我们希望开门见山，简化谈判程序。虽然以前我们没有打过交道，但也听闻贵公司信誉良好，相信我们能够合作顺利。"

卖方："非常高兴贵公司对我们的认可与肯定，我们也非常愿意将产品出售给贵方。相信贵方也了解到，现在在市面上也找不到其他同类型可竞争的产品。对于这套设备的研发我们投入了大量人力物力，因此我们比较关心的是价格问题。"

想一想：这个案例中双方分别表明了哪些主要信息？

_____

_____

开场陈述应注意的问题，如图 3-1-4 所示。

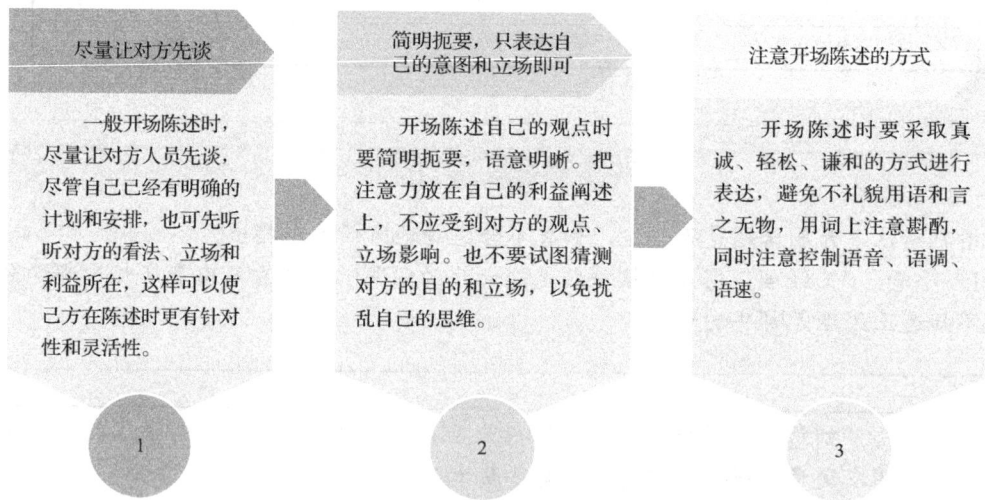

尽量让对方先谈	简明扼要，只表达自己的意图和立场即可	注意开场陈述的方式
一般开场陈述时，尽量让对方人员先谈，尽管自己已经有明确的计划和安排，也可先听听对方的看法、立场和利益所在，这样可以使己方在陈述时更有针对性和灵活性。	开场陈述自己的观点时要简明扼要，语意明晰。把注意力放在自己的利益阐述上，不应受到对方的观点、立场影响。也不要试图猜测对方的目的和立场，以免扰乱自己的思维。	开场陈述时要采取真诚、轻松、谦和的方式进行表达，避免不礼貌用语和言之无物，用词上注意斟酌，同时注意控制语音、语调、语速。
1	2	3

图 3-1-4 开场陈述应注意的问题

课堂小实训 3-1-4

开局陈述

A公司是一家实力雄厚的天使投资公司，它看中了S市的一家共享类的创业B公司。B公司在S市有很好的业务基础，也想通过融资手段获得资金将经营业务扩展到全国范围。于是双方派出了他们的谈判骨干，对融资内容展开了磋商。

A公司的代表说："我们公司的情况你们可能也有所了解，我们是由某某财团和某某财团合资创办，经济实力雄厚，这几年也投资了很多项目，并且大部分项目都得到了很好的收益。你们这个项目我们很有兴趣，现在共享类的项目非常火爆，时间就是金钱，我们希望以最快的速度达成协议。不知道你们有什么看法？"而B公司作为一家本土型创业公司，各方面都无法和A公司相比拟，但是除了A公司外，同样还有几家著名天使投资基金也对B公司表示兴趣并正在接洽过程中。

1. 如果你是B公司的业务代表，你将如何进行开场陈述？

_____

_____

2. 本案例给你带来了什么启发呢？

_____

_____

参考答案

本任务中"课堂小实训"参考答案详见二维码。

技能实训3-1

模拟商务谈判开局气氛营造

1. 训练目的和要求

根据谈判的实际情况，营造适宜的谈判气氛，在某种程度上起到控制谈判局面的目的。

2. 场景设计

华润万家超市是一家连锁超市，分店遍布珠海市及其周边城市。在新年伊始，华润万家超市准备和各家用电器供应商就价格、入场、促销、维护、结款等问题开展一轮新的洽谈，重新制定政策。目前各供应商情况如下。

（1）美的：一家领先的消费电器、暖通空调、机器人及工业自动化系统、智能供应链（物流）的科技集团，在全世界范围内拥有200家子公司，现拥有中国最完整的小家电产品群和厨房家电产品群，与华润万家是长期合作伙伴。

（2）万家乐股份有限公司：是广东省一家专业从事清洁能源和可再生能源的高效利用，以产品和服务为核心价值的低碳、智慧型企业集团，与华润万家超市是长期合作伙伴，但去年1月份，有一批次的热水器顾客反应买回去用了不到一年就坏了，让维修师傅检查问

题所在也没有找出问题，直至去年 5 月才得到万家乐总公司的回应，将问题解决。

（3）珠海致盛电器有限公司：珠海一家账面资金只有 100 万元的小企业，专业设计生产制造小家电产品，其主要产品有电暖器、电风扇（塔式）、果汁机、研磨器、食物处理器等，为提高企业知名度，准备今年入驻华润万家超市。

假如你是华润万家超市的代表，你准备如何与供应商进行新一轮的洽谈？

将班级学生分为若干实训小组，每组确定一名小组负责人。各组根据场景需要进行角色分配，模拟进行如何营造恰当的谈判气氛，使谈判顺利进行。

3．训练准备

（1）收集、整理有关谈判对手的信息，了解谈判对手的谈判风格。
（2）做好礼仪礼节工作。
（3）提前布置谈判会场，准备好会场设备、座次安排等。
（4）提前酝酿和准备谈判开局话题。
（5）模拟谈判会议，营造恰当的谈判气氛，掌握开局主动。

4．训练实施

（1）根据已收集信息，分析谈判双方实力，了解双方的谈判态度。
（2）模拟开局导入：入场、握手、介绍、问候、落座。注意开局的礼仪，做到言行、举止大方得体。注意座次礼仪，准确到位。
（3）利用营造气氛的相关要素，营造恰当的谈判气氛，选择合适的话题进行开局。
（4）观察对方谈判人员的谈判经验、身份、地位、权限、谈判态度倾向等。
（5）模拟谈判开局，进行开局陈述，表明己方观点和期望，试探对方的谈判条件和目标。

任务评价

教师组织填写"任务完成情况评价要素表"，对本次实训过程中学生的完成情况进行一个综合评估。

任务完成情况评价要素表

组别：　　　　　　　　　　　　　　　　　　　　学生姓名：

序　号	考　核　点	分　值	得　分
	小组评价	共 20 分	
1	出勤情况	2	
2	态度与纪律	3	
3	参与活动时与人沟通的能力	5	
4	参与讨论的积极性	5	
5	团队合作的表现	5	
	本人评价	共 40 分	
6	了解商务谈判开局气氛的类型	4	

续表

序 号	考 核 点	分 值	得 分
7	熟悉营造谈判气氛的各种因素	6	
8	掌握开场陈述应注意的问题	6	
9	能做好谈判开局的导入，包括：入场、握手、介绍、问候、落座	8	
10	能利用营造气氛的相关要素，营造恰当的谈判气氛，选择合适的话题进行开局	8	
11	能模拟谈判开局，进行开局陈述，表明己方观点和期望	8	
	教师评价	共 40 分	
12	商务谈判开局知识的掌握	20	
13	商务谈判开局技能的掌握	20	
	本次实训分数小计（总分 100 分）		
	累计积分账户		

累计积分账户说明：90～100 分积 5 分；80～89 分积 4 分；70～79 分积 3 分；60～69 分积 2 分；60 分以下积 1 分。

任务二　巧用谈判开局策略

案例导入

福特全球总裁的粉丝

吉利董事长李书福去跟福特全球总裁艾伦·穆拉利谈判收购沃尔沃汽车品牌的时候，穆拉利只给了李书福一个小时的时间。李书福用了五分钟就把吉利介绍完了，穆拉利看上去对他的介绍不感兴趣。"我是你的粉丝。"李书福突然说。一直心不在焉把玩名片的穆拉利很好奇地抬起了头。李书福开始大谈穆拉利在担任波音公司总裁时是如何把波音扭亏为盈的，他提到了一个有趣的细节，十多年前李书福的第一家汽车公司名字居然是"四川吉利波音汽车制造有限公司"。"我很崇拜你，所以用了'波音'当公司名字，波音公司的人还来找我打官司，所以，在十年前你就应该知道我了。"穆拉利不禁笑了。在接下来的时间里，李书福开始谈他对汽车的理解，以及中国市场对沃尔沃的重要性。谈判愉快地继续展开。

为什么李书福要说他是穆拉利的粉丝呢？这是他在谈判开局时运用的一致式开局策略，借由自己对穆拉利认可与钦佩，化解了尴尬的气氛，拉近谈判双方的距离，为取得谈判成功创造条件。

知识储备

谈判开局策略是谈判人员为谋求谈判开局的有利地位，采取一定行动或技巧对谈判的开局进行控制。开局策略主要包括五大类，如图 3-2-1 所示。

图 3-2-1　开局策略的类型

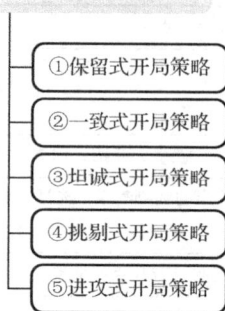

一、开局策略的类型

（一）保留式开局策略

保留式开局策略是指谈判开局时，对谈判对手提出的关键性问题不做彻底、确切的回答，而是有所保留，从而给对手造成神秘感，以吸引对手步入谈判。

案例 3-2-1

三泰汽车厂位于广东省，专门生产汽车零部件，经过二十多年的努力，发展壮大，产品打入美国市场，并广受好评。

有一次，美国的三家汽车公司接踵而至到厂订货，而其中一家资本雄厚的大公司，要求原价包销全厂的发动机产品。通过调研三泰汽车厂发现，原来该厂的新产品由于技术革新远远超越同类产品，且价格优势明显，在欧美市场得到了极好的口碑，由此吸引美国公司来此订货。于是，该厂决定采用"待价而沽""欲擒故纵"的保留式的谈判策略。把大公司先搁置在一边，积极与两家小公司开展业务商谈，使得大公司产生了货源缺少的危机感。

面对此种情况大公司不但更急于订货，而且还想垄断货源。最终，三泰汽车以满意的价格与大公司签订了长期大规模采购合同。

★**案例启示：**在此案例中，厂家巧于审势布阵，首先以优良的产品和优势的价格让客户对其认可，其次采用欲擒故纵，先与小公司谈，让大公司感觉失落，促其产生失去货源的危机感，最终得到满意的销售价格。

注意使用保留式开局时要以诚信为本，向对方传递的信息可以是模糊信息，但不能是虚假信息。

（二）一致式开局策略

一致式开局策略是指在谈判开始时，为使对方对自己产生好感，以"协商""肯定"的方式，创造或建立起对谈判的"一致"的感觉，从而使谈判双方在愉快友好的气氛中不断将谈判引向深入的一种开局策略。

主方：让我方先介绍一下我们的产品线情况，您觉得怎么样？

客方：可以，要是时间允许的话，咱们等会儿能不能直接签约呢？

主方：那就太好啦，那我们预计谈两个小时如何？

客方：没问题，估计介绍商品半个小时就够啦，用一个半小时时间谈合约差不多。

主方：行，那么，让我们的产品经理开始介绍吧？

★**案例启示**：此案例中谈判双方都在不断肯定对方，并对对方的意见不断进行补充，使己方意见变成对方意见。让对方产生愉快的感觉，营造良好的谈判气氛，这就是一致式开局策略的关键所在。

（三）坦诚式开局策略

坦诚式开局策略是指以开诚布公的方式向谈判对手陈述自己的观点或意愿，尽快打开谈判局面。

愚云科技合伙人刘宇在说服吉利集团创始人李书福对其进行投资时，刘宇一进入李书福办公室，李书福第一句话就是："我要参加一个汽车产业的会议，只给你15分钟。"这句话一来就把刘宇整蒙了，因为15分钟时间远远少于他的心理预期时间，且无法对项目进行展示。

在这样的情况下，刘宇干脆放弃了对自己项目的展示，开始坦诚地介绍起自己的经历，自己是干什么的，自己为什么要干这个。通过简单却真诚的介绍打动了对方，最终获得了李书福的投资。

★**案例启示**：该案例中愚云科技合伙人刘宇属于谈判势弱的一方，但他坦率地表明了自己的过往经历与想法，让对方明白己方的诚意，这样的坦诚式开局更容易促进谈判顺利展开。

坦诚式开局策略通常用于双方过去有良好的往来，双方彼此比较了解，不用太多的客套。减少理解性外交辞令，坦诚地提出己方的观点、要求，反而更能使对方对己方产生信任感。采用这种策略时，要综合考虑多种因素，例如自己的身份、与对方的关系、当时的谈判形势等。

坦诚式开局策略有时也用于实力不如对方的谈判者。在大家都了解双方实力差距的情况下，没有必要"打肿脸充胖子"。坦率地表明自己的弱点，以自信的姿态实事求是地进行谈判，更能赢得对方的好感。

（四）挑剔式开局策略

挑剔式开局策略是指谈判开局时，对对手的某项错误或礼仪失误严加指责，使其感到内疚，从而达到营造低调气氛，迫使对手让步的目的。

案例 3-2-4

湖北武汉一家公司到香港去商谈一项技术引进事项。内地谈判小组成员由于对香港路况不熟，耽误了时间，比预定时间晚了 40 分钟。香港代表对此极为不满，花了很长时间来指责内地谈判代表不遵守时间，缺乏信用，难以信任。对此，内地代表感到理亏，只好不停地向香港代表道歉。谈判开始以后香港代表还是抓住这个问题紧咬不放，提出了很多苛刻的条件，一时间弄得内地代表手足无措，说话处处被动。无心与香港代表讨价还价，自知理亏，只想赶紧结束这场谈判，于是匆匆忙忙就签订了合同。等到合同签订以后，内地代表平静下来，才发现自己吃了大亏，但为时已晚。

★**案例启示**：此案例中香港谈判代表抓住了内地谈判代表迟到一事，成功地使用了挑剔式开局策略，迫使内地谈判代表自觉理亏，在来不及认真思考的情况下匆忙签下对对方有利的合同，为自己的迟到付出了巨大的代价。

课堂小实训 3-2-1

假设你是案例中的内地谈判代表，你会如何应对香港谈判代表的挑剔式开局策略，扭转局面呢？

_____

_____

（五）进攻式开局策略

进攻式开局策略是指通过语言或行为来表达己方强硬的姿态，从而获得谈判对手必要的尊重，并借以制造心理优势，使得谈判顺利地进行下去。

案例 3-2-5

近两年，国家医保药品采购谈判吸引了众多国人的目光。医保谈判的砍价场面，在网上赢得一片叫好声。

开局之时医保局代表对企业就明确提出拒接套路，要求企业拿出最大诚意，自降价格进行第一轮报价。并且以中国 14 亿人口基数和中国政府为患者服务的决心，强势要求企业再三让利。

最终，在 3 天时间里，通过百余场谈判，为老百姓收获了 119 种药品的保障权益，成功率达到 73.46%，平均降价 50.64%，大大降低了老百姓看病的沉重负担。

★**案例启示**：医保谈判的背后是人民至上的信念，每一分努力，都体现着浓浓的人民情怀；每一分，都将转化为患者的幸福增量。在这个案例中国家医保采购代表采用进攻式开局策略，通过进攻式开局策略获得药品底价。进攻式开局策略与挑剔式开局策略是两种争锋相对的开局策略，运用时必须把握好力度，做到有理、有节，对事不对人，避免在一开始就使谈判陷入僵局。

假设你过年前看中了宝马 4S 店的一款汽车,过年后准备去购买时发现该款汽车已经全线涨价 3 万元,而当时接待你的销售人员并没有告知该款汽车年后将提价,你现在希望能够以原价购买。在这样的情况下,你和 4S 店销售人员进行价格谈判时会采取何种开局策略呢?请以小组为单位进行情景展示。

_____

_____

二、商务谈判开局的要点

开局阶段虽然仅仅是整个谈判过程中的一小部分,但却为整个谈判奠定了重要的基调。关键是要营造一个轻松自然的氛围,削弱对方的心理防线,让后续的谈判更顺利。因此,在此阶段我们要注意以下几个问题。

(一)要把握好寒暄的时机,巧妙地进入正题

在谈判开始前,不宜急于进入正题,优秀的谈判者会创造出轻松、诚挚、愉快的开局气氛,常采用"拉家常式"的随便闲谈。如谈一些关于双方国家的气候、文化,或者体育、文艺、新闻等共同兴趣方面的话题。通过轻松和谐的交谈,双方感情渐渐融合,则可交谈一些近似正式的话题,由表及里渐渐打开正式谈判之门。

(二)根据对方的谈判风格及时调整策略

在开局阶段,不同的人有不同的谈判风格,要注意观察对方,及时了解和判断对方的谈判方式。并根据谈判对方的行为和观念,及时调整预先准备的谈判策略。一般情况下,我们习惯营造轻松和谐的谈判气氛,但如果对方的语言粗蛮无礼,己方可以适当调整谈判策略,表明立场。

假如你在谈判开局中遇到以下情景,你会如何调整策略?

在开局中,对方是一位谨慎的谈判者,一直采用保留式策略,对关键问题不做彻底回答,甚至想延迟协议签订,然而己方迫切需要与对方合作,十分渴望改变所处的被动地位。

_____

_____

（三）要在谈判中举止得体、谦逊，尊重他人

谈判期间的言行、举止应当得体、自然。同时在谈判中尊重对方也是至关重要的，这不仅是你个人素养的体现，更能帮助你得到对方的尊重。

参考答案

本任务中"课堂小实训"参考答案详见二维码。

技能实训3-2

模拟商务谈判开局策略实施

1．训练目的和要求

根据谈判的情况，创造适宜的谈判气氛，实施相应的开局策略，在一定程度上达到控制谈判局面的目的。

2．场景设计

大学毕业的王希决定和同寝室的两名同学一起自主创业。他们的创业计划得到了母校和政府的大力支持，母校和政府为他们提供了 5 万元的创业基金以及位于大学城核心商圈的优惠门店。他们决定开设一家针对大学生的创意礼品商店。王希通过市场调查发现，在这个创业过程中，最关键的环节是要有好的供货商。目前，王希看中了两家供货商，一家是传统渠道实力非常雄厚的供货商，另一家是网络上这两年兴起的供货商。

传统渠道供货商 A：实力雄厚，拥有众多产品线，且产品的质量优良，但对于拿货量有较高要求。

网络渠道供货商 B：新兴企业，运转灵活，非常支持小型门店运营，对拿货量要求不高，但是价格优势不如供货商 A。

然而，王希团队与任何一个供货商相比，都处于弱势地位，假设你们组正是王希的团队，该怎么做呢？

将班级学生分为若干实训小组，每组确定一名负责人。各组根据情境需求进行角色划分。

模拟进行如何营造恰当的谈判气氛，制定开局策略，使谈判顺利进行。

3．训练准备

（1）收集信息，分析谈判对手，了解谈判对手一贯的谈判风格。
（2）熟悉谈判开局的主要任务以及各阶段时间分配。
（3）做好主方和客方的沟通，制订详细的开局方案。
（4）制作相关 PPT，模拟谈判会议，落实开局礼仪和介绍顺序。
（5）准备好开场寒暄话题，落实谈判人员任务分工。

4．训练实施

（1）提前对谈判室进行布置。

（2）模拟开局导入：入场、握手、介绍、问候、落座。注意开局的礼仪，做到言行举止大方得体。注意座次礼仪，准确到位。

（3）营造恰当的开局气氛，谈论适宜的话题，进一步了解对方成员的性格特征，观察对方成员的身份、地位、爱好等，修正我方的信息资料，由此决定需要采取什么样的谈判策略和技巧。

（4）完成开局陈述，表明己方观点和期望，试探对方的谈判条件和目标。

（5）情景模拟结束后，陈述自己小组的开局策划书，需要说明己方收集到的信息以及己方的优势和劣势；根据这些情况采取何种开局策略；阐述本方可接受的条件底线和希望达到的目标。此环节可由一名同学完成，也可由多名同学完成。为支持本方论点，可借助图表、PPT、相关道具等。

任务评价

教师组织填写"任务完成情况评价要素表"，对本次实训过程中学生的完成情况进行一个综合评估。

任务完成情况评价要素表

组别：　　　　　　　　　　　　　　　　学生姓名：

序号	考核点	分值	得分
	小组评价	共20分	
1	出勤情况	2	
2	态度与纪律	3	
3	参与活动时与人沟通的能力	5	
4	参与讨论的积极性	5	
5	团队合作的表现	5	
	本人评价	共40分	
6	熟悉商务谈判开局的要点	4	
7	掌握谈判开局的类型	5	
8	能做好开局准备工作，包括收集开局需要信息、开局导入	5	
9	能正确营造商务谈判开局气氛	6	
10	能正确运用开局策略进行谈判开局	6	
11	能完成开局陈述，表明己方观点和期望并巧妙探问对方的谈判条件和目标	6	
12	能具体陈述开局策划书，策划书陈述得当	8	

续表

序 号	考 核 点	分 值	得 分
	教师评价	共 40 分	
13	商务谈判开局策略知识的掌握	20	
14	商务谈判开局策略技能的掌握	20	
	本次实训分数小计（总分 100 分）		
	累计积分账户		

累计积分账户说明：90～100 分积 5 分；80～89 分积 4 分；70～79 分积 3 分；60～69 分积 2 分；60 分以下积 1 分。

项目导航

请同学们学完本项目后，完成以下思维导图中的填空。

1. 关键知识点回顾

（1）商务谈判的开局阶段：商务谈判的非实质阶段，是指谈判双方见面后，在进入正式内容洽谈前，互相介绍、寒暄以及就非正式内容进行接触的那段活动。

（2）开局导入：谈判双方从见面、相互介绍到寒暄结束时，就谈判内容以外的话题所进行交谈的那段时间和过程。

（3）谈判气氛：谈判双方在接触初期彼此形成的态度。它由谈判参与人员的情绪、态度、行为等共同营造。

（4）开场陈述：在开始阶段双方就针对本次洽谈的内容，阐明自己的观点、立场及其建议。

（5）谈判开局策略：谈判人员为谋求谈判开局的有利地位，采取一定行动或技巧对谈判的开局进行控制。

（6）保留式开局策略：谈判开局时，对谈判对手提出的关键性问题不做彻底、确切的回答，而是有所保留，从而给对手造成神秘感，以吸引对手步入谈判。

（7）一致式开局策略：谈判开始时，为使对方对自己产生好感，以"协商""肯定"的方式，创造或建立起对谈判的"一致"的感觉，从而使谈判双方在愉快友好的气氛中不断将谈判引向深入的一种开局策略。

（8）坦诚式开局策略：以开诚布公的方式向谈判对手陈述自己的观点或意愿，尽快打开谈判局面。

（9）挑剔式开局策略：谈判开局时，对对手的某项错误或礼仪失误严加指责，使其感到内疚，从而达到营造低调气氛，迫使对手让步的目的。

（10）进攻式开局策略：通过语言或行为来表达己方强硬的姿态，从而获得谈判对手必要的尊重，并借以制造心理优势，使得谈判顺利地进行下去。

2. 填制思维导图

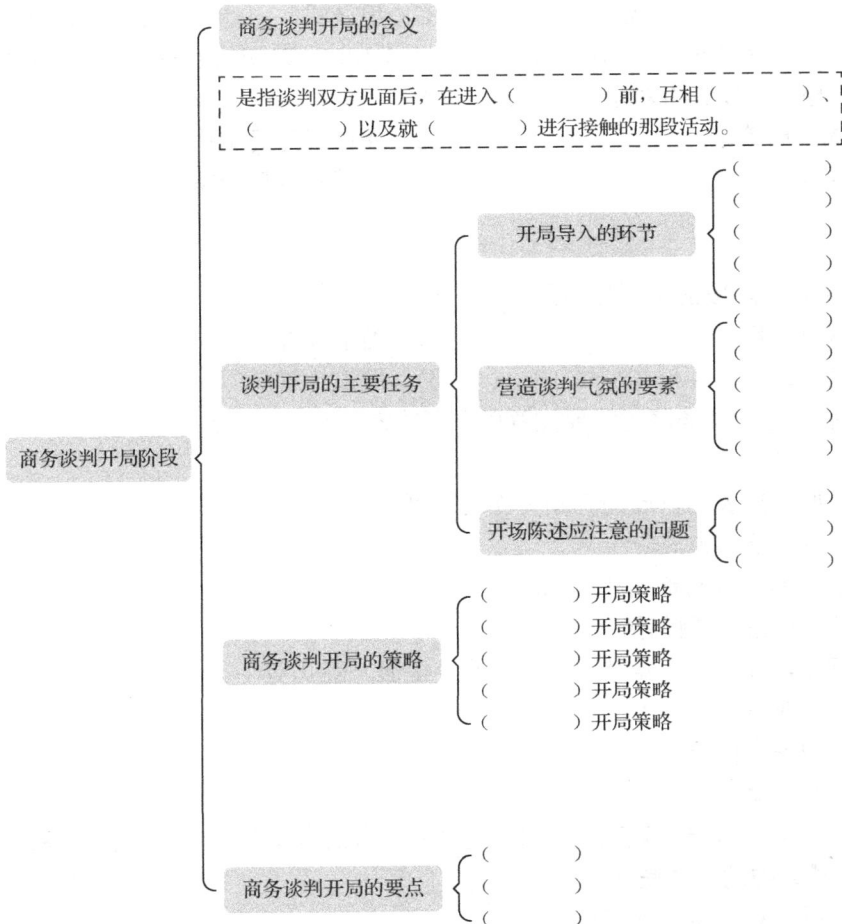

商务谈判开局阶段
- 商务谈判开局的含义
  - 是指谈判双方见面后，在进入（　　　　）前，互相（　　　　）、（　　　　）以及就（　　　　）进行接触的那段活动。
- 谈判开局的主要任务
  - 开局导入的环节
    - （　　　　）
    - （　　　　）
    - （　　　　）
    - （　　　　）
    - （　　　　）
  - 营造谈判气氛的要素
    - （　　　　）
    - （　　　　）
    - （　　　　）
    - （　　　　）
  - 开场陈述应注意的问题
    - （　　　　）
    - （　　　　）
    - （　　　　）
- 商务谈判开局的策略
  - （　　　　）开局策略
  - （　　　　）开局策略
  - （　　　　）开局策略
  - （　　　　）开局策略
  - （　　　　）开局策略
- 商务谈判开局的要点
  - （　　　　）
  - （　　　　）
  - （　　　　）

项目检测

一、单项选择题

1. 在谈判的开局阶段，双方都不十分了解。为了避免出现不和谐的谈判气氛，一般不宜谈论（　　）话题。

A．对方感兴趣　　B．宗教或政治　　C．娱乐及饮食　　D．风景名胜

2. 开局阶段奠定谈判成功基础的关键是（　　）。

A．良好的谈判气氛　　　　　　B．合理的报价

C．反复磋商　　　　　　　　　D．确定谈判目标

3. 通过语言或行为来表达我方强硬的姿态，从而获得谈判对手的尊重，这是（　　）。

A．一致式开局策略　　　　　　B．保留式开局策略

C．进攻式开局策略　　　　　　D．坦诚式开局策略

4. 一家私营零件加工企业在与一家大型计算机生产企业进行合作谈判时，私营企业谈判代表陈述道："虽然我们实力不强，但成本低，产品也符合贵企业要求，无论我们是否合

作成功，我们都渴望能向贵企业学习经验。"私营企业采取的是（　　）开局策略。

    A．一致式   B．保留式   C．坦诚式   D．进攻式

5．谈判开局时，对谈判对手提出的关键性问题不做彻底、确切的回答，而是有所保留，从而给对手造成神秘感，以吸引对手步入谈判，这是（　　）。

    A．一致式开局策略   B．保留式开局策略

    C．进攻式开局策略   D．坦诚式开局策略

二、多选题

1．谈判人员在开局阶段的主要任务是（　　）。

    A．营造谈判气氛   B．确定报价

    C．做开场陈述   D．做报价解释

2．开局入题后，进行开场陈述时要注意以下哪些方面？（　　）

    A．尽量让对方先谈。

    B．简明扼要，只表达自己的意图和立场即可。

    C．注意开场陈述的方式。

    D．尽可能了解对方的意图和目标。

3．不适合作为开局的话题包括（　　）。

    A．私人问题，如收入、年龄、婚姻家庭、健康、经历等

    B．国家和行业机密

    C．本企业的基本情况

    D．格调不高的话题

4．谈判开局后，如果双方比较熟悉，可以选择双方都感兴趣的话题，引发共鸣进入主题，以下属于双方感兴趣的话题是（　　）。

    A．某总，听说您高尔夫球打得很好

    B．听说你们公司的某经理最近身体不好

    C．恭喜贵公司最近拿了行业大奖

    D．听说您国庆也去美国旅游了

5．谈判开局后选恰当的中性话题开局，既能缓解开场气氛，又可有效避免一些忌讳。以下属于中性话题的是（　　）。

    A．体育话题   B．旅行话题   C．饮食话题   D．政治话题

三、简答题

1．影响谈判开局气氛的因素有哪些？

2．开场陈述时必须注意哪些问题？

3．一般有哪些话题可供开局入题时使用？

4．开局阶段的策略有哪些？分别适用于什么场景？

5．商务谈判开局的要点包括哪些方面？

四、案例分析

美国老虎环球基金（Tiger Global Management）是一家全球著名的对冲基金，从2014

年起加大了对中国互联网中后期项目的投资。其在前期投入大量资金雇用专业调研团队对估值超过 10 亿美元的创业公司进行调查，根据调查结果押注可能被并购的一方，比如快的、赶集。因为被并购方的溢价更高。

老虎基金 2014 年 8 月与凯雷投资一起为赶集网注资 2 亿美元。当时赶集网 CEO 杨浩涌担心老虎基金会强迫其与 58 同城合并，所以要求在投资条款中加上一条排他协议，即老虎基金不得再投资 58 同城。

然而老虎基金在投资赶集网后，在谈判中一直试图说服杨浩涌接受与 58 同城合并，但杨浩涌非常抗拒，双方僵持不下。

意识到难以说服杨浩涌之后，老虎基金表明将采取最极端的做法——把自己持有的赶集网股份卖给 58 同城。同时，他们将说服其他赶集投资人一起将股票出售给 58 同城。

在这样的情况下，杨浩涌最后不得不妥协，与老虎基金就合并事宜开展商议。2015 年 4 月，杨浩涌创立的赶集网宣布与 58 同城合并。

问题：（1）该案例中老虎基金运用了什么开局策略？

（2）这样的开局策略适合在什么情况下使用？

项目四　商务谈判磋商

项目描述

在商务合作中，谈判磋商是无法避免的事情。而在谈判磋商中，清楚了解双方的需求是商务谈判成功的前提。利用谈判磋商的原则和策略，在提出己方要求的同时，充分考虑双方的收益空间，以实现双方的合作与双赢。商务谈判的磋商主要包含了谈判报价、讨价还价、谈判让步以及处理谈判僵局。

学习目标

知识目标：
➢ 了解商务谈判报价中的依据、原则和策略；
➢ 学会商务谈判磋商中讨价还价的方法和策略；
➢ 学会商务谈判中让步和处理谈判僵局的原则和策略。

能力目标：
➢ 能够根据商务谈判任务进行谈判报价设计；
➢ 能够根据商务谈判任务进行谈判还价设计；
➢ 能够在磋商阶段巧妙运用让步策略促成交易；
➢ 能够准确分析产生僵局的原因并正确处理僵局。

项目实施

任务一　谈判报价

案例导入

巴西奥运组织委员会喊出天价叫板广播媒体公司

想必大家对 2016 年巴西奥运会都很熟悉吧，在里约热内卢获得第 31 届夏季奥林匹克运动会的举办权之后，随之而来的各种合作谈判也开始了。其中一个尤为典型的合作谈判就是奥运会转播权的合作案。

巴西奥组委通过分析前几次奥运会的转播合作案，决定此次要在合作案中保持己方独有的谈判优势，因此，第一步就决定提高转播价码。

根据多方数据的分析汇总，巴西奥组委最终决定开出 2.8 亿美元的价格。这相对于

上一届的价格 2 800 万美元而言，整整高出 10 倍，可谓有史以来的天价。

当时参与合作谈判的有环球电视台等五家竞争者。这一价码喊出后，让参与合作竞争的五家公司都惊呆了。他们都纷纷表示没法接受这样的价格。然而，巴西奥组委并没有因此而主动做出让步，而是随即在媒体上公布，说现在已经有一家不愿透露姓名的美国广播公司与其签订了初步协议，他们要购买转播权。这个消息发出以后，这五家竞争企业都坐不住了。他们都非常希望能够成功拿下这次合作案，毕竟这对于他们而言可是一次绝佳的发财好时机。于是，他们又一次要求重新回到谈判桌上。此时，五家竞争者明显有了让步的意思，但是这样的天价实在让他们无力承担，于是，一轮又一轮的谈判开始了。

经过多次磋商，最终以环球电视台为首的三家公司合作以高达 2.1 亿美元的高价成功拿下了第 31 届奥运会的转播权。正当他们享受成功的喜悦时，奥组委也喜笑颜开。因为，他们之前预定的转播价是 1.6 亿美元，这样算下来，奥组委整整多赚了 5 000 万美元，事后奥组委的谈判人士还讲到，是大胆喊价帮了他们的大忙……

知识储备

价格是商务谈判中最核心的部分，谈判方（有双方或多方）能否达成一个彼此都可以接受的价格决定着谈判的成功与否。

一、商务谈判报价的定义

在经历了谈判双方最初的接触、摸底，并对所了解和掌握的信息进行相应的处理之后，商务谈判往往由一方当事人报价，另一方当事人还价，这种报价和还价的过程就是报价阶段。

谈判报价又叫发盘或发价。它有两重含义：从广义上讲，"价"并非单指价格，而是指包括价格在内的诸如交货条件、支付手段、违约金或押金、品质与检验、运输与保险、索赔与诉讼等一系列内容；从狭义上讲，报价是指双方对所交易的标的物的价格提出的观点。在谈判中，由于价格问题是双方磋商的关键，因此本章所讨论的报价主要是以狭义的报价为主。

二、报价的依据

同一种商品为什么此时报价高而彼时报价低呢？针对同一种商品同时与几个对手谈判，为什么对有些对手报价较高，而对另一些对手报价较低呢？不同商品的报价，为什么有高有低呢？为理解这些问题，首先要明确报价的依据是什么，即哪些因素决定着报价的高低及其程度。一般来说，一个报价的提出，至少受以下四个方面因素的影响。

（一）商品成本

一般情况下，商品成本是成交价格的最低界限，成交价低于商品成本，供应商不仅无利可图，而且还会亏损。因此，报价前必须进行成本核算，由财务部门提供准确的成本资料和可靠的数据作为报价的重要参考依据，即商品成本是价格的最低限。

（二）市场供求关系及价格动态

这是报价决策的主要依据。因为在市场经济条件下，价格是由供求关系决定的。某种商品如果市场上供求平衡，则商品的价格趋于稳定；如果市场上供大于求，则商品价格会下降；如果市场上商品供不应求，则商品价格会上升。

因此，谈判开始之前，谈判代表应该对市场进行深入调查，了解商品供求关系是供不应求、供过于求，还是供求大致平衡？今后供求关系将发生什么变化，变化的速度如何？价格如何变动以及可能变动的幅度有多大？掌握市场供求的发展趋势。此外，在该商品或其替代品的生产技术上有重大突破因而有革新的征兆时，也应予以密切的关注。这就是我们制定报价策略时，需要重点研究的市场供求关系及价格动态。

（三）谈判对手的状况及需求

这是报价决策的必要依据，谈判人员除了了解商品成本，以及供求关系和价格动态之外，还必须考虑谈判对手情况，如他们的资信状况、经营能力、同我方交往的历史、其所在国的商业习惯、政策法令及其与国际贸易惯例的区别等。此外，在谈判过程进入报价阶段之前，还要进一步探测对方的意图、谈判态度和策略，以便调整我方的策略，掌握报价的幅度。

（四）相关服务

商品的销售一般都伴有相关的服务，如设备安装调试、人员培训、产品维修、零部件供应和技术咨询等。另外，影响价格的因素还包括消费者的心理，如有的消费者很看重品牌的价值，因此，品牌效应好的商品价格就高。

总之，价格是一个很复杂的问题，关系交易双方的利益，是双方谈判的核心和焦点，双方都将考虑各种影响因素，然后进行综合平衡。

课堂小实训 4-1-1

假如你是一个手机配件加工厂的总经理，你们工厂一直给美国某品牌的手机做代工，但是美国人付给你们的加工价钱一直很低。因为长期与美国公司合作，因此你在美国公司里面放了几个内线。有一天，你知道了美国公司生产手机的部门缺了一种芯片，其实美国公司是非常急需这种芯片的，于是他们派了部门主管来到大陆找合作生产商。你获知这一信息后就开始生产这种芯片。美国主管看到你生产的芯片后很高兴，觉得东西做得很好，而且交货期限也很短，就开始问你芯片价格怎么样。你终于找到了跟他谈判的机会。

请问你主要依据哪些信息来报价，会如何报价？请模拟演练报价磋商的过程。

三、报价的原则

报价是一个非常复杂的环节，价格表面上是一串简单的数字，实质包含了品质、规格、交货期、付款方式及交易量和交易关系等许多丰富的内容，如果考虑不周，稍有不慎就有可能陷自己于不利境地。大量的谈判实践告诉我们，报价必须遵守以下几项基本原则。

（一）报价的首要原则

谈判报价的首要原则就是：开盘价（也叫第一口价）一定要报出高于自己预期的条件，即卖方报出的开盘价一定是最高价，而买方报出的开盘价一定是最低价。正如世界上最伟大的国际谈判高手亨利·基辛格说的："谈判桌上的结果完全取决于你能在多大程度上抬高自己的要求。"想想为什么应该开出超出自己预期的条件呢？答案非常明显，主要原因如图4-1-1所示。

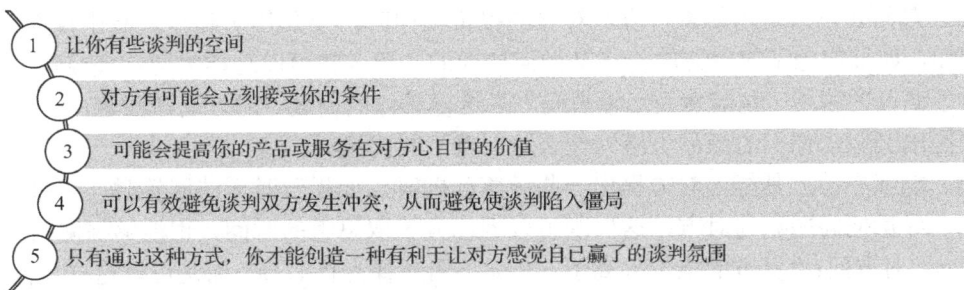

1. 让你有些谈判的空间
2. 对方有可能会立刻接受你的条件
3. 可能会提高你的产品或服务在对方心目中的价值
4. 可以有效避免谈判双方发生冲突，从而避免使谈判陷入僵局
5. 只有通过这种方式，你才能创造一种有利于让对方感觉自己赢了的谈判氛围

图 4-1-1 使用报价首要原则的原因

（二）报价的合理原则

报价的首要原则强调的是，开盘价卖方要尽量往高价报，而买方则要尽量往低价报。但无论是报高价还是报低价，都要有度，这个度就是要以合理为原则，即报出的价格既能使己方获得最大利益，同时又要兼顾对方的利益。因为，如果违反普遍的市场价格行情，漫天要价，被对方认为价格高到难以接受的程度，就可能被对方认为你没有诚意合作，接下来的磋商也就无法进行下去，甚至会让对手知难而退。

在确定报价水平时，只要能够找到足够的理由证明己方报价是合理的，报价就应尽量往高走。例如，一些奢侈品的目标人群，由于收入高，消费水平高，他们重视品牌和质量，对价格并不敏感，对于产品质量的认识也往往依据价格高低来定位。因此，对于奢侈品的价格就可以报高一些，甚至可以大大超出其商品本身的价值，以优质优价的认识来满足高消费人群的心理需求和精神需求。

（三）报价的明确原则

谈判者报价时，对自己所出的条件（除价格外，还包括其他各项交易条件）不要流露出任何信心不足的表现，更不能有半点歉意的表达，必须对己方报出的价格充满自信，这样才有可能得到对方的认可。因此，报出本方的价格时要坚决果断，表达要清晰、明确，不能含糊，否则就会引起对方的怀疑。为了保证报价明确、清楚，应该事先制订报价单，

将报价的主要内容明确列示出来，以辅助口头报价。

（四）报价的解释原则

谈判人员对己方的报价一般不应附带任何解释说明。如果对方提问，也只要进行简单的答复。如果在对方提问之前，己方对报价做出主动解释，不仅不能增加对方对己方报价的可信度，反而泄露了己方最关注的问题。而且，过多的解释还有可能被对方找出漏洞和破绽，找到进攻的突破口，即应遵循"不问不答，有问必答，能问不答，避虚就实"的原则。

（1）不问不答：是指报价后不进行主动解释。在实际谈判中，一些谈判人员由于对于己方的报价没有信心，或者担心对方对己方的价格提出疑问，往往伴随报价的同时做出过多的说明和解释。例如，有的报价者会这样解释："我们这个价格是很合理的，包含了税费、运输费等。"而对方本来以为这个价格只是商品单价，没想到还包含了其他费用。这样一来，由于己方的主动解释，反而让对手得到了意外收获。

（2）有问必答：是指如果一方对对方的报价提问时，要具体明确，以便让对方必须回答。例如，如果你想了解对方的价格是如何构成的，那么就可以这样提问："请问，贵方报价包含了商品的税费、包装费及运输费吗？"这样具体的问题，对方无法回避，必须回答，而不要提出类似"你们的商品价格为什么这么贵"的问题。

（3）能问不答：是指当对方提出一些敏感问题时，如果一时无法回答时，可采取反问的方式，尽量把问题抛向对方，这样既可以为己方争取思考的时间，也能够探测对方的虚实。例如，对方问："贵方的报价太高了？"你不用解释为什么高，而是可以这样反问："那你认为高在哪里？"或者问："你认为多少才不算高呢？"

（4）避虚就实：是指在对方提出价格方面的疑问时，重点解释实在的、无争议的部分，而对于虚的部分则一带而过。例如，这种商品的原材料涨价了，人工工资也在不断提高，这些都是实实在在看得见的事实，可以重点解释，而那些品牌知名度、广告费用等虚的部分就不要过多地进行解释。

知识链接

当客户开盘采取高报价策略时，你应当立刻做出判断并告诉对方，你希望双方能够保持公平立场。然后，用更高权威或红白脸策略加以应对，可以告诉对方："当然，你可以狮子大开口，我也完全可以随心所欲地提条件。可问题是，这样做，对我们双方都没有好处。所以，为什么不干脆告诉我你所能承受的最低价格呢？我会征求上司的意见，看看我们能为你做些什么。"

四、报价的基本策略

如何运用报价的基本原则，按照己方的要求达成交易呢？这就涉及许多报价技巧问题，即报价的基本策略。

（一）先报价策略

谈判过程进入报价阶段以后，谈判人员面临的第一个问题就是由哪方首先提出报价，有时买方想让卖方先报价，而卖方又想让买方先报价。孰先孰后的问题，不仅仅是形式上的次序问题，它同样会对谈判过程的发展产生巨大的影响。

谈判人员必须事先对这个问题进行周密的考虑和妥善安排。我们一般认为先行报价的影响较大，因为先报价的一方实际上为谈判规定了一个框架，最终协议将在此框架范围内达成。并且第一个报价在整个谈判与磋商过程中都会持续起作用。因此，先报价比后报价的影响大得多。所以，要使谈判尽可能顺着我方意图的轨道运行，首先就要以实际的步骤来树立我方在谈判中的影响。我方首先报价就是为此而迈出的一步，它为以后的讨价还价树立了一个界碑。在这种情况下，首先报价比反应性还价更具有影响力。

（二）后报价策略

虽然先报价会对谈判有较大的影响，但是先报价也有一定的弊端。

首先，先报价会在一定程度上暴露我方的意图，当对方得到我们的报价之后，他们就有可能对自己已定的报价幅度进行针对性的调整，通过修改他们原先拟定的价格得到额外的利益。例如，作为卖方，我们首先以 2 万美元报价，对方可能相应地还价为 1 万美元。但是，如果我方不抢先报价而让对方先报价，他们可能会报价 15 万美元，甚至更多。这样，因为我方的先行报价，而暴露了我方的目的，使对方可以从容不迫地根据我方的报价而降低价格。

其次，先报价容易造成对方集中力量对我方的报价发动攻势，逼我方一步步降低，而不泄露他们究竟打算出多高的价格。例如：

我方："这种商品的报价是每吨 1 000 美元。"

对方："1 000 美元太高了。"

对方："韩国的同类货物比你们的报价低得多，你们得降价。"

……

那么，我方究竟应该先报价，还是后报价呢？答案对买卖双方都不是绝对的，可依据谈判过程中双方实力情况灵活把握。

案例 4-1-1

后报价获得的意外收益

美国加州一家机械厂的老板哈罗德准备出售 3 台更新下来的数控机床，有一家公司闻讯前来采购。哈罗德先生十分高兴，准备开价 360 万美元，即每台 120 万美元。当谈判进入实质性阶段时，哈罗德先生正欲报价，却又突然停住，暗想：可否先听听对方的想法？结果，对方在对这几台机床的磨损情况做了一系列的分析评价后说："我公司最多以每台 140 万美元买下这 3 台机床，多一分钱也不行。"哈罗德先生大为惊喜，竭力掩饰住内心的喜悦，还装着不满意的样子，讨价还价了一番，最后以皆大欢喜的价格顺利成交。

★案例启示：在这个案例中哈罗德先生谈判成功，并且以高出自己心理价位 60 万美元成交，原因是哈罗德设定了自己的心理价位，但没有着急先开价，而是等对方先开价，意外发现了对方的报价原来比自己的心理价位高。可见，谈判中后报价策略也有优势，不用先暴露自己的意图，而是根据对方的信息，为自己调整谈判策略做好准备。

课堂小实训 4-1-2

以下有两种报价，你觉得哪种方式更好？说明原因。

第一种：

顾客：这款红酸枝多少钱？

导购：368 元。

顾客：优惠点吧。

导购：那就 300 块吧。

第二种：

顾客：这款红酸枝多少钱？

导购：368 元。

顾客：优惠点吧。

导购：你说优惠多少？

顾客：300 块吧。

（三）西欧式报价策略

西欧式报价主要是指西方一些国家习惯采取的报价方式，其一般模式是，首先报出具有较大余地和谈判空间的价格，然后根据买卖双方的实力对比和该笔交易的外部竞争状况，通过给予各种优惠，如数量折扣、价格折扣、佣金和支付条件上的优惠，逐步达到成交目的。

西欧式报价的开盘价通常比较高，但留下讨价还价的空间也较大，只要能够在报价后稳住买方，往往由于让步较大、条件优惠，会有一个不错的结果。西欧式报价采取高报价往低走，符合一般人的心理。

（四）日本式报价策略

日本式报价是指以日本为代表的亚洲人喜欢采取的一种报价方式。例如，作为卖方其通常的做法是将最低价格列于价格表中，以低价吸引买方，让其产生兴趣。但是，实质上报出的这种低价是以对卖方提供最有利的结算条件为前提的，而与此低价相对应的各项条件买方实际上是很难满足其要求的。只要买方提出改变交易条件，卖方就可以随之提出更高价格，因此，买卖双方的成交价格，往往高于卖方最初的报价。

低报价的目的是为了吸引那些价格敏感型的买方，挤走竞争对手。当买方选择了与低报价一方作为合作伙伴，放弃了与其他竞争对手的合作之后，低报价者可能提出许多外加条件，使得买方不得不提高价格。这时买方才发现自己落入了一个低价陷阱。因此，对于那些没有经验的谈判者来说，要特别弄清楚低报价所包含的交易及价格内容，千万不要被低报价所迷惑。

日本式报价虽然最初提出的价格较低，但它却在价格以外的其他方面提出了最利于己方的条件。对于买方来说，要想取得更好的条件，他就不得不考虑接受更高的价格。因此，低价格并不意味着卖方放弃对高利益的追求。实质上，欧式报价与日式报价是殊途同归的。两种报价只是形式上的不同，没有本质上的区别。日式报价更有利于竞争，欧式报价则更符合人们的价格心理。

（五）加法报价策略

加法报价法是报价时不将自己的要求一次性报出，而是分几次提出，以免一开始吓倒对方，导致谈判破裂。由于总的要求被分解后是逐个提出，往往被认为是一个一个小的要求，就容易被对方接受，而一旦接受第一个要求后，就容易使对方接受下一个要求。

例如：文具商向画家推销一套笔墨纸砚。如果他一次报高价，画家可能根本不会买。但文具商可以先报笔价，要价很低；成交之后再谈墨价，要价也不高；待笔、墨卖出之后，接着谈纸价，再谈砚价，抬高价格。画家已经买了笔和墨，自然想"配套"，不忍放弃纸和砚，在谈判中便很难在价格方面做出让步了。

采用加法报价策略，卖方多半是靠所出售的商品具有系列组合性和配套性。买方一旦买了组件一，就无法割舍组件二和组件三了。在运用该策略时，报价时并不将自己的要求一次性报出，而是分几次提出，以免全部报出吓倒对方，导致谈判破裂。

针对这一情况，作为买方，在谈判前就要考虑商品的系列化特点，谈判中及时发现卖方"加法报价"的企图，挫败这种"诱招"。

（六）除法报价策略

除法报价法是报出自己的总要求，然后再根据某种参数（时间、用途等），将价格分解成最小单位的价格，使买方觉得报价不高，可以接受。

其实除法报价策略是一种价格分解术，以商品的数量或使用时间等概念为除数，以商品价格为被除数，得出一种数字很小的价格，使买主对本来不低的价格产生一种便宜、低廉的感觉。

例如，保险公司为动员液化石油气用户参加保险，宣传说："参加液化气保险，每天只交保险费 1 元，若遇到事故，则可得到高达 1 万元的保险赔偿金。"这种做法，用的就是该策略。相反，如果说，每年交保险费 365 元的话，效果就差得多了。因为人们觉得 365 是个不小的数字。而用"除法报价策略"说成每天交 1 元，人们听起来在心理上就容易接受了。

107

课堂小实训 4-1-3

西单明珠商场最大的特点是：时尚前卫、价格低廉。因此，来这里购物的顾客心态基本都一样：便宜买一件，用着不喜欢就扔了，基本上也不会要求商品的质量有多好，多半就要求成交价格合理，样式新颖。

可是，哪个卖家不愿意多卖点钱呢？因此，这里的商家在报价上还是很高的，一般报价都是成交价的 2～4 倍，以求为自己争取更多的利润空间。这种方式对于不经常光顾的人而言有时候很管用，但是对于经常光顾的人却一点用都没有。

经常光顾的人，通常都是先询价，比如说一件衣服报价 150 元。此时，他们都会说太贵了，便宜点，店家就会在顾客的要求下，降低 10~20 元，熟客会紧接着要求他们降价。此时商家就会问，你想要多少钱买？熟客都会说这种价格太高，还是一个劲地要求再降点，通常他们周旋 3~5 次，此时店家的一般价格已经让出来了。最终，报价 150 元的衣服可能 60 元就买到了。

1. 商家使用了什么报价原则，为什么对不常光顾的顾客很管用？

_____

_____

2. 经常光顾的人使用了什么报价策略，为什么可以获得成功？

_____

_____

参考答案

本任务中"课堂小实训"参考答案详见二维码。

技能实训4-1

模拟商务谈判报价策略实施

1. 训练目的和要求

根据谈判报价的依据和原则，实施相应的报价策略，在一定程度上达到买家以低价成交，卖家以高价成交的目的。

2. 场景设计

假如你是一家经营床单出口的外贸公司的业务员，由于金融危机，许多外商都减少了进货量，因此，原来采购的出口商品开始出现积压。为了迅速处理库存，加速资金周转，你需要代表外贸公司积极与外商联系，并灵活运用报价策略把存货卖到更好的价格。

你通过收集信息，获得如下资料。

（1）这批准备与外商洽谈的床单市场价格是 150 美元一打。

（2）这批床单原来的包装是简装，你公司可以增加少量的成本把包装改为精装。

（3）外商所在的国家对这种床单的需求量较大，当地人民也比较喜欢这种床单，他们比较看中商品的包装。

（4）因为市场需求旺盛，因此外商对交货期要求比较高，他们在两个月内需要收到 5 万打的床单。

（5）该批床单是我公司的库存商品，急需售出以回收资金。但外商并不知道这是库存

品，外商以为我司需要重新采购原料进行加工生产。

为了尽快清仓，作为床单业务公司的谈判代表，你该怎么做呢？

将班级学生分为若干实训小组，每组确定一名负责人。各组根据情境需求进行角色划分。模拟进行如何制订报价方案，使用合适的报价策略，使这批库存床单能尽量卖出高价。

3．训练准备

（1）收集价格信息。各组根据给定的谈判背景资料，结合网络资料及实地市场调查收集有关报价的信息。

（2）制订报价方案。各组在认真分析谈判背景资料的基础上，讨论报价方式、报价策略和报价技巧，明确报价目标，制订报价方案。

（3）制订报价清单。各组根据谈判资料和价格信息分析，制订报价清单，在模拟报价时呈现给对方。

（4）准备价格提问。各组可以对对方的报价进行预测，设计对方可能的提问和己方准备如何应答。

（5）准备好开场寒暄话题，落实谈判人员任务分工。

4．训练实施

（1）模拟谈判的主方应在课前 10 分钟到达谈判场所，布置好谈判场景。

（2）模拟报价是在模拟开局的基础上进行的，续谈仍然需要注意礼仪。

（3）各组开始进行报价前的陈述，然后切入主题。

（4）巧妙地运用报价原则，根据事先的设计选择报价方式。

（5）报价时特别要注意对方报价的内容，少说多听。

（6）报价后不对报价进行解释，做到不问不答，能问不答。

（7）对方报价后应及时询问价格的具体内容，提问要明确，使对方有问必答。

（8）运用报价的心理策略说服对手接受己方报价。

（9）模拟报价要体现团队力量，注意分工明确。

任务评价

教师组织填写"任务完成情况评价要素表"，对本次实训过程中学生的完成情况进行一个综合评估。

任务完成情况评价要素表

组别：　　　　　　　　　　　　　学生姓名：

序　号	考　核　点	分　值	得　分
	小组评价	共20分	
1	出勤情况	2	
2	态度与纪律	3	
3	参与活动时与人沟通的能力	5	
4	参与讨论的积极性	5	

续表

序 号	考 核 点	分 值	得 分
5	团队合作的表现	5	
	本人评价	共 40 分	
6	按要求提前布置谈判环境，事先摆好谈判桌，谈判结束，桌椅归位	3	
7	见面握手、问候，亲切热情，座次正确	3	
8	尊重谈判对手，无恶意磋商	4	
9	能制订报价方案和报价清单	5	
10	收集了报价需要的信息，准备充分	5	
11	开场白得体自然，报价时双方形成了良好印象和议程	6	
12	报价方式选择恰当，遵守报价原则	6	
13	报价时机选择正确，报价策略和技巧运用灵活，遵循"少说多听、不问不答、有问必答"的报价解释原则	8	
	教师评价	共 40 分	
14	商务谈判报价知识的掌握	20	
15	商务谈判报价技能的掌握	20	
	本次实训分数小计（总分 100 分）		
	累计积分账户		

累计积分账户说明：90～100 分积 5 分；80～89 分积 4 分；70～79 分积 3 分；60～69 分积 2 分；60 分以下积 1 分。

任务二 讨 价 还 价

案例导入

讨价还价看出你的"示爱方式"

假如你在服装店里看到一件自己十分喜欢的衣服，但价钱实在太贵了，你会怎样跟老板讲价？

A. 直接请老板卖便宜点。

B. 请朋友也在此买东西，一块儿付款叫老板算便宜些。

C. 来来回回好多次，待老板自动减价。

D. 算了，忍痛以贵价买下来。

答案解析：

A. 你是那种想做就去做的人，直接跟对方说反而干脆利落，小动作做得太多会适得其反，但表白时你千万不要太紧张，以免吓跑对方。

B. 你太依赖朋友了，谈情说爱是两人之间的事，虽然平时可以找朋友帮你说尽好话，但到了表白时，最好单独行动。

C. 欠缺自信的你，要你坦白示爱实在太为难，反而写情信更有效，你能在信中真挚地表达自己的感情，对方看完后将被深深感动。

D. 你是那种期待对方明白你心情，然后主动向你示爱的人，胆小的你，可以委托朋友帮忙试探；如果你是男性，则建议鼓起勇气，大胆表白。

知识储备

商务谈判磋商的过程实际上就是讨价还价的过程。讨价还价也有一定的方法与技巧。商务谈判的艺术性更多地体现在商务谈判中的讨价还价技巧等方面。作为买方，讨价还价应遵循"货比三家"的原则；作为卖方，在讨价还价中要极力突出自己经营的商品的优良性、合理性、公平性的特点。只有这样，在讨价还价过程中才能促成谈判目标朝着己方有利的方向发展。"讨价还价"有三层含义：一是讨价；二是还价；三是经历多次的反复磋商。一方或双方做出让步，才能促成交易双方达成一致意见。

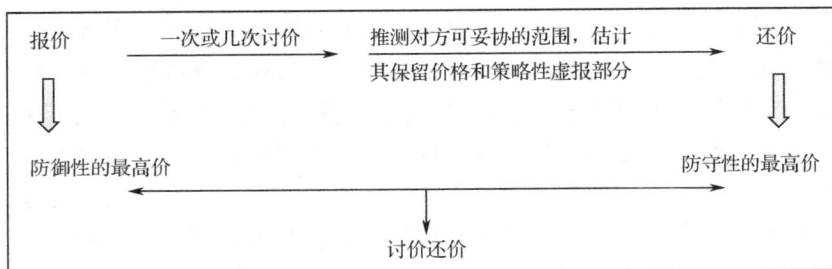

图 4-2-1 讨价还价的示意图

一、讨价

（一）讨价的定义和作用

讨价是指在一方报价之后，另一方认为与自己所期望的目标差距过大，因而要求报价方重新报价的行为。讨价也称之为"再询盘"。这种讨价要求，既是实质性的，即可迫使报价降低，又是策略性的，即可误导对方对己方的判断，改变对方的期望值，并为己方的还价做准备。如果说，报价后的价格解释和价格评论是价格磋商的序幕，那么，讨价便是价格磋商的正式开始。

（二）讨价的方式

从宏观角度与微观角度来看，讨价可分为"全面讨价→分别讨价→针对性讨价"三个阶段。通常首次讨价是全面入手，不限一次，视情况也可两次、三次后才转入针对性讨价，而针对性讨价，也不是一点，可针对好几项，也可逐项讨价，依谈判者总体谈判策略而定，最后的针对性讨价，往往并不是一次能定价，有反复还价的可能性。

（1）全面讨价。即从总体价格和内容方式方面要求重新报价，常常用于评论之后的第一次要价，或者用于较为复杂交易的第一次要价。双方从宏观的角度，主要凭"态度"压价。笼统地提出要求，不显露掌握的准确资料。对方为了表示"良好态度"，也可能调整价格。例如："贵方已听到了我们的意见，若不能重新报出具有成交诚意的价格，我们的交易是难以成功的""请就我方刚才提出的意见，报出贵方改善的价格"等。

（2）分别讨价。常用于较复杂交易对方第一次改善报价之后，或不便采用全面讨价方式的讨价。例如，全面讨价后，将交易内容的不同部分，按照价格中所含水分的大小分为水分大的、水分中等的、水分小的三类，再分别讨价；或者不便全面讨价的，如技术贸易

价格，按具体项目分为技术许可基本费、技术资料费、技术咨询费、人员培训费和设备费等，再分别讨价。

（3）针对性讨价。常用于在全面讨价和分别讨价的基础上，针对价格仍明显不合理和水分较大的个别部分的进一步讨价。

（三）讨价的次数

一般每一次讨价，如果能得到一次改善的报价，则对买方有利。不过，一般卖方都会坚守自己的价格立场。那么，买方讨几次价为妥呢？这应根据价格分析的情况与卖方价格解释和价格改善的状况而定。只要卖方没有大幅度的明显让步，就说明他留有很大的余地；而且只要买方有诚意，卖方就会再次改善价格。只有不被卖方迷惑，买方才有可能争取到比较好的价格。卖方为了自己的利润，一般在做了两次价格改善以后就不会再报价了，他们通常以委婉的方式表达不可以再让了。如"这是我们最后的立场""你们若是钱少，可以少买些"等。卖方有时语言诚恳，态度时而低下，时而强硬，表情十分感人，请求买方接受他的第二次或第三次改善的价格，或要求买方还价。此时，买方要注意卖方的动向，不应为之迷惑而有所动，只要卖方没有实质性改善，买方就应根据报价的情况、虚头的大小、来人的权限、卖方成交的决心、双方关系的好坏等，尽力争取。

（四）讨价的方法

1. 举证法

举证法也称引经据典法。为了增加讨价的力度，谈判者应以事实为依据，要求对方改善报价。引用的事实可以是当时市场的行情、竞争者提供的价格、对方的成本、过去的交易惯例、产品的质量与性能、研究成果、公认的结论等。总之，引用的事实必须是有说服力的证据，是对方难以反驳或难以查证的。

2. 求疵法

讨价往往是针对对方报价条款的缺漏、差错、失误而展开的。有经验的谈判者，都会以严格的标准要求对方，对其报价的条款加以挑剔以寻找对方的缺陷，并引经据典、列举旁证来降低对方的期望值，要求对方重新报价或改善报价。

3. 假设法

假设法以假设更优惠条件的语气来向对方讨价。如以更大数量的购买、更宽松的付款条件、更长期的合作等优惠条件来向对方讨价，这种方法往往可以摸清对方可以承受的大致底价。假设条件因其是假设，不一定会真正履行。

4. 多次法

讨价一般是针对对方策略性虚拟价格的水分、虚头进行的，它是买方要卖方降价、卖方向买方要求加价的一种表示。不论是加价还是降价，一般都不可能一步到位，都需要分步实施。只要每一次讨价的结果都会使交易条件得以改善，即使对方的理由并不都符合逻辑，只要对己方有利都应该表示欢迎。

课堂小实训 4-2-1

买古董

一对夫妻在浏览杂志时看到一幅广告背景图片里的老式座钟，非常喜欢。随后，他们在一家古董店的橱窗里看到了这个钟。丈夫说："记住，绝对不能超出500元。"他们走进店内。发现钟上的标价是750元，夫妻俩商量了一下，由丈夫去谈，争取用500元钱买下这座钟。

丈夫鼓起勇气，对售货员说："我看到你们那有个座钟要卖，上面已经蒙了不少灰，肯定好久也没人对它有兴趣了，卖多少钱啊？"售货员说："价格就贴在座钟上。"丈夫说："我跟你说我打算出多少钱买吧，我给你出个价，一口价，不然就不买了。"他停顿了一下来增加效果。然后大声说："你听着，一口价250元。"售货员连眼也没眨一下，说道："卖了，这座钟是你的了。"

问题：请问丈夫讨价的行为属于哪种方法？

_____

_____

知识链接

应对价格陷阱策略的措施

（1）不要轻信卖方的宣传，应在冷静全面考虑之后再采取行动。

（2）谈判目标、计划和具体步骤一经确定，就应毫不动摇地遵照执行，不要受外界情况的干扰而轻易加以改变。

（3）切忌在时间上受对方所提限期的约束而匆忙地做出决定。

> 再便宜点吧！

二、还价

（一）还价的定义和作用

还价是指发盘方在接到或听到对方的要求后修改了报价或未修改报价，又向对方询盘，如果对方发盘即视为"还盘"，俗称"还价"。就是针对谈判对手的首次报价，己方所做出的反应性报价。

（二）还价前的准备

己方在清楚地了解了对方报价的全部内容后，就要对双方的各项交易条件进行比对，判断双方的真实分歧所在。先弄清对方为何如此报价，即弄清对方的真正期望。在弄清对方期望这一问题上，要了解怎样才能使对方得到满足，以及如何在谋得我方利益的同时，

不断给对方以满足；还要研究对方报价中哪些东西是必须得到的，而哪些是他希望得到但不是非得到不可的；研究对方报价哪些是比较次要的，而这些又恰恰是诱使我方让步的筹码。这样知彼知己，才能在讨价还价中取得主动。为此，在这一阶段要做到以下几点。

（1）检查对方报价的全部内容，询问如此报价的原因和根据，以及在各项主要交易条件上有多大的灵活性。

（2）注意倾听对方的解释和答复，千万不要主观臆测对方的动机和意图，不要代别人讲话。

（3）记下对方的答复，但不要加以评论，避免过早过深地陷入具体的某一个问题中去，其目的是把谈判面铺得广一些。相反，当对方了解我方的意图时，应尽力使答复减少到最低限度，只告诉他们最基本的东西，掌握好哪些该说，哪些不该说。好的讨价还价者不会把手中的所有东西都推开，不会完整透彻地把他们需要什么以及为什么需要这些东西都讲出来。有经验的讨价还价者只有在十分必要时才会把自己的想法一点一滴地透露出来。

（三）判断谈判形势

判断谈判形势就是指在商务谈判讨价时己方要学会判断哪些是对方可以接受的，哪些是不能接受的，哪些是对方急于要讨论的，在价格和其他主要条件上对方讨价还价的实力及可能成交的范围。假如双方分歧很大，我方如果决定准备进入下一回合的谈判，要进行如下选择。

（1）由我方重新报价（口头或书面均可）。

（2）建议对方撤回原价，重新考虑一个比较实际的报价。

（3）改变交易形式，改变交易形式的目的是使之更适合于成交的要求。

（四）还价的方式

还价技巧的精髓在于"后发制人"，要想发挥"后发制人"的威力，就必须针对对方的报价做出周密的筹划。通常还价的方式有两种。

（1）按比价还价：参照报价，按一定的升降幅度还价。比价材料丰富且准确，这种方式对买方来讲简便，对卖方来讲容易接受。

（2）按分析的成本价还价：根据成本构成，在比价材料不丰富的条件下，用分析的成本价还价。

两种方法均有分项还价和总体还价两种方法，需根据谈判双方的情况具体选择。

知识链接

确定还价起点时需要考虑以下因素：

（1）对方改善之后的报价；

（2）己方的目标价格；

（3）己方准备让步的幅度；

（4）己方准备让步的次数；

（5）交易标的的实际成本。

三、常用讨价还价的策略

讨价还价是谈判中一项重要的内容,一个优秀的谈判者不仅要掌握谈判的基本原则、方法,还要学会熟练地运用讨价还价的策略与技巧,这是促成谈判成功的保证。讨价还价的策略有以下几种。

(一)投石问路

要想在谈判中掌握主动权,就要尽可能地了解对方的情况,尽可能地了解掌握某一步骤对对方的影响以及对方的反应如何,投石问路就是了解对方情况的一种战术。

基本做法:提出一组交易的假设条件,向对方进行询价。例如:"假如我多买 10 个,那你的报价是多少?""我方有意购买你方其他系列产品,能否在价格上再优惠些?""假设我方买下你方的全部存货,报价又是多少?"

目的:通过迂回的方式试探对方的价格目标,从而使己方在要价中做到心中有数。

(二)目标分解策略

讨价还价是最为复杂的谈判战术之一。 是否善于讨价还价,反映了一个谈判者综合的能力与素质。我们不要把讨价还价局限在要求对方降价或我方降价的问题上。例如,一些技术交易项目,或大型谈判项目涉及许多方面,技术构成也比较复杂,包括专利权、专有技术、人员培训、技术资料、图纸交换等方面。我们把这个复杂的过程分解成几个方面,反而会获得更好的效果。

(三)抬价压价战术

在谈判中,通常是没有一方说出价格,另一方就马上同意,双方拍板成文的,都要经过多次的抬价、压价,才相互妥协,确定一个一致的价格标准。由于谈判时抬价一方不清楚对方要求多少,在什么情况下妥协,所以这一策略运用的关键就是抬到多高才是对方能够接受的。一般而言,抬价是建立在科学的计算,精确的观察、判断、分析基础上,当然,忍耐力、经验、能力和信心也是十分重要的。在讨价还价中,双方都不能确定双方能走多远,能得到什么。因此,时间越久,局势就会越有利于有信心、有耐力的一方。压价可以说是对抬价的破解。 如果是买方先报价格,可以低于预期进行报价,留有讨价还价的余地,如果是卖方先报价,买方压价,则可以采取多种方式,如表 4-2-1 所示。

表 4-2-1　抬价压价方式

抬价压价方式	内 容 说 明
1	揭穿对方的把戏,直接指出实质,比如算出对方产品的成本费用,挤出对方报价的水分
2	确定一个不断超过预算的金额,或是一个价格的上下限,然后围绕这些标准,进行讨价还价
3	用反抬价来回击,如果在价格上迁就对方,必须在其他方面获得补偿
4	召开小组会议,集思广益思考对策
5	在合同没有签订之前,要求对方做出某种保证,以防反悔
6	使对方在合同上签署的人越多越好,这样,对方就难以改口

（四）价格诱惑

价格诱惑，就是卖方利用买方担心市场价格上涨的心理，诱使对方迅速签订购买协议的策略。

价格诱惑的实质，就是利用买方担心市场价格上涨的心理，把谈判对手的注意力吸引到价格问题上来，使其忽略对其他重要合同条款的讨价还价，进而在这些方面争得让步与优惠。对于买方来讲，尽管避免了可能由涨价带来的损失，但可能会在其他方面付出更大的价格，牺牲了更重要的实际利益。

（五）最后报价

最后出价的时间应掌握好时机和方式，因为如果在双方各不相让，甚至是在十分气愤的对峙状况下最后报价，无异于是发出最后通牒，很可能会使对方认为是种威胁，危及谈判顺利进行。当双方就价格问题不能达成一致时，如果报价一方看出对方有明显的达成协议的倾向，这时提出最后的报价，较为适宜。理想的讨价还价的特点：

（1）谈话范围广泛，双方有充分回旋的余地；

（2）是双方观点的交锋，而不是双方人员的冲突；

（3）诚心诚意地共同探讨解决问题的途径。

一般而言，双方的初始报价肯定存在着分歧（这也是产生讨价还价过程的原因），如图4-2-2所示，分歧范围一般在 $s2$、$b2$ 之间。

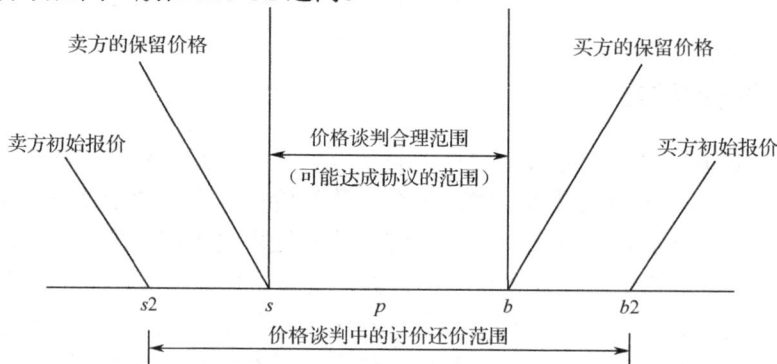

图 4-2-2　讨价还价范围示意图

当谈判一方还盘报价之后，整个谈判可达成协议的区间就形成了。接下来，双方的任务就是努力地说服对方，引导对方思考，使得最终的结果有利于己。

知识链接

讨价还价在生活的应用

萧伯纳说，经济学是一门最大限度创造生活的艺术。这种创造的基础就是讨价还价。或者说，讨价还价是创造生活艺术的一种具体方法。

讨价还价不仅限于商品买卖，恋爱婚姻概莫能外。恋爱就具有"讨价还价"机制，可以形成连续博弈，如果双方能产生一个一致点，那就可以结婚了，反之，则可能分手。之所以自由恋爱要比包办婚姻进步，是因为可以讨价还价。离婚时讨价还价的交易费用往往惊人。比如，伊斯兰国家只允许男人提出离婚，但同时规定结婚时就应明确如果离婚丈夫必须付给妻子的款项数额；中国东北有种习俗叫"净身出户"，即在离婚时男方将

所有财产留给女方。这些制度习俗的设计，保护了婚姻中的弱势一方，使离婚失去讨价还价的机制。

父母和孩子之间也存在着讨价还价机制，按照罗登凯德原理，任何一个父母都会引导孩子向他们期望的方向前进，但孩子在父母的"利他主义"影响下，反而被约束，没有自己的选择，这时讨价还价机制开始起作用。

讨价还价的思路不仅适用于消费者、家庭的微观分析，也可以用来解释中国民间社会稳定和谐的秩序。

课堂小实训 4-2-2

中国就日方提供的 5 800 辆三菱载重汽车存在严重质量问题，向日方三菱汽车公司提出索赔。日方在无可辩驳的事实面前，同意赔偿，提出赔偿金额为 30 亿日元。中方在指出日方报价失实后，提出中方要求赔偿的金额为 70 亿日元，此言一出，惊得日方谈判代表目瞪口呆。两方要求差额巨大，在中方晓以利害关系的前提下，日方不愿失去中国广阔的市场，同意将赔偿金额提高到 40 亿日元。中方又提出最低赔偿额为 60 亿日元，谈判又出现了新的转机。经过双方多次的抬价压价，最终以日方赔偿中方 50 亿日元，并承担另外几项责任而了结了此案。

分析此案例如何突出地表现了讨价还价策略的成功运用。

_____

_____

四、正确面对顾客的讨价还价

（一）试探型

语言特征："能不能便宜点？给优惠点吧？"

客户分析：这类客户大部分在你礼貌拒绝了之后，就会主动拍下付款了，是相对比较好应对的。但是别忘了我们的目标不只是达成交易，还要给客户留下好印象。

应对要点：趁机介绍套餐或者店铺活动，引导客户多买多优惠。

参考回复：（1）"亲，我们的价格本身就很实在了哦，现在我们还有满 78 元立减 3 元的促销。"（2）"亲，这件宝贝有一个实惠的套餐。"趁机介绍套餐。（3）"亲，我们店铺新开张，现在已经全场特价酬宾了，只赚信用不赚钱了。"

（二）允诺型

语言特征："太贵了，第一次来你给我便宜点，我下次会再来买的，还有很多朋友也会来买的。"

客户分析：这样的客户相信大家都不陌生，其实这个时候他已经下定决心购买了，只要应对得当是很容易成交的。

应对要点：价格是合理的，质量是不错的，老客户很多。

参考回复：(1)"非常感谢您的惠顾哦，亲，我们品质管理做得比较严格，价格也已经十分厚道，所以，小店的回头客还是蛮多的。"(2)"不贵了，亲，这么多东西可是给您包邮了，我们的价格一直都很实在，所以没有任何的让利空间了，希望您理解。"

（三）对比型

语言特征："谁谁谁家这样的东西都比你这个便宜，你便宜点吧？"

客户分析：面对这样的砍价，我们总会纳闷，为什么客户不买那个便宜的，其实这个时候客户心里已经比较过了，显然他是更青睐我们这个"贵一点"的，但是又担心买贵了吃亏，那么这时候客服要做的就是增加客户的信任感，坚定他购买的决心。

应对要点：引导客户关注性价比和服务，价格并非唯一因素。

参考回复："亲，我不知道别家店铺的产品是不是与我们一样，是不是正品，但是我们的产品的质量，我们是有信心的。现在以次充好、以假乱真的现象普遍存在，另外，我们还有很完善的售后服务，您有任何疑问可以随时联系我们。"

（四）威逼利诱型

语言特征："一口价，卖的话我就立马给钱，不卖我就去别家买。"

客户分析：遇到这样的讨价不用慌，大部分客户的心理只是不想买贵了吃亏，还有一点就是价格不能让步，不然客户会觉得你怎么还有空间让价，这样反而会使客户信任感降低。

应对要点：冷静，不要被牵着走，坚定自己的价格。

参考回复："这种质量的产品，这个价格的别家真没有的，我包装费都不够，纯粹亏本赚吆喝，我送您一份小礼物吧，本来满58元才送的。"

（五）博取同情型

语言特征："我还是学生（刚参加工作），掌柜您便宜点吧。"

应对要点：我也很可怜。

参考回复："现在的生意也难做呀，竞争也激烈，其实大家都不容易，何苦彼此为难呢？请亲也理解一下我们的苦衷吧，好吗？"

课堂小实训 4-2-3

以下有两种讨价还价的日常方式，根据顾客的语言特征，分析客户心理，寻求应对和回复。

1. 语言特征："哎呀，我身上没带那么多钱，钱包里刚好就只有这么多钱（正好是他提出的金额）。"

_____

2. 语言特征："其他的什么都好，就是价格太贵！"

_____

知识链接

怎样应对购买者讨价还价能力加强的威胁

如果某个市场中购买者的讨价还价能力很强或正在加强，该市场就没有吸引力。购买者便会设法压低价格，对产品质量和服务提出更高的要求，并且使竞争者互相斗争，所有这些都会使销售商的利润受到损失。

如果购买者比较集中或者有组织，或者该产品在购买者的成本中占较大比重，或者产品无法实行差别化，或者顾客的转换成本较低，或者由于购买者的利益较低而对价格敏感，或者顾客能够向后实行联合，购买者的讨价还价能力就会加强。

销售商为了保护自己，可选择议价能力最弱或者转换销售商能力最弱的购买者。较好的防卫方法是提供顾客无法拒绝的优质产品供应市场。

参考答案

本任务中"课堂小实训"参考答案详见二维码。

技能实训4-2

模拟商务谈判讨价还价策略实施

1. 训练目的和要求

会根据具体谈判任务，实施相应的讨价还价的方法和策略，进行讨价还价设计。

2. 场景设计

卖方：天津朝阳电器公司。

买方：巴西 PS 公司。

天津朝阳电器公司是我国生产工业电源的一家大型合作公司，现有 AG 电池 50 000 块库存在压，这些电池已经不再生产了，去年这种型号的电池曾以 35 美元/块出售过，考虑到产品更新换代快，公司决策层为了加快资金周转速度，已考虑将这批积压电池清仓处理。广交会如期开幕，公司决策层授权给公司销售中心将这批积压的小型电池也挂牌出售。并明示这批电池 25 美元/块即可成交。巴西 PS 公司是一家中间商，同时也做合作加工生产，为了完成与另一家电动车厂的合作，联系加工生产，也派员来我国广州参会。在其间与朝阳公司有了几次接触与磋商。广交会闭幕的前一天，PS 方代表再次来到天津朝阳公司的展台，主动报价 18 美元/块，需购进 40 000 块，并明确表示即期付款成交。目前双方优劣情况如下。

（1）买方优劣势分析 （巴西 PS 公司）

巴西 PS 公司核心利益：报价 18 美元/块，预想购进 40 000 块。这是我方必须争取的核心利益。这样可以保证我方利益最大化，使资金得到最充分的利用，还可以在谈判过程中，促成双方公司的长期合作关系。

优势：①能够即期付款成交；②在其间与朝阳公司有了几次接触与磋商，并把握住主

动权。劣势：①有一家美国的加工合作的中间商也想要这批电池，有潜在竞争对手；②合作供货商较少，且之前的供货商提供的货物质量不是很好。

（2）卖方优劣势分析（天津朝阳电器公司）

天津朝阳电器公司核心利益：将库存积压的积压产品 AG 电池清仓处理，同时获得最大利益。因为产品更新换代速度快，在资金周转速度方面的考虑下，清仓处理无疑能够使公司利益最大化。

优势：①公司知名度高，是中国生产工业电源的一家大型合作公司；②AG 电池口碑好，曾以 35 美元/块出售过；③清仓处理价格降低。劣势：①电池已经停止生产，库存积压量大；②产品更新换代速度快；③为加快资金周转速度，急于清仓处理。

将班级学生分为若干实训小组，每组确定一名小组负责人。各组根据场景需要进行角色分配，模拟进行如何讨价还价，使谈判顺利进行。

3．训练准备

（1）收集、整理有关谈判对手的信息，了解谈判对手的谈判风格。
（2）提前酝酿和明确价格底线。
（3）分析买方优劣势。
（4）分析卖方优劣势。

4．训练实施

（1）根据已收集信息，分析谈判双方实力，了解双方的谈判态度。
（2）模拟讨价还价演练导入：做好市场调查，了解当时市场的行情、竞争者提供的价格、对方的成本、过去的交易惯例、产品的质量与性能、研究成果、公认的结论等。
（3）熟悉案例的背景和人物，采用恰当的讨价还价策略。
（4）观察对方谈判人员的谈判经验、身份、地位、权限、谈判态度倾向等。
（5）模拟讨价还价，进行开局陈述，表明己方观点和期望，试探对方的谈判条件和目标。
（6）学生互评：每个小组派出一名同学作为裁判组成员，对展示小组进行评价。各小组的组长对本组的表现进行综合点评，分析其优势及不足。
（7）教师点评：老师根据各小组的成员表现及小组协作表现，对各小组进行点评总结。

任务评价

教师组织填写"任务完成情况评价要素表"，对本次实训过程中学生的完成情况进行一个综合评估。

任务完成情况评价要素表

组别：　　　　　　　　　　　　　　　　学生姓名：

序　号	考　核　点	分　值	得　分
	小组评价	共20分	
1	出勤情况	2	
2	态度与纪律	3	

续表

序 号	考核点	分 值	得 分
3	参与活动时与人沟通的能力	5	
4	参与讨论的积极性	5	
5	团队合作的表现	5	
	本人评价	共40分	
6	了解讨价与还价的作用、讨价的次数	3	
7	熟悉讨价与还价的方法	5	
8	掌握讨价还价的策略	6	
9	学会分析谈判的形势	6	
10	能正确分析顾客讨价还价的类型	8	
11	能运用讨价还价的策略模拟实训	12	
	教师评价	共40分	
12	商务谈判讨价还价知识的掌握	20	
13	商务谈判讨价还价技能的掌握	20	
	本次实训分数小计（总分100分）		
	累计积分账户		

累计积分账户说明：90～100分积5分；80～89分积4分；70～79分积3分；60～69分积2分；60分以下积1分。

任务三 谈 判 让 步

121

案例导入

严控让步幅度，顺利拿下格力大金

珠海格力大金精密模具有限公司是珠海格力电器股份有限公司和日本大金工业株式会社合资成立的大型专业精密模具公司。近几年来，格力大金生产的模具成品遍及全球，以尖端品质、一流技术，享誉全球模具市场。为了扩大生产，格力大金准备新购一批3D打印机用于模具生产，总数在300台左右。此次的采购计划，让当地的一位3D打印机代理商得知了，他便派手下的销售人员小张负责跟进。

1. 自我核算，掌握价格底线

小张发现一台3D打印机的总成本是2250元，公司一贯的利润点就是20%，于是，他很快算出了此次成交的最低价为81万元。

2. 投石问路，了解客户出价底线

为了了解格力大金公司的承受价格，小张开玩笑讲："王经理这次打算购进一批什么档次的机器啊，各个档次的价位可是差好多啊，一台能差出500元左右呢……"王经理便说："我们可没打算买那么贵的，再过5年又得换一批，能使个四五年就行了。"此时，小张心中有点数了：此次的采购基本上锁定在中档产品，我报的单价不能高于高档的机器的价格。

3. 讨价还价，控制好让步的幅度值

小张看王经理也是一个比较爽快的人，在前期让价 150 元，接着又让价 50 元。最终坚持 3 300 元为最低价。为了让王经理接受这个价格，小张主动拿出一张对比表，上面记录了同档次的三家品牌的价位、服务、维修等各项标准。王经理通过对比发现：小张提供的产品价格高 100 元，但是维修时间长了 2 年，而且三个月内无条件换货。

看到王经理还在犹豫中，小张很清楚原因，但是价格方面已经不能再让步了，可是要想让王经理与自己成交，似乎还需要做点让步。于是他与总部商量了一下，可免费为王经理他们提供价值 5 000 多元的打印材料。

小张将这个消息告知了王经理，并声明这是他的最后一次让步，如果可以接受就马上签订合同，安排送货，如果还不行，那就让其再找几家看看……

王经理综合权衡了一下，提出让小张负责监督安装调试工作，这本也是小张的分内之事。正是因为小张善于控制让步幅度，最终为公司多争取了 3 万多元。

知识储备

让步或妥协，在谈判上并非是失败的表现。相反，妥协在某种情况下也是一种行之有效的谈判策略，懂得在适当的时机做出让步来换取己方利益，恰恰是谈判成功的先决条件。但妥协并不是无原则的退让，商务谈判中必须坚持正确的让步原则，选择恰当的让步方式，才能做出有效让步。

一、让步的基本原则

（一）让步的时机原则

让步时机的选择会影响让步的效果。如果让步过早，会使对方误认为是"顺带"得到的小让步，这将会使对方得寸进尺；如果让步过晚，对方可能失去耐心和信心，使得谈判容易陷入僵局，当陷入僵局后才做出让步，这对控制谈判结果不利。一般来说，让步的主要部分应放在成交之前，以影响成交条件；而处于次要的、象征性的让步则放在最后时刻作为最后的"甜头"，以促成交易。

让步也可以选择在双方最需要的时候做出。让步通常意味着妥协和某种利益的牺牲，因此，不是迫不得已，绝不要轻易让步。让步应有明确的利益目标，让步的根本目的是保证和维护己方欲得利益。通过让步从对方那里可以获得利益补偿，或者是"放长线钓大鱼"，换取对方更大的让步；或者是巩固和保持己方在谈判全局中的有利局面和既得利益。无谓的让步，或者是以让步作为赢得对方好感的手段都是不可取的。

（二）让步的节奏原则

让步必须控制好轻重、频率和幅度。有经验的谈判人员，为了争取主动，保留余地，一般不首先在原则问题、重大问题，或者对方尚未迫切要求的事项上做出让步。明智的做法是尽量让对方在原则问题、重大问题上首先做出让步，而己方则在对方的强烈要求下，在非原则的次要的较小的问题上适当让步。

让步次数不宜过多，过多不仅意味着利益损失加大，而且也影响信誉、诚意和效率。

让步频率不宜过快，过快容易鼓舞对方的斗志和志气；让步幅度不可太大，太大反映了己方条件"虚头大，水分多"，会使对方进攻欲更强，进攻更猛烈。

一家制造企业的老总准备和工会领导展开对话，涉及的最大问题是涨工资问题。工会要求涨4%，而公司只想涨1%。这位老总研究了一下形势，过去的几次谈判中，双方都极力要占领有利的位置，并多次假装威胁拒绝继续谈下去，这总是会浪费好几个星期的时间，而最终不过是双方都妥协达成意料中的结果。

如果你是企业老总，你准备如何与工会谈判？可以使用让步的什么原则进行谈判磋商？请同学们演练出来。

_____

_____

（三）让步的对等原则

让步的对等原则是指谈判双方在磋商中应强调利益的"交换"。也就是说，以己方的让步换取对方的让步。"交换"让步要保证交换的现实性和必要性。

（1）现实性。现实性是指在己方做出让步后，一定要等待和争取对方有相应的回报，在没有得到对方回报前，不要做出第二次让步。

（2）必要性。必要性是指"交换"让步是以利益和必要性为依据的，不可因为对方让步，我方就一定要让步。要评估对方的让步是不是我方真正需要的条件，如果对方做出的让步并不是我方所需要的，那么就不必做出相应的让步来回应。

在谈判磋商中，只有双方都付出了自己艰苦努力，用了较长时间，花费了巨大精力，使出了浑身解数，才会对所获得的结果更加珍惜。因此，谈判让步不要轻易做出，即便对方提出的要求在我方谈判计划规定的让步范围之内，也要进行多个回合的讨价还价，拖延答应的时间，在对方觉得几乎不可能的情况下才做出让步。

二、让步的一般方式

谈判的让步原则，强调要正确地控制让步的次数、频率与幅度，即不可让步过多、过快、过大。而在实际谈判中，其"量"的概念是无法具体规定的，让步方式也不可能有成规可循。因为让步方式会受到交易特性、市场需求状况、谈判策略以及谈判时的客观环境等系列因素的影响。

让步方式分析

假如你准备出售一辆二手车，刚开始的报价是 55 000 元，而你的心理底价是 45 000 元，所以，谈判空间是 10 000 元。然而让出这 10 000 元的方式却非常关键。例如，本案能出现的 8 种让步方式，如表 4-3-1 所示。

123

表 4-3-1　本案例可能出现的 8 种让步方式

让步方式	让步尺度	第一次让步	第二次让步	第三次让步	第四次让步
1	10 000	0	0	0	10 000
2	10 000	2 500	2 500	2 500	2 500
3	10 000	1 000	2 000	3 000	4 000
4	10 000	3 500	3 000	2 000	1 500
5	10 000	4 500	3 500	1 500	500
6	10 000	5 500	4 000	0	500
7	10 000	5 500	4 500	-500	500
8	10 000	10 000	0	0	0

★**案例启示**：表中的 8 种让步方式在实际中都有可能出现，而其中的几种错误让步方式可能会给谈判带来许多障碍，谈判者要慎重使用。

（一）错误的让步方式

1．最后一次让步的幅度过大

在表 4-3-1 中的让步方式 4 中，双方经过反复磋商，然后你告诉对方："这是我的底线，我不可能再让 1 分钱了。"可问题是，总额为 10 000 元的让步空间，你第一次让步 3 500 元，第二次让步 3 000 元，第三次让步 2 000 元，最后一次让步 1 500 元。对方认为 1 500 元绝对不是最后一次让步，可能会断定至少还有 500～1 000 元的让步。他会告诉你："好了，看来我们没什么好谈的了。如果你能再让 1 000 元的话，我想我们还可以继续谈。"你却一口拒绝，告诉对方，你连 50 元都不会再让了，因为你刚才给出的已经是自己的底线了。这时候对方可能真的会拂袖而去，因为他可能会想："你刚刚让了 1 500 元，现在居然连 50 元都不肯让。为什么这么不讲情面呢？"所以，最后一次让步的幅度千万不能太大，因为很可能会让对方对你产生敌对情绪。

在表 4-3-1 中列示的 8 种让步方式中，前 4 种让步方式都存在这样的问题，特别是让步方式 1，前面三步都没有丝毫让步，而最后一步却让出全部，金额达到 10 000 元。如果对方能够坚持到第四步，而且获得了这样大幅度的让步，一定会继续提出让步要求。

2．等差让步

在表 4-3-1 中的让步方式 2 中，采用的是等差让步方式，即你通过每次让步 2 500 元的方式分 4 次让出了 10 000 元。想象一下，如果你这样做的话，你的对手会怎么想。对手并不知道你到底会把价格降到多少，他只知道一点，你每让一步，他就可以省下 2 500 元，所以他会要求你不断让步。事实上，千万不要进行两次幅度相同的让步。

3．一开始就全让出去

在表 4-3-1 中的让步方式 8 中，是一种需要避免的一次让步到位方式，即谈判一开始就把 10 000 元全部让掉。一开始就把所有的利润一次过让出，这种方法也是不明智的，把

价格一降到底会给买主造成强烈的印象，并对你期望大大提高，并会让你继续减价。但接下来卖主毫不让步，容易造成相持不下的僵局。你可能会想："我怎么会做出那么愚蠢的事情呢？"其实这完全有可能。

案例 4-3-2

狡猾的二手车买家

一位昨天刚看过你汽车的人给你打电话："我们从 3 家二手车经营者那里选了 3 辆二手车，都很喜欢，所以现在最关键的就是价格。我们想，最公平的做法就是让你们 3 家同时出价，然后我们挑选价格最低的那家。"

★**案例启示：**除非你是一个非常有经验的谈判高手，否则你会大为震惊，并立刻把价格降到最低。即便如此，对方也并没有保证你不会再次遭遇竞价。

再如，对方还有一种方法也可以让你把价格一降到底。他们会告诉你："我们不喜欢谈来谈去，给个痛快价吧！" 事实上，当他和你说这番话时，本身就是在砍价，想看看能否在一开始就把价格降到最低。所以你千万当心，不要被对手一脸的诚意所迷惑，一定要坚持己方最初设计好的让步策略，把握好让步节奏。

案例 4-3-3

会撒谎的采购商

你正在争取一名新客户，只见你的对手一脸认真地告诉你："告诉你我们是怎么做生意的吧。我们公司的创始人就说过：'一定要认真对待我们的供应商，千万不要讨价还价。让他们报上最低价，然后告诉他们我们是否接受。'这么多年来，我们一直是这么做的。所以你只要告诉我们最低价格就可以了，我们会痛快地告诉你答案。因为我们不喜欢讨价还价。"

★**案例启示：**这位采购商是在撒谎，他很喜欢讨价还价。事实上，当他和你说这番话时，本身就是在砍价，想看看能否在一开始就把价格降到最低。

---

4. 让步幅度由小变大

在表 4-3-1 中的让步方式 3 中，因为对对手不是很了解，先进行小幅让步来试水，看看对方会有什么反应，这是谈判桌上常用的让步策略。例如，当对方提出让步要求时，你可能告诉对方："好吧，我可以把价格降低 1 000 元，但不能再降了。"如果对方表示反对，你可能会想："看来这场谈判并不像我先前想得那么容易。"接着你再降了 2 000 元。对方还是不满意，于是在下一轮谈判中，你又降低了 3 000 元。最后，你干脆将剩下的空间 4 000 元全部降了。

看看你都做了些什么，一开始还是小幅让步，但是慢慢地，你让步的幅度越来越大。按照这样的方式谈判，你永远都不可能与对方达成交易，因为他们每次要求你降低价格时，你都给了他们更大的惊喜，所以他们就会不停地要求你降价。之所以会出现这样的问题，就是因为你一开始就在对方的心目中确立了一种让步的模式。

对于以上错误的让步，一定要避免。那么，哪些正确的让步方式是可以采取的呢？

（二）正确的让步方式

1. 让步幅度由大变小

做出让步的最佳方式之一就是在开始时，首先答应做一些有利于达成交易的合理让步。

例如，在表 4-3-1 中的让步方式 5 中，让步空间为 10 000 元，开始是让 5 500 元还是让 4 500 元呢？应该都可以，这没有统一的规定，占到整个让步空间的 40%～50%就可表明让步一方合作的诚意了。但一定要记住，在随后的让步中一定要逐渐减少让步幅度。减少让步幅度实际上是在告诉对方，这已经接近你所能让出的最大限度了。

为了检验一下这种方法到底有多大的效果，我们可以回想一下小时候向家长要零花钱的经历。当你是个孩子时一定以各种理由向家长要过零花钱吧。例如，跟同学一起去郊游，你对妈妈说："妈妈，你能不能给我 100 元。"妈妈则告诉你："没门儿，我像你这么大时，一周只有 5 元零花钱，而且还要帮家里扫地、洗碗才能获得。你一次就要 100 元，不可能，最多给你 50 元。"

你开始讨价还价，说："50 元根本不够，要跟同学一起去郊外野炊，现在东西好贵呢。"此时，妈妈与你之间确立了一个谈判范围，你要 100 元，妈妈只给 50 元。谈判还在继续，数目逐渐提高到 60 元，然后是 65 元、67.5 元。当妈妈把数目提到 67.5 元时，你就知道这已经是极限了。妈妈通过逐步减少让步幅度，在潜意识里已经告诉你，她已经不可能再继续增加了。

知识链接

关于让步幅度的应对策略

在谈判的过程中，一定要时刻保持警惕。要留意对手对你做出的让步幅度，并仔细记录下来。但千万不要因为对方让步的幅度缩小而感觉对方已经接近底线。他可能只是在对你使用这种策略而已。你必须明确报价的依据，明确对方的起点价是否有水分，然后必须进行深入分析，找出要求继续让步的理由。

2. 收回让步

如果你正在向客户推销一种商品，你的报价是每件 18 元，而客户还价为每件 12 元。你们经过多个来回的磋商，最后双方都认为 14.5 元的价格比较合理。这时客户可能会想："我从 18 元降到了 14.5 元，我想还有可能降到 14 元。"于是说道："你看，现在生意很不好做，我想除非你能把价格降到 14 元，否则我实在没法做这笔生意。"

然而，他可能只是在引诱你，想看看你是否有可能把价格再降，千万不要害怕，更不要为了保住这笔交易而立即做出让步。你可以告诉他："我也不能确定能否答应你的要求。这样吧，我先向销售经理请示一下，看看能否接受你的条件，明天再回答你。"第二天，你告诉客户："非常不好意思，我们商量了一整晚，结果发现，我们的一位工作人员犯了一点小错，我们当初的成本估算出了点问题。现在我对我们昨天商定的价格 14.5 元恐怕都无法答应，我们现在所能接受的最低价格是 15 元。"这其实是使用了典型的权力有限和让步收回的红脸—白脸策略，虚构了销售经理这样一个更高层次的权威，而自己仍然是站在客户这边的，只是权力有限，没有办法。

这时客户会做出何种反应呢？他很可能会大发雷霆："什么？昨天谈的可是 14.5 元，我们只能接受 14.5 元。"这样，客户再也不提 14 元了。这正中己方下怀，有效地阻止了对

方的进攻。

收回让步，不只是一味地纠缠于价格，也可以通过收回其他交易条件来达到同样的目的。为了阻止对方进攻，我们可以使用收回让步的 4 种常见话术，如图 4-3-1 所示。

1　我知道我们正在讨论安装费用问题，可昨天向领导汇报后，领导告诉我，按照这种价格，我们不可能提供安装。

2　我知道我们讨论的价格包括送货费，但财务部门的成本核算人员告诉我，就这种价格来说，如果还免费送货，我们不仅完全没有利润可言，而且还要亏损。

3　我知道你需要60天账期，可如果是这种价格的话，我们希望你能够把账期缩短到30天。

4　是的，我的确承诺过能调整培训费用，但请示公司领导后，领导告诉我，如果你们只能接受这种价格的话，我们就必须另收培训费。

图 4-3-1　收回让步的 4 种常见话术

但是必须记住，千万不要收回那些比较重要的条件，因为这样很可能会惹怒对方，使得可能的合作破裂。如果对方在谈判过程中始终抱有善意，则不应使用这种诡诈方式来结束谈判。只有当你感觉对方一直在通过谈判榨取你的所有利润，直接把你逼到底线，或者虽然对方也想与你达成交易，可他心里却在想"如果我多花一点时间和他谈下去的话，不知道一个小时可以赚到多少钱"时，才可以考虑使用这种策略。

收回已经做出的让步就像是一场赌博，但它可以督促对方做出决定，而且通常可以决定一笔生意的成败。因此，收回让步策略谨慎使用。

知识链接

关于收回让步的应对策略

你可能会遇到这种情形，一位服装销售人员告诉你："这样吧，我请示一下经理，看看能不能再给你便宜一点。"之后他会回来告诉你："非常抱歉，你相信我们刚才一直讨论的竟然是特价产品吗？我本来以为特价活动还在进行，可这个活动上周六就已经结束了，所以就连刚才商定的价格我们都无法接受。"这时，你马上就会忘记自己刚才让对方再做出让步的要求，恨不得立刻以对方第一次报出的价格达成交易。但是，请一定要记住，千万不要让这种事情发生。当有人对你使用这种策略时，不要紧张，一定要坚决要求对方先解决好自己内部的问题。告诉对方，他必须确定谁有权力做出最终的决定，然后双方再展开真正的谈判。

假如你是卖衣服的，你的一位顾客看中了你们店铺里的一条真丝裙子，你开价210元，顾客很喜欢裙子，但嫌价位高，她正在跟你讨价还价，你准备减价60元，分4期完成，可以有多种不同的减价方式，表4-3-2是卖方可能的减价表。

表4-3-2　卖方减价表

减价方式	第一期减价	第二期减价	第三期减价	第四期减价
1	0	0	0	60
2	15	15	15	15
3	8	13	17	22
4	22	17	13	8
5	26	20	12	2
6	49	10	0	1
7	50	10	+1	-1
8	60	0	0	0

请你指出该减价表中的8种减价方式，哪些正确？哪些错误？并说明正确或者错误的原因。

三、迫使对方让步的策略

（一）制造竞争策略

制造竞争策略是指在谈判中为了迫使对方让步，可以虚拟一种竞争态势，给对手施加压力。例如，在货物买卖中，如果卖方希望对买方施加压力，可以虚拟同时与多家买家联系，采取招标方式来选择谈判对手。如果是买方制造竞争，可以虚拟同时与多家供应商联系，选择最有利的一家先谈，并同时告诉卖方，市场上还存在一些可替代产品。

虚拟竞争者必须让对手相信，通常需要采取故布疑阵策略，发布虚假信息以假乱真。例如，故意在谈判桌上或谈判休息室内留下一些"重要"谈判文件，或者让谈判团队之外的人员采用不经意的方式透露谈判的某些"机密"。

酒店大堂经理发布的信息

长沙一家重型机械制造商，最近正在与国外一家机械设备进口公司举行一笔大单业务谈判。磋商进入僵持阶段后，重型机械制造商总经理想出了一个办法，让进口商下榻酒店的大堂经理作为一名客串，为其发布竞争信息。一日，大堂经理看见进口商代表正在酒店大堂休息，他故意提高声音说："前台，刚接到某某重型制造商电话，本周五要订5个豪华间，有一个国外代表团来企业洽谈业务。"进口商一听，心想：制造商的产品还很有市场，竞争对手来了之后，我们不一定能够采购到产品，夜长梦多，还是赶快签订合同吧。第二天重上谈判桌时，进口商态度转变很大，双方很快就签订了大单合同。

但进口商根本没有想到，原来根本就没有什么其他国外代表团来企业洽谈业务，这

一切只不过是制造商企业总经理的一个布局而已。

★**案例启示：**案例中重型机械制造商总经理让进口商下榻酒店的大堂经理作为一名客串，为其发布竞争信息，他巧妙地虚拟了一种竞争态势，无形中给对手施加了压力，巧妙地运用了制造竞争策略迫使进口商让步。

知识链接

应对策略

当对方宣称自己与多家合作伙伴有业务往来时，你不要轻易信以为真，要相信自己的实力。同时要有心理准备，你可以选择其他合作伙伴，因为同样我也可以选择对手。你可以这样回应对手制造的竞争策略：我们很清楚贵公司的实力，能与你们合作，这是我公司的荣幸。我们在同行中也是一家不错的企业，你们选择与我们合作，这说明贵公司很有眼光。我们其实也收到了许多公司的合作邀请，但是考虑到贵公司的合作诚意，所以，我们首先选择与贵公司进行洽谈。

（二）虚张声势策略

过分的要求并不一定表示实力强大，但却有可能动摇对方的信心，迫使其修改自己的期望，降低自己的目标和要求。虚张声势策略是指谈判双方在谈判开始时都会提出一些并不期望能实现的过高要求，然后随着时间的推移，双方再通过让步逐步修正这些要求，最后在两个极端之间的某一点上达成协议。

采用虚张声势策略时，双方都可能将大量的条件放进议事日程，其中大部分是虚张声势，或者是想在让步时给对方造成一种错觉，似乎自己已经做出了巨大牺牲，但实际上只不过是舍弃了一些微不足道的东西。

129

知识链接

应对策略

谈判桌上永远不要相信首次报价，应根据己方掌握的情报信息，认真分析对方提出的要求，巧妙揭露对方虚报的价格和条件，挤掉水分；坚定己方最初的目标，"咬定青山不放松"，认真估算对方让步带给己方的利益和己方让步给对方带去的利益；要坚持"让步"交换，即在获得对方让步前，绝不轻易再次让步。

（三）"红脸—白脸"策略

"红脸—白脸"策略，是指在谈判中一方由谈判代表提出苛刻的条件和要求，给对方施加压力；而当气氛变得紧张时，又有谈判代表做出让步，给对方台阶，以获得对方更大的让步作为回报。这样软硬兼施，一人唱红脸，一人唱白脸。

例如，在索赔项目谈判中可由财务谈判人员唱红脸，计算损失及分析损失对企业造成的损害，向对方提出较大数额的赔偿，一点都不能松动；甚至语气强硬，表示如果对方不赔，己方可能诉诸法律，同时取消合同等强硬态度，让对方感到压力。但谈判还要继续，这时主谈会用稍平和的语气来缓和紧张气氛，让对方感到，只要做出适当让步，还是有希

望挽回合作的。

这时，主谈会这样说："我相信我们双方都不愿意走到这一步。基于以往友好的合作关系，以及未来合作的美好前景，我们可以考虑共同承担这次损失。但是毕竟你方违反了合同，延期交货是事实。虽然遇到了不可抗力，从某些方面可以部分免责，但这次损失实在太大了，希望双方按责任大小共同分摊损失。"财务谈判代表唱的是红脸，而主谈唱的则是白脸。

知识链接

应对策略

当有人对你使用"红脸—白脸"策略时，不妨尝试使用以下策略进行应对。

（1）识破对方策略。虽然应对"红脸—白脸"策略的方法不止这一种，但很可能你只知道这一条就够了。你一旦指出对方的把戏，他就会觉得非常尴尬。当对方使用"红脸—白脸"策略时，不妨微笑着告诉对方："哦，你不是在和我玩'红脸—白脸'游戏吧？好了，坐下吧，别玩了。"通常情况下，对方由于尴尬就立刻停止了。

（2）你也可以制造自己一方的红脸。比如说，你可以告诉对方你也想满足他们的要求，可问题是，你也需要对自己的上司负责。除了谈判桌上的红脸，你还可以虚构一些比谈判桌上的红脸更加强硬的红脸。

（3）你不妨在谈判一开始就直接告诉对方："我知道你是来扮演红脸的，但我建议你不要这样做。我想我们都想解决眼前的问题，为什么不想办法找到一个双赢的方案呢？"通过这种方式，你可以达到先发制人的目的。

（四）吹毛求疵策略

吹毛求疵策略是指一种先用苛刻的虚假条件使对方产生疑虑、压抑或无望等心态，以大幅度降低对手的期望值，然后再在实际谈判中逐步给予优惠或让步。由于双方的心理得到了满足，便会做出相应的让步。该策略由于先用"苦"降低了对方的期望，再用"甜"满足了对方的心理需要，因而很容易实现谈判目标，使对方满意地签订合同，己方也可以从中获得较大利益。

案例 4-3-5

我要为不需要的制冰器付费吗？

一天，王先生到商场欲购买一台冰箱。售货员为他做了全面介绍后，他就开始询问其中一款的价格，售货员告诉他这款冰箱的价格为 3 500 元。

王先生说："你看，这冰箱的漆都刮了。"

售货员说："根本看不出来啊。"

王先生说："虽然只有一点点划伤，但它毕竟是新冰箱，心里总是不爽吧。有瑕疵的货物不是按规定可以打折吗？"

没等售货员回答，王先生接着问道："这种型号的冰箱有几种颜色？"

售货员回答："有 10 种。"

"可以看看样品手册吗？"王先生问。

售货员立刻拿出手册给王先生看了。王先生选中了其中的一种颜色说道："这种颜色与我家厨房颜色非常相配，而其他颜色都显得达不到这种效果。不对，我留意过了，非常遗憾的是，你们现货中没有这种颜色的冰箱。颜色不搭，而且价格又那么高，这很不合情理。如果不能调整一下价格，我只得考虑去别的商场看看了。"

王先生说完，又打开冰箱门看了看，问道："这冰箱附有制冰器吗？"

售货员赶忙答道："是的，这个制冰器可以 24 小时为你提供冰块，一小时只要花 2 分钱电费。"售货员以为王先生会喜欢这个附件。不料，王先生说："这太不巧了，我们全家人肠胃都不太好，医生说最好不要吃冰。你可以把这个制冰器拆下来吗？"

售货员只好回答："制冰器是无法拆下来的，它与冰箱门连在一起了。"

王先生习难道："制冰器对我毫无用处，我却要为它付钱，这无法让人接受。另外你们的冰箱有这么多缺陷，为什么价格不能便宜点呢？"

售货员对王先生提出的这些无理要求虽然无可奈何，但最终也只好降价，满足了王先生的要求。

然而，王先生把冰箱买回家后，每天都在用制冰器，不仅制冰块，还用来制冰棒。原来他们的家人不能吃冰不是真的，只是为了降价随便找的一个理由。

★**案例启示**：案例中王先生巧妙应用了吹毛求疵策略。先用"苦"降低了售货员的期望，再用"甜"满足了对方的心理需要，因而很容易就迫使售货员降价出售冰箱。

（五）攻心夺气策略

攻心夺气策略是指谈判一方采用某种言行使对方心理产生舒服感或感情发生软化，以使对方妥协退让的一种策略。攻心夺气策略的表现方式分两种极端：一种极端是愤怒，在谈判桌上抓住对方的说话漏洞或某些不妥行为，大发脾气，让对方感到手足无措，给对方造成巨大的心理压力，特别当对手是新手或软弱型的谈判者时更为奏效；另一种极端是示弱，让对方产生同情心理，然后做出较大让步。

但是，无论是采取发脾气给对方制造压力，还是采取示弱方式让对方产生同情，这都不是一种原则型的谈判方式。这种策略一旦被对手识破，很难奏效，因此并非长期合作策略。

（六）得寸进尺策略

得寸进尺策略是指一方在争取对方一定让步的基础上，再继续进攻，提出更多的要求，以争取己方利益。这种策略的核心是：一点一点地要求，积少成多，以达到自己的目的。运用这种策略存在一定的冒险性，如果一方压得太紧，要求太高，就有可能激怒对方，使其固守原价，甚至加价，以进行报复，从而使谈判陷入僵局。

这种策略主要适用于以下情况：一是对于出价低的一方，有较明显的议价优势；二是进行科学估算，确信对方出价的水分较多；三是知道一些不需要的服务费用被包括在价格之中；四是掌握市场行情，即在某一商品行情疲软的情况下，可采取这种策略。

（七）最后期限策略

最后期限策略是指在谈判过程中，规定谈判结束的最后时间节点。这一策略可以有效

地督促双方的谈判人员集中精力抓住成交时机，及时促成交易。在谈判过程中我们发现双方所做出的80%的让步都是在最后20%的谈判时间里完成的。因此，利用时间压力可以让人们更容易做出让步。

为什么会出现这种情况呢？因为在通常情况下，当一场谈判拖延太久时，你的潜意识会冲你发出尖叫："你在这次谈判上花了这么多时间，千万不要就这样空着手回去。一定要谈出点什么结果!"所以每次遇到这种情况，你都可能做出一些新的让步。最后期限提出时，开始并不能引起对方的关注。但是随着这个期限的逐渐迫近，加之提出期限一方的不断暗示和表明立场，对方内心的焦虑就会不断增加。如果对方对成交抱有很大期待，并且大部分议题已经完成，最后期限策略的使用可以促使对方加大让步，及时签约。

因此，在谈判过程中，对于某些双方一时难以达成妥协的棘手问题，不要操之过急，需要善于运用最后期限的力量，规定谈判的截止日期，向对方展开心理攻势。必要时，我方还可以做出一些小的让步，给对方造成"机不可失，时不再来"的感觉，以此说服对方，达到我方的目的。

知识链接

应对策略

优势谈判高手知道，无论谈判进行到何种地步，你都应该把自己已经投入的时间成本和金钱看成沉没成本，应当完全忽视它们。无论你们是否达成协议，你所投入的时间和金钱都无法收回。所以一定要冷静地审查眼前的谈判条款。要反复告诫自己："我应该忘掉自己已经投入的时间和金钱，重新开始谈判!"

如果你感觉自己很难接受对方提出的条件，一定要立刻停止，千万不要犹豫。记住一定不要因为那些已经投入的时间和金钱而做出让步，因为你将失去的可能会比你已经投入的更多。

课堂小实训 4-3-3

深圳鼎泰化工有限公司需要引进一条化工产品生产线，因此派人到日本进行考察。经过反复论证，鼎泰公司认为日本的化工产品生产线技术、质量均属世界一流。该厂决定购买日本生产线，但他们与日本驻华办事处谈判人员多次谈判，均未达成协议。其原因是，日方自恃产品优良，要价太高，且谈判态度强硬，傲气十足。我方敏锐地意识到，如果要攻克谈判僵局，并以优惠价格购买到日方产品，必须首先粉碎日本人非我莫属的优势心理。

作为鼎泰公司的谈判代表，你打算用什么策略促使日本人做出让步呢？请一位学生扮演深圳鼎泰公司谈判代表，另一位学生扮演日方谈判代表，模拟谈判磋商的过程。

参考答案

本任务中"课堂小实训"参考答案详见二维码。

技能实训4-3

模拟商务谈判让步策略实施

1．训练目的和要求

根据谈判让步的原则和一般方式，实施相应的让步策略，在谈判磋商中尽量达到少让步并达成交易。

2．场景设计

我国某机械进出口公司（买方）欲订购一台设备，在收到了报价单并经过估计之后，决定邀请拥有生产该设备先进技术的某西方国家的客商（卖方）前来我国进一步洽谈。双方已收集信息，获得如下资料。

（1）卖方的报价单所列的价格是该设备需要20万美元。事实上，卖方最低能接受的价格是14万美元（买方不知道该最低价）。

（2）买方的开盘价是10万美元。事实上，14万美元是买方的最高价（卖方不知道该最高价）。

将班级学生分为若干实训小组，每组确定一名小组负责人。某些小组扮演买方的谈判小组。某些小组扮演卖方的谈判小组。请各小组根据已收集到的信息，制定谈判磋商策略，各方需要进行报价及制订让步方案，卖方需要确定每次减价额，买方需要确定每次加价额。并根据该报价及让步方案进行模拟谈判磋商，使谈判顺利进行。

买卖双方出价及减价幅度表

轮回次数	卖方出价	买方出价	卖方递减额	买方递增额
第一回合	20	10		
第二回合				
第三回合				
第四回合				
第五回合				

3．训练准备

（1）重温技能训练任务一，总结模拟报价的经验，分析存在的问题。

（2）重温技能训练任务二，总结磋商阶段讨价还价的经验，分析存在的问题。

（3）收集磋商中需要的资料和信息。

（4）模拟谈判小组要对磋商的议题、让步方式及策略进行设计；制订磋商的具体实施方案；明确我方需要的条件，可以做出的让步；预计对方可能做出的让步和可能提出的要求。

133

（5）在进行模拟磋商实训之前，预测对方在磋商中可能提出的问题和将运用的策略，并设计好应答和准备好对策。

4．训练实施

（1）模拟谈判的主方应在课前 10 分钟布置好谈判室。

（2）续谈时需要重温双方的感情，注意续场礼仪。

（3）回顾上次模拟报价完成的议题，协商确定磋商的议程。

（4）掌握好节奏，谨记急者败、慢者胜的经验。

（5）注意沟通的语言艺术，少说多听，能问不答。

（6）遵守谈判让步的原则，选择正确的让步方式，在磋商中注意策略和技巧的运用。

（7）注意团队的分工协作，不要让主谈唱独角戏，也不要抢别人的戏。

（8）学生互评：每个小组派出一名同学作为裁判组成员，对展示小组进行评价。各小组的组长对本组的表现进行综合点评，分析其优势及不足。

（9）教师点评：老师根据各小组的成员表现及小组协作表现，对各小组进行点评总结。

任务评价

教师组织填写"任务完成情况评价要素表"，对本次实训过程中学生的完成情况进行一个综合评估。

任务完成情况评价要素表

组别：　　　　　　　　　　　　　　　　　　学生姓名：

序　号	考　核　点	分　值	得　分
	小组评价	共20分	
1	出勤情况	2	
2	态度与纪律	3	
3	参与活动时与人沟通的能力	5	
4	参与讨论的积极性	5	
5	团队合作的表现	5	
	本人评价	共40分	
6	了解让步的原则	4	
7	熟悉让步的一般方式	6	
8	掌握让步的策略	6	
9	能预计对方提出的要求，设计让步的方式，准备充分	6	
10	选择让步方式恰当，让步节奏和幅度适中	8	
11	在磋商阶段能够巧妙地运用迫使对方让步策略	10	
	教师评价	共40分	
12	商务谈判让步知识的掌握	20	
13	商务谈判让步技能的掌握	20	

序　号	考　核　点	分　值	得　　分
	本次实训分数小计（总分100分）		
	累计积分账户		

累计积分账户说明：90～100分积5分；80～89分积4分；70～79分积3分；60～69分积2分；60分以下积1分。

任务四　处理谈判僵局

案例导入

广东与美国关于玻璃生产线事宜

　　广东玻璃厂厂长与美国欧文斯公司就引进先进的玻璃生产线一事进行谈判。双方在部分引进还是全部引进的问题上陷入了僵局，我方的部分引进方案美方无法接受，我方遭到拒绝。这时，我方首席代表虽然心急如焚，但还是冷静分析形势，如果我们一个劲儿说下去，就可能会越说越僵。于是他聪明地改变了说话的战术，由直接讨论变成迂回说服。"全世界都知道，欧文斯公司的技术是一流的，设备是一流的，产品是一流的。"我方代表转换了话题，从微笑中开始谈天说地，先来一个诚恳而又切实的赞叹，使欧文斯公司由于谈判陷入僵局而产生的抵触情绪得以很大程度的消除。"如果欧文斯公司能够帮助我们广东玻璃厂跃居全中国一流，那么全中国人民很感谢你们。"这里刚离开的话题，很快又转了回来，但由于前面说的那些话，消除了对方心理上的对抗。"美国方面当然知道，现在，意大利、荷兰等几个国家的代表团，正在与我国北方省份的玻璃厂谈判引进生产线事宜。如果我们这次的谈判因为一点点的小事而失败，那么不但是我们广东玻璃厂，而且更重要的是欧文斯公司方面将蒙受重大的损失。"同时，指出谈判万一破裂将给美国方面带来巨大的损失，完全为对方着想，这一点对方不容拒绝。"目前，我们的确有资金方面的困难，不能全部引进，这点务必请美国同事们理解和原谅，而且我们希望在我们困难的时候，你们能伸出友谊之手，为我们将来的合作奠定一个良好的基础。"这段话说到对方心里去了，既通情，又达理，不是在做生意，而是朋友间的互相帮助，因此迅速就签订了协议，打破了僵局，问题迎刃而解，为国家节约了大量外汇。

135

知识储备

　　谈判在进入实际磋商阶段之后，谈判各方往往会由于某种原因而相持不下，陷入进退两难的境地，即陷入谈判僵局。谈判僵局之所以经常出现，其原因就是在商务谈判中，双方观点、立场的交锋是持续不断的；当利益冲突变得不可调和时，僵局便出现了。当僵局出现以后，必须进行迅速的处理，否则就会对谈判顺利进行产生影响。出现僵局不等于谈判破裂，但它严重影响谈判的进程，如不能很好地解决，就会导致谈判破裂。本任务详细地分析了商务谈判过程中僵局产生的原因，提出了解决谈判僵局的处理原则，以及相应的处理方法。商务谈判的成功与否，主要取决于谈判人员的综合素质，希望商务谈判者能够

活学活用，具体问题具体分析，从而突破谈判僵局。

一、分析僵局产生的原因

谈判僵局是指在商务谈判过程中，当双方对所谈问题的利益要求差距较大，各方又都不肯做出让步，导致双方因暂时不可调和的矛盾而形成的对峙，而使谈判呈现出一种不进不退的僵持局面。在谈判中谈判双方各自对利益的期望或对某一问题的立场和观点存在分歧，很难形成共识，而且都不愿做出妥协向对方让步时，谈判进程就会出现停顿，谈判即进入僵持状态。谈判僵局出现后对谈判双方的利益和情绪都会产生不良影响。谈判僵局会有两种后果：一种是打破僵局继续谈判，另一种是谈判破裂，当然第二种结果是双方都不愿看到的。形成谈判僵局的原因具体如下。

（一）双方立场观点对立争执导致僵局

在讨价还价的谈判过程中，如果双方对某一问题各持自己的看法和主张，意见分歧，那么，越是坚持各自的立场，双方之间的分歧就会越大。这时，双方真正的利益被这种表面的立场所掩盖，于是，谈判变成了一种意志力的较量，当冲突和争执激化、互不相让时，便会出现僵局。

案例 4-4-1

云南省小龙潭发电厂，就 6 号机组脱硫改造项目跟丹麦公司签订了一系列脱硫改造，改造后检测结果，烟囱排放气体并未达到合同所承诺的技术指标。该电厂与丹麦公司为此事进行交涉，要求对方进行经济赔偿。索赔谈判前，发电厂方在确认责任方面做了大量调研和数据收集工作。根据调研结果，对照合同中的条款和参数最终认定应由丹麦公司负责。在脱硫剂石灰上，丹麦的国家制度规定石灰原料由国家提供，而我国则由企业提供。丹麦公司认为，脱硫效率低是我方未提供合适的石灰造成，我方应负一定责任。在正式谈判中，双方在责任问题上各执一词，谈判出现了僵局。

★**案例启示**：该谈判的关键，是责任归属问题，只有分清了责任双方才能根据损害程度就赔偿范围、金额等进行协商。否则一旦双方诉诸于仲裁或法律诉讼时，则不仅伤害了双方感情而且成本很高。我方在处理僵局时，以合同条款为依据进行责任区分，并尊重对方的感情，采用有效的退让策略，有望使问题在友好的谈判气氛中得到解决。

（二）沟通障碍导致僵局

沟通障碍就是谈判双方在交流彼此情况、观点，洽商合作意向、交易的条件等的过程中，所可能遇到的由于主观或客观的原因所造成的理解障碍。常见的沟通障碍有以下 3 种。

（1）由于双方文化背景差异，一方语言中的某些特别表述难以用另一种语言表述而造成误解。

案例 4-4-2

某跨国公司总裁访问一家中国著名的制造企业，商讨合作发展事宜。中方总经理很自豪地向客人介绍说："我公司是中国二级企业……"此时，翻译人员很自然地用"Second—Class Enterprise"来表述。不料，该跨国公司总裁闻此，原本很高的兴致突然冷淡下来，敷衍了几句立即起身告辞。在归途中，他抱怨道："我怎么能同一个中国的二流企业合作？"

美国商人谈及与日本人打交道的经历时说："日本人在会谈过程中不停地'Hi''Hi'，原以为日本人完全赞同我的观点，后来才知道日本人只不过表示听明白了我的意见而已，除此之外，别无他意。"

★案例启示：从以上案例可见，一个小小的沟通障碍，会直接影响到合作的可能与否。

（2）一方虽已知悉却未能理解另一方所提供的信息内容。

即使一方完全听清了另一方的讲话，做了正确的理解，而且也能接受这种理解，但仍并不意味着就能完全把握对方所要表达的思想。

案例 4-4-3

一次关于成套设备引进的谈判中，某市的谈判班子对外方所提供的资料做了研究，认为对方提供的报价是附带维修配件的，于是按此思路与外方进行了一系列的洽谈。然而在草拟合同时，发现对方所说的附带维修配件，其实是指一些附属设备的配件，而主机配件并不包括在内，需要另行订购。这样，我方指责对方出尔反尔，而对方认为我们是故意作梗。事后中方仔细核对原文才发现，所提及的"附带维修配件"只是在谈到附属设备时出现过。而中方误以为对所有设备提供配件。

★案例启示：这种僵局是完全由于我方未能正确理解对方的意见，做了错误的判断所造成的。

（3）一方虽已理解却不愿接受这种理解。

因为他是否能够接受现实，往往受其心理因素的影响，包括对对方的态度、与对方以往打交道的经历，以及个人的偏见或成见等。

案例 4-4-4

我国曾获得一笔世界银行某国际金融组织贷款，用以建筑一条二级公路。按理说，这对于我国现有筑路工艺技术和管理水平来说是一件比较简单的事情。然而负责这个项目的某国际金融组织官员，却坚持要求我方聘请外国专家参与管理。这就意味着我方要大大增加在这个项目上的开支，我方表示不能同意。我方在谈判中向该官员详细介绍了我们的筑路水平，并提供了有关资料。

★案例启示：这位官员虽然提不出疑义，但由于以往缺乏对中国的了解，或是受偏见支配，他不愿放弃原来的要求，因此谈判陷入了僵局。

（三）利益合理要求的差距导致僵局

许多商务谈判与此相仿，即使双方都表现出十分友好、坦诚与积极的态度，但是如果双方对各自所期望的收益存在很大差距，那么谈判就会搁浅。当这种差距难以弥合时，那么合作必然走向流产，僵局便会产生。

案例 4-4-5

有一家百货公司，计划在市郊建立一个购物中心，而这块土地使用权归赵家村所有。百货公司愿意出价 100 万元买下使用权，而赵家村却坚持要 200 万元。经过几轮谈判，百货公司的出价上升到 120 万元，赵家村的还价降到 180 万元，双方再也不肯让步了，谈判陷入了僵局。赵家村是为了维护村民的利益，因为农民以土地为本，失去了这片耕地的使用权，他们就没有了选择。于是村里想要多集资一些钱来办一家机械厂，解决农民出路问题。

而百货公司是为了维护国家利益，因为百货公司是国有企业，让步到 120 万已经是多次请示上级后才定下的，他们想在购买土地使用权上省下一些钱，用于扩大商场规模。这时谈判已陷入僵局。

★**案例启示：**其实谁也没有过错，从各自角度看，双方坚持的成交条件也是合理的，只是双方合理要求差距太大。

（四）谈判人员失误导致僵局

由于谈判人员对信息的理解受其职业习惯、受教育的程度以及为某些领域内的专业知识所制约，表面上看，谈判人员对对方所讲的内容似乎已完全理解了，但实际上这种理解却常常是主观、片面的，甚至往往与信息内容的实质情况完全相反。

知识链接

沟通障碍还可能因表达者本身的表达能力有限造成。在不少国际商务谈判中，由于翻译人员介于其中，双方的信息在传递过程都要被转换一次，这种转换必然要受到翻译人员的语言水平、专业知识、理解能力以及表达能力等因素的影响。

宝洁公司规定给高层管理者的报告或备忘录不得超过 2 页纸，采用 KISS 准则——"Keep it short and simple"。

除此以外，对文字材料的不同理解也是双方沟通中产生误解的原因之一。谈判双方对确定以何种文本的合同为准，合同条款如何措辞都会非常谨慎，双方都想避免由于对合同的不同理解而造成对自身的不利影响。

课堂小实训 4-4-1

你想到一家公司担任某一职务，你希望年薪 2 万元，而老板最多只能给你 1.5 万元。老板如果说"要不要随便你"这句话，就有攻击的意味，你可能扭头就走。而老板不那样说，而是这样跟你说："给你的薪水，那是非常合理的。不管怎么说，在这个等级里，我只能付给你 1 万元到 1.5 万元，你想要多少？"很明显，你会说"1.5 万元"，而老板又好像不同意说："1.3 万元如何？"你继续坚持 1.5 万元，谈判陷入短暂僵局，其结果是老板同意了。

1. 导致这场谈判陷入僵局的原因是什么？

_____

_____

2. 谁是这场谈判的最终获利者？

_____

_____

二、谈判僵局处理的原则

（一）冷静地理智思考

谈判者在处理僵局时，要能防止和克服过激情绪所带来的干扰。一名优秀的谈判者必须具备头脑冷静、心平气和的谈判素养。只有这样才能面对僵局而不慌乱。只有冷静思考，才能理清头绪，正确分析问题。充分考虑到双方潜在的利益到底是什么，从而理智地克服一味地希望通过坚持自己的立场来"赢"得谈判的做法。

（二）协调好双方的利益

当双方在同一问题上发生尖锐对立，并且各自理由充足，双方既无法说服对方，又不能接受对方的条件，从而使谈判陷入僵局时，应认真分析双方的利益所在，只有平衡好双方的利益才有可能打破僵局。让双方从各自的目前利益和长远利益两个方面来看问题，使双方的目前利益、长远利益做出调整，寻找双方都能接受的平衡点，最终达成谈判协议。

（三）避免争吵

知识链接

商务谈判的企业并非都实力相当，经常存在着洽谈双方一方强、一方弱，一方大、一方小等差别，这种情况往往容易使双方在进入谈判时角色定位产生偏差。所以避免谈判僵局，要保持以下几点。

（1）要有一个合理的心态。

① "饱而不贪"；② "饥而不急"；

③ "荒而不慌"；④ "争而不松"。

（2）要注意控制和调节情绪。

（3）持有欣赏对方的态度。

（4）语言适中，语气谦和。

中国桂林风情旅行社邀请马来西亚一家旅行社洽谈一笔国际旅游业务。经双方约定，于某日上午十点在桂林榕湖饭店进行洽谈。由于马来西亚旅行社代表是第一次到桂林，对桂林的美景流连忘返，以致路上耽搁了时间，晚到了一个小时。在商讨价格时，因双方提出的交易条件与价格相差较大，中方代表有点不悦，谈判中失去耐心来了情绪，说话声音过高，且在条件与价格方面不肯做出让步。而马方代表年纪较大，认为中方代表的言语举动对他们不礼貌不尊重。在享用午宴过程中，中方代表为了增进双方感情，拿出接待贵宾专用酒茅台并极力劝说马方代表饮用，又由于中方忽略了马来西亚旅行社代表是穆斯林，在午宴中点了青菜，但忘记嘱咐厨师不要用猪油来炒，被马方认为没有诚意，生气地离开了，致使谈判陷入了僵局。

1. 分析导致僵局的原因。

2. 你该如何打破僵局，促成合作？

三、打破谈判僵局的方法

谈判中并不是自始至终都是一帆风顺的，出现僵局也是情理之中的事。谈判的僵局看似"山穷水尽疑无路"，但只要找出问题所在，是能够"柳暗花明又一村"的。事实上，许多谈判之所以陷入僵局，常常是基于谈判双方在立场、感情、原则上存在着一些分歧，而这些分歧通过谈判者的努力，打通心理渠道，逾越人为障碍，是能够取得谈判成功的。

（一）以退为进法

这个方法从表面上看，谈判一方退让或妥协、委曲求全，但实际上退却是为了以后更好地进攻，或实现更大的目标。在谈判中运用这一方法较多的形式是，谈判一方故意向对方提出两种不同的条件，然后迫使对方接受条件中的一种。如："我方出售产品享受优惠价的条件是批量购买两千件以上，或者是预付货款百分之四十，货款为两次付清。"在一般情况下，对方要在两者之间选择其一。这种策略如果运用得当，效果十分理想。采用这一策略时，要认真考虑后果，既要考虑退一步后对自己是否有利，又要考虑对方的反应如何，没有十分把握，不要轻易使用这一策略。

美国一家大型航空公司要在纽约城建立航空站，想要求爱迪生电力公司以低价优惠供应电力，但遭到了电力公司的拒绝，并推托说这是公共服务委员会不批准，因此谈判陷入了困境。后来，航空公司索性不谈了，声称自己建电厂划得来，不依靠电力公司而决定自己建设发电厂。电力公司听到这一消息，立刻改变了原来的谈判态度，主动请求公共服务委员会从中说情，表示给予这类新用户优惠价格。到这个时候，电力公司才和航空公司达成协议。从此以后，这类大量用电的客户，都享受相同的优惠价格。

★案例启示：这场谈判本来一开始的时候主动权在电力公司手里，当时航空公司主动找上门来，请求电力公司供电，可是，当时电力公司拒绝了航空公司的请求。之后，航空公司耍了一个花招，声称自己要建电厂，给电力公司以压力。电力公司如果失去这

一大客户，将意味着损失一大笔钱，于是，急忙改变了态度，同意以优惠的价格供电。这时，主动权又重新回到了航空公司，从而迫使电力公司再降低价格。这样，航空公司先退却一步，然后前进了两步，生意反而做成了。

（二）适时休会法

谈判出现僵局，双方情绪都比较激动、紧张，会谈一时也难以继续进行。这时，提出休会是一个较好的缓和办法，东道主可征得客人的同意，宣布休会。双方可借休会时机冷静下来，仔细考虑争议的问题，也可以召集各自谈判小组成员，集思广益，商量具体的解决。如果休会策略运用得当，能起到调节谈判人员精力、控制进程、缓和谈判气氛的作用。那什么时候提出休会比较恰当呢？

1．谈判进入某阶段尾声时休会

当会谈的某一阶段接近尾声时，正好双方也在某一问题上出现分歧，产生了僵局，这时可以提出休会。休会可使双方借休息之机，分析讨论这一阶段的情况，预测下一阶段谈判的发展，提出新的对策。

2．谈判双方出现低潮时休会

当谈判出现低潮时，谈判人员可能出现疲劳，精力难以集中，这时显然不利于继续进行谈判，因此可适当休会，休息之后再继续谈判。

3．谈判出现僵局时休会

在会谈出现僵局时，由于谈判各方的分歧加大，出现了僵持不下的局面时，这时可采用休会策略，促使双方有机会冷静下来，客观分析问题，而不至于一味沉浸于紧张的气氛中，这不利于问题的有效解决。

4．谈判一方出现不满情绪时休会

当谈判一方出现不满情绪时，为避免对方采取消极态度对待双方应有合作意愿的谈判时，就应进行休会，调整气氛，以利于谈判的顺利进行。

5．谈判出现疑难问题时休会

当谈判出现疑难问题时，如果一时难以解决，应及时休会，各自进行协商，提出处理办法。这是一种很好的避免谈判障碍的方法。

（三）调停仲裁法

调停仲裁法，就是指由第三方作为中间调解人，调解人拿出一个新的双方都能接受的方案来打破僵局。当谈判双方严重对峙，陷入僵局时，双方的信息交流则会出现严重的障碍。当谈判双方互不信任，甚至各怀偏见时，谈判是无法继续进行下去的。所谓"当局者迷，旁观者清"，谈判双方之外的第三人即中间人在充分听取各方辩解和谈判要求后，能快速、准确地发现双方的分歧点，分析其产生的原因，并提供解决这种分歧的建议。某些情况下，谈判双方之所以自己不能提出双方都满意的建议，是因为双方都只站在自己的角度来考虑问题，只考虑自己的利益，有种"不识庐山真面目，只缘身在此山中"的感觉。

案例 4-4-7

　　黑帮题材电影中，两派势力谈判时往往需要有德高望重的第三方调停大佬，如今有些类似的情况就出现在了当前的 NBA 劳资谈判中。在刚刚结束的最新一次会谈中，尽管还没有传来决定性的好消息，但在联邦调停人乔治·科恩的努力下，谈判氛围已避免了此前频繁出现的争吵局面，会谈正在向着积极的方向发展。此前刚进行过长达 16 小时的马拉松式谈判且没有取得实质进展，NBA 周边舆论对本次会谈也没有抱盲目乐观的态度，但微妙的变化还是出现了——在谈判进行近 7 个半小时后，联盟总裁大卫·斯特恩、首席法律顾问约尔·利特文以及凯尔特人老板格鲁斯贝克一度离开，这几人专门开了一个资方内部小会。在过去几个月的谈判过程中，这样的"离席"场景出现，往往就意味着会谈中出现争吵甚至崩盘局面，不过这次斯特恩等人的一度离场是很平静的，并没有影响到会议氛围，属于会议所需。在资方小会结束后，斯特恩等人又回到了谈判桌前，此后调解人科恩宣布周三的会议告一段落，劳资双方将在美国时间周四继续谈判。从会谈氛围上来看看，双方已有进步。正是科恩的出现，在他的积极努力下，会谈保持了相对和谐的气氛，首先就是避免了此前动辄就会出现的争吵局面。Yahoo 体育表示："谈判能出现如今的平稳气氛是令人振奋的，应该感谢谁？显然就是科恩。"

　　★**案例启示：**在政治事务中，特别是国家间、地区间冲突中，由第三者做中间人进行斡旋，往往会获得意想不到的效果。商务谈判完全可以运用这一方法，来帮助双方有效地消除谈判中的分歧。当谈判双方进入立场严重对峙、谁也不愿让步的状态时，找位中间人来帮助调解，有时能很快使双方立场出现松动。当出现了比较严重的僵持局面时，彼此间的感情可能都受到了伤害。因此，即使一方提出缓和建议，另一方在感情上也难以接受。在这种情况下，最好寻找一个双方都能够接受的中间人作为调解人或仲裁人。

（四）人员调整法

　　当谈判双方产生对立情绪，并且矛盾不可调和，谈判方可采取人员调整法打破僵局。有时候，谈判出现僵局，并非是因为谈判双方的利益冲突，有可能是谈判人员自身的原因造成的。如果在法律谈判的过程中，谈判人员为了利益剑拔弩张，不顾一切地、无休止地进行争论，甚至进行人身攻击，势必会两败俱伤，谈判难以继续进行下去，所以谈判陷入僵局在所难免。并且，这种情况即使进行休会，或采取其他缓和措施，也难以从根本上解决矛盾。这种局面，往往是谈判人员的谈判方式或个人处理问题的能力造成的，谈判人员将对解决问题产生的分歧发展为了双方个人之间的矛盾。

　　临时更换谈判人员，暗示着将谈判陷入僵局的原因归责于谈判人员，其成了使谈判陷入僵局的"替罪羊"。这是一种让己方冲回谈判桌，缓解谈判紧张的对峙气氛的策略。不仅如此，这也是我方改变谈判策略、自我调整，准备握手言和的信号，将激励对方为达成谈判而做出相应的让步。

案例 4-4-8

甲方采购部的主任因生产需要想要向乙方购买一批羊毛，由于物价上涨，乙方给出的价格有点高，甲方想再让对方压低一下价格，如果要以乙方的价格购买的话甲方将赚不到什么钱了，在一番激烈而又紧张的谈判之后，谈判进入了僵局，甲方乙方都不愿做出让步。甲方知道以他们的底线是不可能给予乙方更多让位的，可回头经过分析觉得乙方是个不错的合作对象，为了促使这笔生意的成功，甲方向上级领导请示，希望由公司总经理出面与乙方谈判。甲方采购部主任因此再次安排了一场饭局，乙方看到甲方的代表换成了公司的总经理，觉得甲方诚意十足。在饭桌上，甲方总经理做出了让步，愿意每斤羊毛加价 2.5 元，乙方再经过思考后，同意接受此价位，甲方就这样拿买到了这批羊毛。

★**案例启示：**类似这种由于谈判人员自身各种因素造成的僵局，虽经多方努力仍无效果时，可以征得对方同意，及时更换谈判人员，消除不和谐因素，缓和气氛，就可能轻而易举地打破僵局，保持与对方的友好合作关系。这是一种迫不得已的、被动的做法，必须慎重。

（五）以弱求怜法

以弱求怜法也称恻隐术，是一种以装可怜、装为难求得对方的同情，争取合作的方法。在一般情况下，人们总是同情弱者，不愿落井下石，将之置于死地。我们不能装可怜相，不能失国格、人格，但"为难"却是人皆有之，其影响力不小，有时候很能感动没有经验的对手。恻隐术常见的表现形式有：装出一副可怜巴巴的样子，说可怜话，进行乞求，如"这样决定下来，回去要被批评，无法交差""要砍头""我已退到崖边了，再退就要掉下去了""求求你，高抬贵手""请你们不看僧面，看佛面，无论如何帮我一把"。例如：某卖方在其项目虽与买方达成协议但未签合同时，被第三者插入，该卖方愿以更低的价与买方签订合同。买方出于信誉，将形势告诉了卖方并想出可能挽救的措施。卖方估量了买方想出的建议，不想动实质性条件，反复解释，并流下了眼泪。这位年岁不小的代表所淌出的泪水产生了奇效。会谈气氛沉闷了，买方的攻击力被冻住了。在使用这一方法请求合作时，一定注意不要丧失人格和尊严，直诉困难也要不卑不亢。与此类似，有的谈判人员"以坦白求得宽容"。当在谈判中被对方逼得招架不住时，干脆把己方对本次谈判的真实希望和要求和盘托出，以求得对方理解和宽容，从而阻止对方进攻。

（六）适当馈赠法

谈判者在相互交往的过程中，适当地互赠些礼品，会对增进双方的友谊、沟通双方的感情起到一定的作用，也是普通的社交礼仪。西方学者幽默地称之为"润滑策略"。每一个精明的谈判者都知道：给予对方热情的接待、良好的照顾和服务，对于谈判往往产生重大的影响。它对于防止谈判出现僵局是一个行之有效的途径，这就等于直接明确地向对手表示"友情第一"。

所谓适当馈赠，就是说馈赠要讲究艺术，一是注意对方的习俗，二是防止贿赂之嫌。有些企业为了达到自身的利益乃至企业领导人、业务人员自己的利益，在谈判中把送礼这一社交礼仪改变了性质，使之等同于贿赂，不惜触犯法律，这是错误的。所以，馈赠礼物

要在社交范围之内的普通礼物，突出"礼轻情义重"。谈判时，招待对方吃一顿地方风味的午餐，陪对方度过一个美好的夜晚，赠送一些小小的礼物，并不是贿赂，提供这些平常的招待也不算是道德败坏。如果对方馈赠的礼品比较贵重，通常意味着对方要在谈判中"索取"较大的利益。对此，要婉转地暗示对方礼物"过重"，予以推辞，并要传达出自己不会因礼物的价值而改变谈判态度的信息。

（七）场外沟通法

谈判会场是正式的工作场所，容易形成一种严肃而又紧张的氛围。当双方就某一问题发生争执，各持己见，互不相让，甚至话不投机、横眉冷对时，这种环境更容易使人产生一种压抑、沉闷的感觉和烦躁不安的情绪，无法使谈判继续进行下去。在这种情况下，可暂时停止会谈或组织双方人员进行游览、观光、出席宴会、观看文艺节目等活动，也可以到游艺室、俱乐部等地方消遣，把绷紧的神经松弛一下，缓和双方的对立情绪。这样，在轻松愉快的环境中，双方自然也就放松了。更主要的是，通过游玩、休息、私下接触，双方可以进一步熟悉、了解，消除彼此间的隔阂；也可以就僵持的问题继续交换意见，寓严肃的讨论和谈判于轻松活泼、融洽愉快的气氛之中。这时彼此心情愉快，谈判桌上争论了几个小时无法解决的问题、障碍，在场外也许会迎刃而解。

（八）以硬碰硬法

当对方通过制造僵局，给己方施加太大压力时，妥协退让已无法满足对方的欲望。此时，己方应采用以硬碰硬的办法向对方反击，让对方自动放弃过高的要求。总之，要想处理好谈判中出现的僵局，就要对僵局的前因后果进行周密的研究，然后在分析比较各种可能的选择之后，才能确定实施某种或某几种技巧的组合。

各种技巧运用得是否成功，从根本上讲，还是要归结于谈判人员的经验、直觉和应变能力等因素，从这种意义上讲，僵局处理是谈判的科学性和艺术性相结合的产物，在分析、研究和制定技巧方面，科学的成分多一些，而在具体运用上，艺术的成分多一些。在具体谈判中，最终采用何种技巧应该由谈判人员根据当时、当地的背景和形势来决定。

知识链接

僵局能够促成谈判双方的理性合作

前面案例说的，赵家村与百货公司在僵局发生后，双方冷静地审视了彼此的利益，赵家村发现失去土地的农民要办一家机械厂谈何容易，而百货公司要扩大商场规模，迫在眉睫需要招募一大批售货员。如果早些将项目谈成，让购物中心建起来，依靠购物中心吸纳大量农村劳动力，既可解决农民谋生问题，又可解决补充售货员的困难，成为双方共同的利益所在。于是，双方就有了共同的目标，很快就找到了突破僵局的方案。

144

课堂小实训 4-4-3

甲乙双方已就有关的交易条件磋商长达 3 个月之久，基本形成了许多一致的意见，但还有一、两个问题需要进一步讨论。此时甲方提议到本地一处风景点的游船上边游览、边协商。结果双方很快签订了合同。

1. 甲方提议是一种什么样的谈判策略？

2. 这一策略主要用在谈判的什么过程中？

3. 使用这一策略会带来哪些好处？

4. 使用这一策略要注意什么问题？

参考答案

本任务中"课堂小实训"参考答案详见二维码。

技能实训4-4

模拟处理谈判僵局

1. 训练目的和要求

根据买卖双方的实际情况，分析买卖双方的优劣情况，根据所学的打破僵局的处理方式，使谈判顺利进行。

2. 场景设计

背景：一位新加坡华裔客商与我国山东某进出口公司谈判大蒜生意。第一轮谈判时，中方报价最低为 720 美元/吨，外商出价最高为 705 美元/吨，而上海嘉定为 710 美元/吨。双方坚持自己立场，没有谈判协议区，谈判陷入僵局。休会三天后，双方重新回到谈判桌前。目前双方优劣情况如下。

买方优劣势分析（新加坡华裔客商）：（1）新加坡华人多，而他的老客户主要是北方人，对蒜味要求越浓越好，山东大蒜虽比上海嘉定大蒜贵点，但蒜味浓，可以卖好价；（2）外商祖籍山东，有家乡情怀，希望长期合作。

卖方优劣势分析（我国山东某进出口公司）：当时正值大蒜收获期，如不及时成交错过收购时机，不但保不住质量，而且收购价格不一定上涨，加上美元对人民币汇率呈上升

趋势，及时结算等于提价，为此，中方愿意让步至 705 美元/吨成交。虽然比上海嘉定卖得便宜些，但基本符合国际市场行情。

将班级学生分为若干实训小组，每组确定一名小组负责人。各组根据场景需要进行角色分配，模拟进行如何打破谈判僵局，让谈判顺利进行。

提示分析要点：（1）休会策略，利用闪避法转移冲突，在双方因为观点、利益或者其他条件僵持不下时，一方或者双方提出休会，让双方平静下来，重新调整思路；（2）拖延时间策略，利用时间来淡化冲突，转换话题，当因为一方语言或者其人员素质低下使对方生气，谈判局面出现僵局时，可以换人话题，将正在谈判的议题先放一放。随着时间推移，情绪稳定，僵局自然化解。

3．训练准备

（1）收集、整理有关谈判对手的信息，了解谈判对手的背景、需求和期望。

（2）做好礼仪礼节工作。

（3）提前布置谈判会场，准备好会场设备、座次安排等。

（4）提前酝酿和准备打破谈判僵局。

（5）模拟僵局谈判，营造恰当的谈判气氛，掌握主动性。

4．训练实施

（1）根据已收集信息，分析谈判双方实力，了解双方的谈判态度。

（2）模拟开局导入：入场、握手、介绍、问候、落座。注意开局的礼仪，做到言行、举止大方得体。注意座次礼仪，准确到位。

（3）利用营造气氛的相关要素，营造恰当的谈判气氛，选择合适的方式处理僵局。

（4）观察对方谈判人员的谈判经验、身份、地位、权限、谈判态度倾向等。

（5）模拟处理僵局，表明己方观点和期望。陈述对方的谈判条件和目标。

（6）学生互评：每个小组派出一名同学作为裁判组成员，对展示小组进行评价。各小组的组长对本组的表现进行综合点评，分析其优势及不足。

（7）教师点评：老师根据各小组的成员表现及小组协作表现，对各小组进行点评总结。

任务评价

教师组织填写"任务完成情况评价要素表"，对本次实训过程中学生的完成情况进行一个综合评估。

任务完成情况评价要素表

组别：　　　　　　　　　　　　　　　　　　学生姓名：

序　号	考　核　点	分　值	得　分
	小组评价	共 20 分	
1	出勤情况	2	
2	态度与纪律	3	
3	参与活动时与人沟通的能力	5	

续表

序 号	考 核 点	分 值	得 分
4	参与讨论的积极性	5	
5	团队合作的表现	5	
	本人评价	共 40 分	
6	了解僵局产生的原因	4	
7	熟悉僵局处理的原则	6	
8	掌握僵局处理的方法	6	
9	能根据任务情景内容分析谈判僵局产生的原因	6	
10	能营造恰当的谈判气氛，选择合适的方法处理僵局	8	
11	能模拟处理僵局，表明己方观点和期望，陈述对方的谈判条件和目标	10	
	教师评价	共 40 分	
12	商务谈判僵局处理知识的掌握	20	
13	商务谈判僵局处理技能的掌握	20	
		本次实训分数小计（总分 100 分）	
		累计积分账户	

累计积分账户说明：90～100 分积 5 分；80～89 分积 4 分；70～79 分积 3 分；60～69 分积 2 分；60 分以下积 1 分。

项目导航

请同学们学完本项目后，完成以下思维导图中的填空。

1. 关键知识点回顾

（1）谈判报价又叫发盘或发价。从广义上讲，"价"并非单指价格，而是指包括价格在内的诸如交货条件、支付手段、违约金或押金、品质与检验、运输与保险、索赔与诉讼等一系列内容。从狭义上讲，报价是指双方对所交易的标的物的价格提出的观点。

（2）报价的首要原则：开盘价（也叫第一口价）一定要报出高于自己预期的条件，即卖方报出的开盘价一定是最高价，而买方报出的开盘价一定是最低价。

（3）报价的合理原则：报出的价格既能使己方获得最大利益，同时又要兼顾对方的利益。

（4）报价的明确原则：报价前应该事先制订报价单，将报价的主要内容明确列示出来，以辅助口头报价。报出本方的价格时要坚决果断，表达要清晰、明确，不能含糊，否则就会引起对方的怀疑。

（5）报价的解释原则：谈判人员对己方的报价一般不应附带任何解释说明。即应遵循"不问不答，有问必答，能问不答，避虚就实"的原则。

（6）讨价的方式有三种：①全面讨价，即从总体价格和内容方式方面要求重新报价；②分别讨价，常用于较复杂交易对方第一次改善报价之后，或不便采用全面讨价方式的讨价；③针对性讨价，常用于在全面讨价和分别讨价的基础上，针对价格仍明显不合理和水分较大的个别部分的进一步讨价。

（7）通常还价的方式有两种。一是按比价还价：参照报价，按一定的升降幅度还价。比价

材料丰富且准确，"按比价还价"这种方式，对买方来讲简便，对卖方来讲容易接受。二是按分析的成本价还价：根据成本构成，在比价材料不丰富的条件下，用分析的成本价还价。

（8）讨价的方法：①举证法，举证法也称引经据典法；②求疵法，讨价往往是针对对方报价条款的缺漏、差错、失误而展开的；③假设法，假设法以假设更优惠条件的语气来向对方讨价；④多次法。

（9）让步：让步或妥协在谈判中并不是无原则的退让，也并非是失败的表现。相反，妥协在某种情况下也是一种行之有效的谈判策略。

（10）谈判僵局的定义是在商务谈判过程中，当双方对所谈问题的利益要求差距较大，各方又都不肯做出让步，导致双方因暂时不可调和的矛盾而形成的对峙，而使谈判呈现出一种不进不退的僵持局面。

（11）产生僵局的主要原因有：①双方立场观点对立争执导致僵局；②沟通障碍导致僵局；③利益合理要求的差距导致僵局；④谈判人员失误导致僵局。

（12）打破谈判僵局的方法：①以退为进法；②适时休会法；③调停仲裁法；④人员调整法；⑤以弱求怜法；⑥适当馈赠法；⑦场外沟通法；⑧以硬碰硬法。

2. 填制思维导图

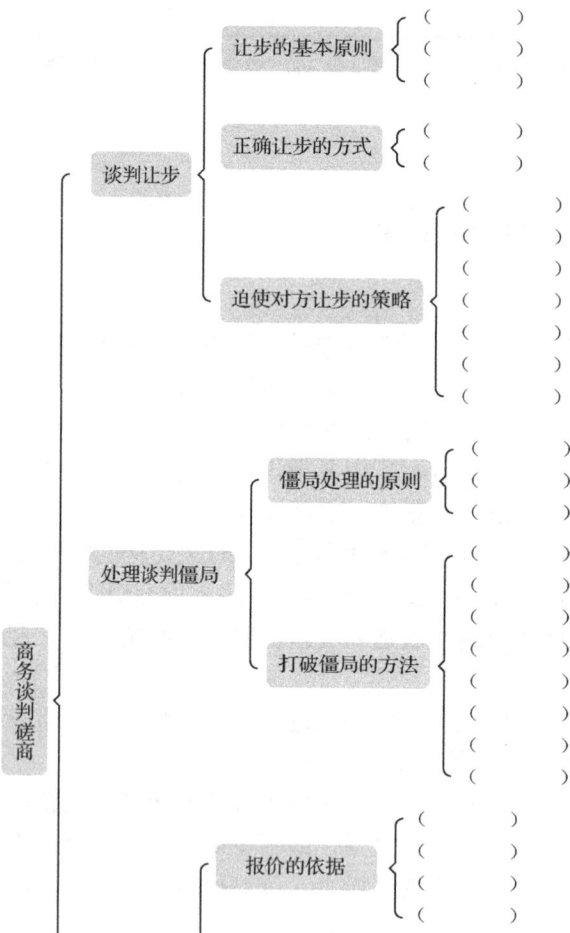

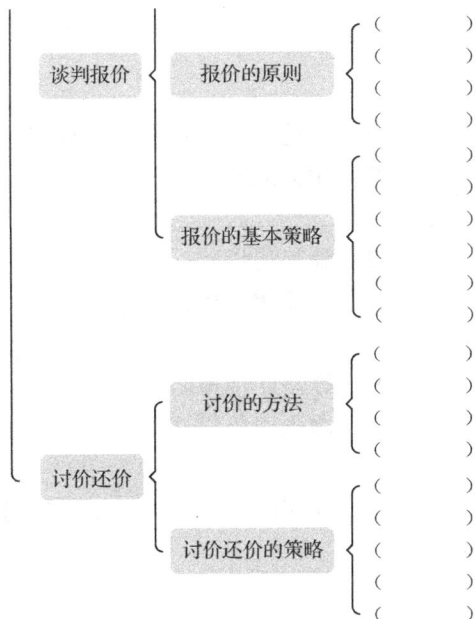

```
                    ┌─ 报价的原则 ─┤ (          )
                    │              │ (          )
          ┌─ 谈判报价 ─┤           └ (          )
          │         │              ┌ (          )
          │         │              │ (          )
          │         └─ 报价的基本策略 ┤ (          )
          │                        │ (          )
          │                        └ (          )
          │                        ┌ (          )
          │         ┌─ 讨价的方法 ─┤ (          )
          │         │              └ (          )
          └─ 讨价还价 ┤              ┌ (          )
                    │              │ (          )
                    └─ 讨价还价的策略 ┤ (          )
                                   │ (          )
                                   └ (          )
```

项目检测

一、单项选择题

1. 开盘价一定要报出高于自己预期的条件，即卖方报出的开盘价一定是最高价，而买方报出的开盘价一定是最低价。这是开盘报价的（　　　）。

    A. 合理原则　　　B. 首要原则　　　　　C. 解释原则　　　　　D. 明确原则

2. 在谈判中，一般要求不问不答、有问必答、能问不答、避虚就实，这是开盘报价的（　　　）。

    A. 合理原则　　　　B. 首要原则　　　　　C. 解释原则　　　　　D. 明确原则

3. 首先报出具有较大余地和谈判空间的价格，然后根据买卖双方的实力对比和该笔交易的外部竞争状况，通过给予各种优惠，如数量折扣、价格折扣、佣金和支付条件上的优惠，逐步达到成交目的。这属于谈判报价中的（　　　）策略。

    A. 西欧式报价　　　B. 日本式报价　　　　C. 加法报价　　　　D. 除法报价

4. 谈判中，一方首先报价之后，另一方要求报价方改善报价的行为被称作（　　　）。

    A. 要价　　　　　　B. 还价　　　　　　　C. 讨价　　　　　　D. 议价

5. 以当时市场的行情、竞争者提供的价格、对方的成本、过去的交易惯例、产品的质量与性能、研究成果、公认的结论等进行讨价还价的方法是（　　　）。

    A. 求疵法　　　　　B. 假设法　　　　　　C. 举证法　　　　　D. 多次法

6. 交易的核心议题是（　　　）。

    A. 价格　　　　　　B. 质量　　　　　　　C. 数量　　　　　　D. 交货方式

7. 下列哪一项不是还价技巧？（　　　）

    A. 感情投资　　　　B. 投石问路　　　　　C. 吹毛求疵　　　　D. 最后通牒

二、多选题

1. 商务谈判报价的依据包括（　　　）。
   A. 商品成本
   B. 市场供求关系及价格动态
   C. 谈判对手的状况
   D. 相关服务

2. 以下属于错误的让步方式的是（　　　）。
   A. 最后一次大幅度让步
   B. 等差让步
   C. 让步幅度由小变大
   D. 让步幅度由大变小

3. 以下属于让步策略的是（　　　）。
   A. 红脸—白脸策略
   B. 等差让步策略
   C. 吹毛求疵策略
   D. 虚张声势策略

4. 讨价的方式有（　　　）。
   A. 坚决讨价　　　B. 全面讨价　　　C. 分别讨价　　　D. 针对性讨价

5. 比较理想的讨价还价具有的特点包括（　　　）。
   A. 谈话范围广泛
   B. 双方有充分回旋的余地
   C. 双方是观点的交锋而不是人员的冲突
   D. 诚心诚意探讨解决问题的途径

6. 产生僵局的主要原因有（　　　）。
   A. 立场观点的争执
   B. 偏激的感情色彩
   C. 人员素质的低下
   D. 信息沟通的障碍

7. 处理僵局的策略有（　　　）。
   A. 休会策略
   B. 私下接触策略
   C. 拖延时间策略
   D. 软磨硬抗策略

8. 谈判僵局处理的原则是（　　　）。
   A. 冷静地理智思考
   B. 协调好双方的利益
   C. 避免争吵
   D. 以硬碰硬

三、简答题

1. 报价的基本策略有哪些？
2. 还价的方法有哪些？
3. 让步的基本原则是什么？
4. 产生僵局的主要原因有哪些？举例说明。
5. 处理僵局的策略有哪些？如何运用这些策略？

四、案例分析

美国一家公司的商务代表迈克到法国去进行一场贸易谈判，受到法国人的热烈欢迎。法国人开着小车到机场迎接，然后，又把他安排在一家豪华宾馆。迈克有一种宾至如归的感觉，觉得法国人的服务水平够棒。安排好之后，法国人似乎无意地问："您是不是要准时搭飞机回国去呢？到时我们仍然安排这辆轿车送您去飞机场。"迈克点了点头，并告诉了对方自己回程的日期，以便对方尽早安排。法国人掌握了迈克谈判的最后期限，只有 10 天的

时间。接下来，法方先安排迈克游览法国的风景区，丝毫不提谈判的事。直到第 7 天，才安排谈判，但也只是泛泛地谈了一些无关紧要的问题。第 8 天再次谈判，也是草草收场。第 9 天仍没有实质性进展。第 10 天，双方正谈到关键问题上，来接迈克上机场的小车来了，主人建议剩下的问题在车上谈。迈克进退维谷，如果不尽快做出决定，那就要白跑这一趟，如果不讨价还价，似乎又不甘心。权衡利弊，为了不至于一无所获，只好答应法方一切条件。

请分析上述案例，并回答以下问题。

（1）法国人获悉迈克的返程日期时，运用了什么谈判技巧？

（2）法国人是如何迫使迈克接受一切谈判条件的？

（3）如果你是迈克，遇到这种情况你会怎么办？

项目五　商务谈判结束

项目描述

从谈判的开局到磋商较量，最后到结束时刻，环环相扣。商务谈判结束阶段是谈判是否成功的关键，主要包括商务交易的促成和商务合同的签订与履行。商务交易促成需要我们学会洞察并把握谈判进入成交阶段的判定标志、谈判的可能结果及终结方式并运用各种策略促成交易。而商务合同是谈判双方经过你来我往多个回合的讨价还价，就商务交往中的各项重要内容完全达成一致以后，为了双方权利与义务关系的固定，取得法律的确认和保护，而签订的具有法定效益的合同文书，它是商务谈判取得成果的标志，也是谈判活动的最终落脚点，合同签订与履行意味着全部工作的结束。

学习目标

知识目标：

➤ 了解商务谈判进入成交阶段的判定标志、商务合同的总体构成及书写原则；
➤ 熟悉商务谈判的可能结果及终结方式、商务合同的签约程序及履行原则；
➤ 掌握商务谈判的促成及其策略、商务合同纠纷的处理。

能力目标：

➤ 能够准确判定并把握交易机会，恰当运用商务谈判的促成策略促成交易；
➤ 能够起草模拟谈判的合同书，安排一场合同签约仪式；
➤ 能够正确处理商务谈判合同纠纷。

项目实施

任务一　促成商务交易

案例导入

捕捉和识别客户的成交信号

前不久，某科技公司研发了一种新型的智能音箱，它既可点播歌曲、购物、了解天气，也可打开窗帘、设置冰箱温度、设置空调温度等，备受年轻消费者的追捧，价格也不算高。李明是该公司的销售员，非常勤奋，沟通能力也相当不错。产品研发后，他立刻联系了几个经销商，他们都产生了浓厚兴趣。

其中一家经销商的采购部主任表现得十分热情，反复向李明咨询有关情况。李明详细、耐心地解答，对方频频点头。双方聊了两个多小时，十分愉快，但李明并没有向对方索要订单。他想，对方对产品的了解尚不透彻，应该多接触几次再下单。

几天之后，他再次和对方联系，补充了上次遗漏的一些优点，对方很是高兴，就价格问题和他仔细商谈了一番，并表示一定会购买。这之后，对方多次与李明联络，显得非常有诚意。为了进一步巩固客户的好感，李明一次又一次地与对方接触，并逐步与对方的主要负责人建立起了良好的关系。他想："这笔单子十拿九稳了。"

但一个星期后，对方的热情却莫名其妙地降低了。再后来，对方还发现了他们产品中的几个小问题。如此拖了近一个月后，这笔到手的单子就这样黄了。

李明为什么失败？是缺乏毅力、沟通不当，还是新产品缺乏竞争力？都不是。关键在于李明没有把握好成交的时机。

知识储备

商务谈判过程要经历开局、摸底、报价、磋商等不同的阶段，但在实际的谈判中如果具备了一定条件，在任何一个阶段都可能达成交易。因此，商务谈判人员须具有一定的成交经验和判断能力，机动灵活，及时准确判断及表达成交意图。

一、商务谈判进入成交阶段的判定标志

在商务谈判的过程中，谈判何时终结？是否已经进入成交的时机？这是商务谈判结束阶段极为重要的问题。谈判者必须准确判定谈判终结的时机，才能运用好结束阶段的策略。错误的判定可能会使双方进入拉锯战，无谓地消耗精力。错误的判定也可能双方不能达成一致的结果，从而使之前的谈判成果付诸东流，丧失成交的机会。表明谈判进入成交阶段的判定标志有以下 4 个。

（一）从谈判涉及的交易条件来判定

这个方法是指从谈判所涉及的交易条件解决状况来分析判定整个谈判是否进入终结。具体如图 5-1-1 所示。

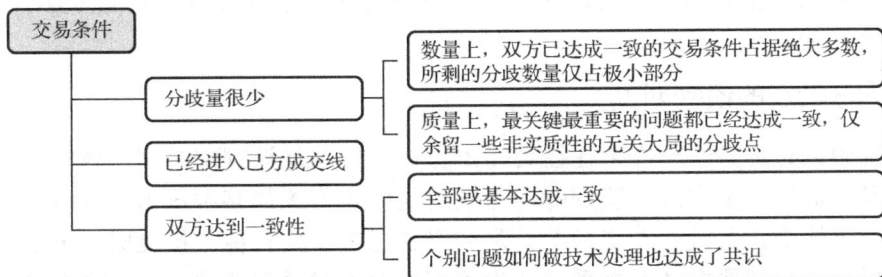

图 5-1-1　从谈判涉及的交易条件来判定成交阶段

1．交易条件中的分歧量很少

从数量上看，如果双方已达成一致的交易条件占据绝大多数，所剩的分歧数量仅占极小部分，就可以判定谈判已进入成交阶段。

从质量上看，如果交易条件中最关键最重要的问题都已经达成一致，仅余留一些非实质性的无关大局的分歧点，就可以判定谈判已进入成交阶段。

2．谈判对手交易条件已经进入己方成交线

成交线是指己方可以接受的最低交易条件，是达成交易的下限。如果对方认同的交易条件已经进入己方成交线范围之内，谈判就进入成交阶段。因为双方已经存在着最低限度达成交易的可能，只要继续努力维护或改善这种状态，谈判就能成功。当然如果能争取到更优惠的条件那是更好的，但是此时不可因强求最佳成果而导致双方重新形成对立的局面，使有利的时机丢掉。因此，谈判交易条件已进入己方成交线时，就意味着成交阶段的开始。

3．双方在交易条件上达到一致性

谈判双方在交易条件上全部或基本达成一致，而且个别问题如何做技术处理也达成了共识，就可以判定为谈判成交阶段的到来。首先，双方在交易条件达成一致，不仅指价格，而且包括对其他相关的问题都有了共识。其次，个别问题的技术处理也应得到双方认可。如果因为个别问题的技术处理不恰当、不严密，导致谈判者在协议达成后提出异议，可能会使谈判重燃战火，甚至使已达成的协议被推翻。因此，在交易条件基本达成一致的基础上，个别问题的技术处理也达成一致意见，才能判定成交阶段的到来。

（二）从谈判时间来判定

1．双方约定的谈判时间

在谈判开始前，双方一起确定整个谈判所需要的时间，据此安排谈判人员和进程。当谈判接近确定时间时，谈判自然进入终结阶段。双方约定的时间要根据谈判规模、内容、环境等因素来具体确定。在约定时间内，如果双方合作意愿较高，利益差异不是很悬殊，就容易达成交易协议，否则就比较困难。如果在约定时间内不能达成交易协议，一般也应按照约定的时间将谈判结束，或另约时间，或宣布谈判破裂，双方再重新寻找新的合作伙伴。按约定时间终结谈判使双方都有强烈的时间紧迫感，促使双方提高工作效率，避免长时间地纠缠一些问题。

2．单方限定的谈判时间

在谈判中占有优势的一方，往往会提出自己可以参加谈判的时间，该时间是判定终结谈判的又一标志。单方限定谈判时间无疑对被限定方施加某种压力，被限定方可以接受，也可以不接受，关键要看交易条件是否符合己方谈判目标。接受时，要防止对方以此向己方提出不合理要求；不接受时，也可利用对方对时间要求，向对方争取更优惠的条件。

3．形势突变的谈判时间

本来双方已经约定好谈判时间，但是在谈判进行过程中形势发生突然变化，如市场行情突变、外汇行情大起大落、公司内部发生重大事件等，谈判者突然改变原有计划，要求提前终结谈判。这是由于谈判的外部环境是在不断发展变化，谈判进程不可能不受这些变化的影响。

课堂小实训 5-1-1

由于工作需要，王伟需要经常出差与各地区代理商谈判。每次下飞机后对方都会首先问他："您计划在此地停留多长时间？"他一般会毫不犹豫地回答："没有具体期限，看谈判的进展情况吧。"对方询问王伟的行程也许是确定谈判日程的需要或者是安排时间陪王伟转转当地的风土人情，但是王伟每次的回答都是没有具体期限。

想一想：王伟这么回答有道理吗？为什么？

（三）从谈判双方发出的成交信号来判断

成交信号是指商务谈判的各方在谈判过程中所传达出来的各种希望成交的暗示。对大多数商务谈判人员而言，如何第一时间识别对方发出的成交信号，在对方发出此类信号时能往成交的方向引导，并最终促成交易，成为所有成功谈判的"必杀技"。

1．成交的语言信号

在谈判过程当中，谈判对手最容易通过语言方面的表现流露出成交的意向，经验丰富的谈判人员往往能够通过对对手的密切观察及时、准确地识别对手通过语言信息发出的成交信号，从而抓住成交的有利时机。比如，他们问一些比较细致的产品问题、打听交货时间、询问产品某些功能及使用方法、询问产品的附件与赠品、询问具体的产品维护和保养方法，或者询问其他老客户的反映、询问公司在客户服务方面的一些具体细则等都是一些成交的语言信号。

课堂小实训 5-1-2

有一家钢材公司在和对方谈生意，当双方在砍价时，一方报出 4 800 元/吨，对方马上叫起来："你怎么能指望我们在 4 500 元/吨以上买你们的商品呢？"

想一想：对方的这一句话输出了什么信息？

2. 成交的非语言信号

（1）成交的行为信号。当对手通过其一定的行为表现出某些购买动机时，谈判人员还需要通过相应的推荐方法进一步增加对手对产品的了解。比如，当对手拿出产品的说明书反复观看时，谈判人员可以适时地针对说明书的内容对相关的产品信息进行充分说明，然后再通过语言上的询问进一步确定对手的购买意向，如果对手并不否认自己的购买意向，那么谈判人员就可以借机提出成交要求，促进成交的顺利实现。

（2）成交的表情信号。对手的面部表情同样可以透露其内心的成交欲望。比如，当对手的眼神比较集中于你的说明或产品本身时，当对手的嘴角微翘、眼睛发亮显出十分兴奋的表情时，或者当对手渐渐舒展眉头时等，这些表情上的反应都可能是对手发出的成交信号，谈判人员需要随时关注这些信号，一旦对手通过自己的表情语言透露出成交信号之后，谈判人员就要及时做出恰当的回应。

课堂小实训 5-1-3

1、客户的眼神是变化无穷的，请在右边选项中选出一个最佳答案填入左边空白处。

（1）当谈话很投机时，眼神会＿＿＿＿＿＿＿＿＿＿。

（2）当他觉得索然无味时，眼神会＿＿＿＿＿＿＿＿。

（3）当他三心二意时，眼神会显得＿＿＿＿＿＿＿。

（4）当他沉思时，眼神会＿＿＿＿＿＿＿＿＿＿＿。

（5）当他下某一决定时，眼神会显得＿＿＿＿＿＿。

| A、呆滞黯然 |
| B、飘忽不定 |
| C、凝住不动 |
| D、不够坚定 |
| E、闪闪发光 |

2、情景题。

一位女士在面对皮衣导购员时，虽然是大热天，她仍穿着皮衣在试衣镜前足足折腾了一刻钟，她走来走去的样子好像是在做时装表演。而当她脱下皮衣时，两手忍不住又去抚摸皮毛，并且面带微笑。

请问，这位女士是否发出了成交信号？如果有，那是哪种成交信号？请说明理由。

＿＿

＿＿

知识链接

无声的语言

在谈判进行过程中，如果对手出现了以下表情，则说明对手希望达成交易。

（1）眉毛由紧锁转变为舒展、上扬，或者嘴角也出现上扬。

眉毛、嘴角上扬是谈判者内心轻松、愉悦的表现。当谈判者认为主要的问题已经得到解决，谈判即将取得成功时就可能出现这种信号。

（2）眼睛不再专注于产品，而是更多地专注于谈判对手。

眼睛不再专注于产品，说明谈判者对产品已经认可。只要其他问题得到解决，成交的可能性就很大。

（3）表情放松，点头增多，微笑增加，同时多用肯定回应对方。

点头是一种积极的肯定；微笑表达的是轻松和友好；多用肯定回应表明疑问已经基本排除，双方产生了相互信任。

（4）身体略向后倾，脸部表情放松。

谈判进入磋商阶段，双方都处于高度紧张状态，为了获得更好的条件和更多的利益，进行讨价还价，身体一般是向前倾或正襟危坐，表明双方谈话内容和方式吸引了对方的注意力，双方都专注于对方的谈话。经过认真交谈，主要议题都基本完成，这时双方身体由前倾改为略向后倾了，脸部表情也开始放松，表明主要条件已经基本谈妥，离成交不远了。

（5）两腿平放，不再重叠。

两腿平放是友好、开放的姿态。两腿交叉重叠则是拘谨、封闭的姿态。两腿由重叠姿态改为平放姿态，意味着谈判气氛由紧张改为轻松，出现了成交信号。

（四）从谈判策略来判定

谈判过程中有多种多样的策略，如果谈判策略实施后决定谈判必然进入终结，这种策略就叫终结策略。终结策略对谈判有最终的冲击力，具有终结谈判的信号与标记的作用。常见的终结策略有以下几种。

1．总体条件交换策略

总体条件交换策略又称一揽子交易策略，是指双方在谈判临近约定的谈判结束时间或阶段时，以各自的交易条件中的不同条款做好坏搭配、捆绑式交易的一揽子的进退交换，以求达成协议。这种策略是比较能平衡双方利益的一项达成交易的策略。在谈判的磋商中，当对方抛出一揽子交易的建议时，通常说明他们希望能以此来结束谈判。

2．最后立场策略

最后立场策略即一种在谈判中以破裂相威胁以达到施压于对方，迫使对方让步的策略。这种最后立场策略可以作为谈判终结的判定。己方阐明自己最后立场，成败在此一举，如果对方不接受该条件，谈判即宣布破裂；如果对方接受该条件，谈判即成功。

3．折中进退策略

折中进退策略是指将双方条件差距之和取中间条件作为双方共同前进或妥协的策略。例如，谈判双方经过多次磋商互有让步，但还存在残余问题，而谈判时间已消耗很多，为了尽快达成一致实现合作，己方提出一个比较简单易行的方案，即双方都以同样的幅度妥协退让，如果对方接受此建议，即可判定谈判终结。折中进退策略虽然不够科学，但是在双方很难说服对方，各自坚持己方条件的情况下，也是力求尽快解决分歧的一种方法。其目的就是化解双方矛盾差距，比较公平地让双方分别承担相同的义务，避免在残余问题上过多地耗费时间和精力。

二、商务谈判的可能结果及终结方式

（一）商务谈判的六个可能结果

商务谈判的结果可以从两个方面来看：一是双方是否达成协议；二是经过谈判，双方关系发生了何种变化。这两个方面是密切相关的，将两者的结果联系起来分析，可以得出以下 6 种谈判结果，如表 5-1-1 所示。

表 5-1-1　商务谈判的可能结果

序　号	交易是否达成	双方关系
1	达成交易	且改善了关系
2		但关系没有变化
3		但关系恶化
4	没有成交	但改善了关系
5		关系也没有变化
6		而且关系恶化

在商务谈判中，谈判双方要努力追求第一种谈判结果，尽量避免第六种谈判结果。

案例 5-1-1

　　一位年轻的数据开发工程师小李谈起他在深圳买房子的经验。当他和售楼小姐杀价到五百八十万，还想再往下杀时，对方的经理出来应战了。这时小李就开始提毛病了，嫌房子光线不足、梁柱不对称等。俗话说，会嫌货的才是会买货的。那经理也心知肚明，最后同意以五百七十万成交，但唯一的条件就是必须当场签订协议。

　　小李说要回去跟家人商量商量，毕竟买房子不是件小事。但经理明确表示，如果出了这个门再回来，价钱就回到五百八十万，绝不二价！

　　因为小李嫌东嫌西，经理已经照小李的要求减价了，并表示："过了这个村就没这个店了。"于是，小李迫于情势，当场就签下了协议。

　　每当他和朋友说起这件事，他都会抱怨那经理为什么不能让他高兴呢？朋友问他，你买这个房子后悔吗？他说，不后悔！朋友问，那贵吗？他说，不贵，附近的房子都要价六、七百万，这房子质量好、价钱优。但因为始终有被经理强迫的感觉，虽然买了，却总觉得经理的方法不妥，使他心里老有疙瘩。

　　★**案例启示**：在这个案例中谈判的结果是达成交易，但关系恶化了。双方谈判的结果虽然是达成了交易，但是双方也为此付出了一定的代价，即双方关系遭到一定的破坏或者是产生了阴影。这种结果从眼前利益来看是不错的，但是对今后的长期合作是不利的，或者说，牺牲了双方关系换取了交易的成果。这是一种短期行为，"一锤子买卖"，对双方长远发展没有好处，但为了眼前的切实利益而孤注一掷也可能是出于无奈。

（二）商务谈判的终结方式

商务谈判终结的方式有 3 种：成交、中止和破裂。如图 5-1-1 所示。

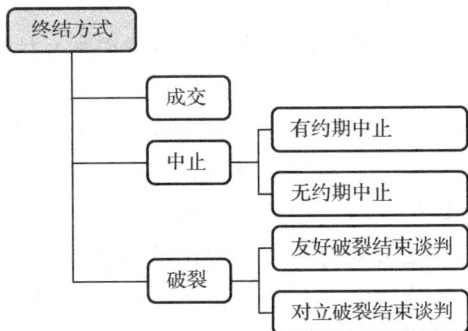

图 5-1-1 商务谈判终结的方式

1. 成交

成交即谈判双方达成协议，交易得到实现。成交的前提是双方对交易条件经过多次磋商达成共识，对全部或绝大部分问题没有实质上的分歧。成交的方式是双方签订协议书，为商务交易活动提供操作原则和方式。

2. 中止

中止是谈判双方因为某种原因，未能达成全部或部分成交协议，而由双方约定或单方要求暂时终结谈判的方式。中止如果发生在整个谈判的最后阶段，在解决最后分歧时发生中止，可以看作谈判终结的一种方式。中止可分为有约期中止与无约期中止。

（1）有约期中止。有约期中止是指在停止谈判时，双方同时约定了恢复谈判的时间或条件的中止形式。如果双方认为成交价格超过了原计划或让步幅度超过了预定的权限，或者尚需等上级部门的批准，使谈判难以达成协议，而双方均有成交的意向和可能，于是经过协商，一致同意中止谈判。这种中止是一种积极姿态的中止，它的目的是促使双方创造条件最后达成协议。

（2）无约期中止。无约期中止是指在停止谈判时，双方没有约定恢复谈判的时间或条件的中止形式。无约期中止的典型是冷冻政策。在谈判中，或者由于交易条件差距太大，或者由于特殊困难存在，而双方又有成交的需要而不愿使谈判破裂，双方于是采用冷冻政策暂时中止谈判。

此外，如果双方对造成谈判中止的原因无法控制时，也会采取无约期中止的做法。例如，涉及国家政策突然变化，经济形势发生重大变化等超越谈判者意志之外的重大事件时，谈判双方难以约定具体的恢复谈判的时间，只能表述为："一旦形势许可""一旦政策允许"，然后择机恢复谈判。这种中止双方均出于无奈，对谈判最终达成协议造成一定的干扰和拖延，是被动式中止方式。

3. 破裂

破裂即双方经过最后努力仍没有达成协议的谈判终止形式。谈判破裂依据双方的态度可分为友好破裂结束谈判和对立破裂结束谈判。

（1）友好破裂结束谈判。友好破裂结束谈判是指双方以相互体谅、相互理解的形式结束谈判。在友好破裂结束谈判的方式中，双方不会彼此仇视，只是各自坚持自己的利益，但同时也能理解对方，认为以后有机会还是可以合作的，正如人们经常说的"买卖不成，仁义在"。

（2）对立破裂结束谈判。对立破裂结束谈判是指双方或单方在一种极度不满、不冷静的情绪中结束未达成任何协议的谈判。引起对立破裂的原因有多种，如：对对方的态度强烈不满；认为对方不合作而要报复对方；双方提出的条件差距太大，互相指责对方；自尊心太强；等等。不论出于何种原因，其后果就是既没达成协议，又使双方关系恶化，今后双方很难有合作的机会，所以尽量不要出现这种情况。

三、商务谈判的促成及其策略

（一）把握交易机会

谈判人员在前期的谈判中，主要是激发谈判对方的合作需求和欲望，并对己方提供的相关合作模式和内容有一个清晰的认识。但是，要想真正促成双方的合作谈判，还需要找准时机，把握绝佳的交易机会，为双方的合作打开大门。那么，如何做才能把握好交易的绝佳机会呢?认真做好以下四点内容，就可以有效抓住交易的机会了。如表 5-1-2 所示。

表 5-1-2　把握交易机会的实施流程说明

序 号	实施流程	要 领	分项或说明
1	做好准备工作	调查对方的谈判实力	对方的付款能力
			对方现有经营状况
			对方谈判人员的特征
			对方预期达到的谈判目的
		己方需要准备谈判资料	相关技术参数证明
			公司资质证明
			公司谈判内容的条款明细
2	谈判过程中与对方保持良好的互动，为成交合作创造条件	保证及时回应	针对对方的谈判要求
			针对对方提出的问题
			针对对方倡议的做法
		主动提出可行性方案	针对双赢合作的提议
			针对对方疑问给出解决方案
			针对己方的利益争议问题的传达

续表

序 号	实施流程	要 领	分项或说明
3	凭直觉来判断和发现对方有意成交的信号,及时对其做出回应	相信自己的直觉	要对交易对方的反应用心观察和体会,并借助直觉进行判断,把握成交机会
		善于分析对方的成交信号	通过观察对方的语言和行为,判定对方的成交信号,并给予及时的回应
4	乘胜追击,详细讲述和核对具体合作的方案	第一时间安排后续工作	在谈判接近尾声时,只要条件是允许的,就应当就下一步的问题进行讨论
		对成功合作的方案进行详细的阐释	包括向对方详细说明提供产品或服务的内容、通过交易对方可获得利益好处、解说当前成熟的交易环境等,让对方对己方产生更高的认同感和信任感

案例 5-1-2

抓准谈判时机

因规模的扩张需要,北京光谷电器公司决定在北京租赁 100 平方米仓库。综合比较下来,有两个方案可供选择:一是毗邻京石高速公路附近的中外运仓库;二是在外环,如大兴区那边租一个场地作为仓库。

方案一中,中外运由于地理优势,出租的仓库每平方米的价格比一般仓库的偏高将近 2 元,这样算下来,一年将要多支付 72 000 元,这可不是一个小数目。另外,中外运仓库的场地未出租的最小面积都在 200 平方米,如果公司此时租赁,将会有一半的仓库闲置,未免太得不偿失了。

方案二中,大兴区那边仓库租金一年就会节省将近 25 万元,可是因为仓库在外环,市中心的配送运输成本又会随之增加不少。

两难之中,不知如何取舍。就在这时,公司的周总通过多方的打听,确定一个消息:丽泽桥附近的仓库半年以后都要拆除了。这样三环与四环之间的仓库就会更加紧张了,到那时,中外运这边的租赁费用将会更高。综合考虑后,周总决定还是尽快与中外运达成合作,而且签订的合同至少要两年,防止中外运中途涨价。

当然,这样直接去找中外运谈判,得到的结果还是一样。于是,周总开始到建材市场询问哪家也正在找仓库,终于找到一家做排风扇的代理商和一家木地板的经销商,他们也都到中外运看过,但是因为场地面积过大,无法独立承担租费。见此状,周总便提议:由一家出面与中外运签订租赁合同,其他两家再与出面方签订仓库共同使用合同,然后三家按照占用的场地面积,支付相应的租赁费。而且由于三环周边的丽泽桥附近的仓库即将拆除,至少要签订两年的租赁合同。

周总的提议,得到了大家的认可,于是他们三方共同派谈判人员前去中外运实施租赁谈判。在谈判过程中,他们通过提高租赁年限、租赁费用一次性付清等优势,终于说服中外运降低了租赁费用,每平方米降低 1 元,这样下来,光谷电器不仅租到了地理位置好的仓库,而且在租金方面也减少了负担。其他两家同样也获得了满意的结果。

大约过了两个半月,丽泽桥那边的仓库拆除的消息变成了事实,而此时中外运无疑成为众多厂家租赁仓库的热宠儿,涨价自然也属正常了。但是光谷电器却不用担心涨价问题了,因为他们签订了两年的租赁合同,而且是全款支付。中外运自然无法要求他们涨价了。

161

★**案例启示：** 在上述案例中，周总选择在丽泽桥仓库拆除消息发出前与中外运实施谈判，而且为了使自己的租费利用值最大化，他还及时联系了两家同样需要仓库的经销商，最终通过全额付款、提高租赁年限等看似对对方有利的条件与中外运签订了合同。殊不知，周总在取得此次谈判成功的同时，也将后续两年的租金涨价隐患消除在了萌芽状态，可谓一箭双雕。

（二）商务谈判成交促成的策略

1．时间期限策略

时间期限策略就是要抓住谈判双方在时间上的共性和特点，适时地明确谈判的结束时间，以促使双方在互利互让的前提下，及时和圆满地结束谈判。谈判中的买方和卖方都可以采用这一策略。

在商务谈判中，卖方通常借用时间期限来逼迫买方。实例如下：

（1）从 7 月 1 日起这种商品将要提高价格；

（2）我所能提供的优惠条件在半个月内有效；

（3）假如贵公司迟于 6 月 1 日订货，我们将无法在 8 月底之前交货；

（4）假如明天下年 3 点半仍未收到你的订金，我们将与别的客户成交。

买方也常利用时间期限逼迫卖方。实例如下：

（1）假如你愿意降低价格，请在下星期三之前告诉我们，否则我们将向其他厂家订货；

（2）请你们尽快确定交货时间，不要迟于本星期四，因为这关系到我们生产计划的落实，否则，我们将向其他供应商订购；

（3）在 5 月 8 日以后，我们将不再接受订单。

案例 5-1-3

义乌幸福批发网是一家主营春节用品的专业型企业，主力产品是灯笼、春联、红包及各种吊饰挂件等，因为专业性强，在业界享有极高的知名度，其产品遍及国内所有中高档商场。友谊商厦是一家著名的综合性商场，地理位置极佳且交通便利，每个重要节日都会创造极高的销售额。双方在每年的春节都会有愉快的合作，各自都能达到预期的销售目标。而今年友谊商厦提高了进店费用，这令幸福公司极为不满，因为这将增加该公司的运营成本，会影响其经营利润。于是双方进行了沟通，在十一月初进行了一次失败的谈判后谁也没提出第二次会面时间，但春节却越来越近了。

义乌幸福批发网认为他们是春节用品行业中无可争议的第一品牌，每年销量都在上升，消费者非常认可幸福品牌，如果在春节前友谊商厦没有该品牌的产品销售，在经营上将造成较大的损失，所以他们计划使用时间期限策略，在最后时刻等待友谊方的让步。

友谊商厦认为他们有众多的固定消费群体，幸福公司是通过这个良好的平台才获得了今天的业绩，另外友谊商厦目前和全国优秀的供应商合作，拥有不同档次的完整产品线，即使不销售幸福公司的产品也不会造成多大的影响，所以他们也使用时间期限策略，在最后时刻等待对方的让步。

当双方很明显的都在使用同一谈判策略时，我们该如何应对呢？答案很简单，处于强

势的一方可以从容使用时间期限策略,而处于弱势的一方应该想办法避免该情况的发生,时间的拖后会使谈判地位继续降低。

在这个案例中,哪方处于强势地位呢?

★案例启示:案例中,友谊商厦处于绝对的优势,他们会更多地引进其他品牌的春节产品,在销售收入上最大限度地弥补缺少幸福产品的损失,消费者方面也不会有流失率的隐患,他们不会因为缺少幸福产品而拒绝消费其他品牌。所以友谊商厦如果能与幸福合作是锦上添花,不能合作也不会带来什么影响。

知识链接

期限是谈判双方都可以使用的武器,如果你面对的是对方向你设定期限,在这种情况下,你该怎么办?

(1)不要泄露自己的期限,别让对手了解你非在那一个时间前完成谈判不可。因为对手一旦获悉你的期限,就有可能拖延谈判时间,直到你的谈判期限临近时才与你认真谈判。在这种情况下,你因为受时间的束缚,要么拒绝对方的要求,要么接纳不利的条件。

(2)要认真研究对方设定期限的动机,并且仔细比较达成协议后双方的得失,由此判断对方所设的期限只是一种压力,还是真的不想再谈下去了。

(3)应该明白,大多数期限并不是真正的期限;在谈判中,大多数期限都是有商量余地的。你不必对期限本身过分敏感,重要的是了解对方的动机和目的。

2. 最后通牒策略

最后通牒策略是指当谈判双方因某些问题纠缠不休时,其中处于有利地位的一方向对方提出最后交易条件,要么对方接受本方交易条件,要么本方退出谈判,以此迫使对方让步的谈判策略。

(1)最后通牒策略的应用情况:一般来说,只有在下述情况下,才使用最后通牒策略。

① 谈判者知道自己处于一个强有力的地位,所有的竞争对手都不具备他的条件,如果交易要继续进行的话,对手只能找他。

② 谈判者已试用其他方法均无效,在当时采用这种方法是唯一能使对手改变想法的最后方法。

③ 对方现在所持的立场确已超过自己的最低要求。

④ 你的最后价格建议在对方的接受范围之内,不然,对手会宁可中断谈判,也不妥协。"最后通牒"奏效的关键在于使对手相信它是最后的、真实的,而不是策略。若对手不相信"最后通牒"会实施,"最后通牒"就会失效。

(2)最后通牒策略的成功条件:谈判者使用最后通牒策略,总希望能够成功,其成功必须具备以下五个条件。

① 送给对方最后通牒的方式和时间要恰当。一般是在送出最后通牒前,想方设法让对方在你身上先做些投资。例如,先在其他次要问题上达成协议,在时间、精力等方面让对方有所消耗,等到对方的"投资"达到一定程度时,即可抛出最后通牒,使得对方难以

抽身。

② 送给对方最后通牒的言辞要委婉，既要达到目的，又不至于锋芒太露。言辞太锋利的最后通牒容易伤害对方的自尊心，因此多半是自讨苦吃。例如："就是这个价钱，不然没什么可谈的了！""接受这个条件，否则到此为止！"而言辞委婉的最后通牒效果要好一些。例如："贵方的道理完全正确，只可惜我们只能出这个价钱，能否再融通一下。" 这种留有余地的最后通牒，替对方留下退路，易于被对方所接受。

③ 拿出一些令人信服的证据，让事实说话。如果能替己方的观点拿出文件和道理来支持，那就是最聪明的最后通牒了。例如："你的要求提得并不过分，我非常理解，只是我方单位的财务制度不允许。"

④ 送给对方的最后通牒内容应有弹性。最后通牒不要将对方逼上梁山，别无他路可走，应该设法让对方在己方的最后通牒中选择出一条路，至少在对方看来是两害相权取其轻。

⑤ 送给对方的最后通牒，要给对方留有考虑或请示的时间。在商务谈判中，让对方放弃原来的条件与立场，是需要时间的。因此，谈判者送出最后通牒后，还要给对方留有考虑的时间，以便让对方有考虑的余地。这样，可使对方的敌意减轻，不至于弄巧成拙。

课堂小实训 5-1-4

1. 2013 年 6 月 9 日，美国沃尔玛公司对可口可乐公司发出了一个重要的通知，要求可口可乐公司以后要把它的运动饮料先送到沃尔玛自己的配送中心，然后由配送中心再向沃尔玛各家分店送货。如果可口可乐公司答应的话，沃尔玛就将运动饮料的订单增加一倍，否则的话，沃尔玛就要销售自己生产的运动饮料。最终可口可乐公司选择接受沃尔玛的要求，改变其配送方式。

想一想：沃尔玛公司采用的是什么促成策略？该策略是否成功？为什么？

_____

_____

2. 在谈判结束采用最后通牒策略时，某谈判手在考虑如何表达，他心里有如下 3 种表达方式。

第一种："就是这个价钱，不然没什么可谈了！"

第二种："接受这个条件，我们就结束谈判，不然就到这里了！"

第三种："贵方的问题我们能充分理解，但是我们出的条件只能到这里了，您看看这个最后的价位贵方能否接受？"

如果你是这个谈判手，你应该采用哪种说法呢？为什么？

_____

_____

实施最后通牒失败后的补救

（1）新指示法：一旦最后通牒失效，己方不妨向对方说，刚刚从上级那里获得了新的指示，可以在新的条件基础上进行新一轮谈判。这样无形中就把最后通牒的失误、条件变化的责任推到了上级的头上。这种从上级那里获得的新指示，可真可假，当然，也绝没有那种傻乎乎的对手会问是真的还是假的。

（2）换将法：最后通牒失败后，为了消除对方的成见，缓和双方的紧张关系，可采用换将法。用新的一组谈判队伍取代以前的谈判人员，这样就在无形中使发出最后通牒的人和最后通牒一起成为过去，从而顺理成章地开始了新一轮谈判。更换谈判人员，首要的是更换谈判的主谈人或负责人，在级别上可以是平级，也可以是上级。

（3）重新出价法：最后通牒的失败也就是对方拒绝了己方提出的交易条件。己方如果想挽救谈判，使谈判取得成功，往往要做出一些让步。但有时己方由于某些客观或主观原因，不能妥协退让，这时，可以采取一种与原先出价本质不同的出价，即重新出价法，而不是在原来出价基础上的让步。这种重新出价法可以是一种新的谈判思路，也可以是一种全新的方案。重新出价法是一种很好地保全最后通牒失败方面子的补救方法。

3. 行动策略

行动策略是指谈判一方以一种主要问题已经基本谈妥的姿态采取行动，促使对方签订合约。行动策略的具体运用有以下三种情况。

（1）将就促成。如果你是需方，可以拿起笔来，或向对方借一支笔起草协议，边写边询问对方喜欢哪一种付款方法。如果你是供方，可以边写边询问对方愿意将货物运送到哪个地点或仓库等。

（2）主动提出签约细节。谈判方主动向对方提出协议或合同中某一具体条款的签订问题。例如：验收条款、验收的时间、地点、方式以及技术要求等。

（3）表示结束的行动。谈判一方可以给对方一个购货单的号码、明信片，或者和他握手祝贺谈判成功。这些做法有助于加强对方已经做出的承诺。

行动策略的优点与缺点

运用行动策略促成交易有很多优点，这主要体现在以下几个方面。

（1）恰当运用行动策略，可以将客户的成交意向变成成交行动。在商务洽谈中，客户随时都可能流露出各种成交意向。谈判人员运用行动策略时，便可抓住时机把成交信号转化为成交行动，直接促成交易。

（2）合理运用行动策略，可以减轻客户压力。运用行动策略时，客户不是明示成交，而是暗示成交，避免了直接施加成交压力，把谈判人员的成交提示转化为客户的购买提示，这样就可以大大地减轻或消除客户的成交心理压力。

165

（3）灵活运用行动策略，可以提高成交概率。运用行动策略，谈判人员便可以主动缩短谈判面谈时间，迅速把成交信号转化为成交动力，假定客户已经决定购买产品，直接促成交易，节省了谈判时间，提高了成交概率。

尽管行动策略有很多优点，但它也有一定的局限性，其缺点主要体现在以下几点。

（1）行动策略运用不当，会使谈判人员丧失成交主动权。在运用行动策略时，谈判人员并不一定能正确判断客户是否已经做出购买决策，也不一定能正确判断客户已经完全接受成交建议，多半是进行主观的和片面的推断，这就有可能使客户感到压力，拒绝成交，从而使谈判人员丧失成交的主动权。

（2）滥用行动策略，不利于进一步处理客户异议。运用行动策略时，谈判人员主观假定客户已经接受成交建议，并且没有异议，主观假定成交，这就有可能导致客户提出更多的购买异议，甚至认为谈判人员自以为是，强加于人，从而提出些无关异议或虚假异议。

（3）滥用行动策略，容易破坏成交气氛。运用行动策略促成交易时，若谈判人员未看准成交时机，主观地假定成交，盲目假定客户已决定购买产品，直接提示客户做出成交行动，就可能使客户产生一种过高的心理压力，从而破坏成交气氛。

课堂小实训 5-1-5

销售人员对他的客户说："马先生，请用我这支笔签字吧！"这位销售人员说着便取出签字笔递给了马先生。在这种情况下，只要马先生接过签字笔，也就达成了交易。

想一想：销售人员采用的是什么促成策略？你认为运用该策略促成交易时，应注意什么？

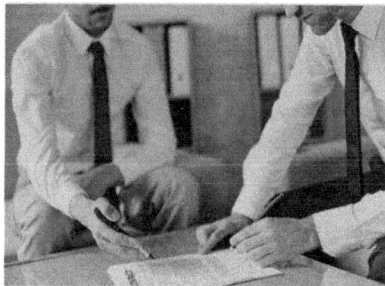

_____

_____

4．唤起恐惧策略

唤起恐惧策略又称敲警钟策略，是谈判一方试图借用带有恐惧性情绪色彩的信息去唤起对方的危机意识和紧张心理，促成他们的态度和行为向一定方向发生变化进而达成交易的谈判策略。

案例 5-1-4

GF集团是一家跨国公司。它要在某地建立一分支机构，找到当地某一电力公司要求以低价优惠供应电力，但对方态度很坚决，自恃是当地唯一一家电力公司，态度很强硬，谈判陷入了僵局。GF集团的主谈私下了解到该电力公司经济效益一直不好，近几年一直

亏损，因此该电力公司对这次谈判非常重视，一旦双方签订了合同，便会使这家电力公司起死回生，逃脱破产的厄运。这说明这次谈判的成败，对他们来说关系重大。GF 集团主谈便充分利用了这一信息，在谈判桌上也表现出决不让步的姿态，言称："既然贵方无意与我方达成一致，我看这次谈判是没有多大希望了。与其花那么多钱，倒不如自己建个电厂划得来。过后，我会把这个想法报告给董事会的。"说完，便离席不谈了。电力公司谈判人员叫苦不迭，立刻改变了态度，主动表示愿意给予最优惠价格。至此，双方达成了协议。

★**案例启示：**在这场谈判中，起初主动权掌握在电力公司一方。但 GF 集团主谈抓住了对方急于谈成的心理，耍了一个花招，声称自己建电厂，也就是要退出谈判，给电力公司施加压力，唤起对方的危机意识和紧张心理。对于电力公司而言，若失去这个客户，不仅仅是损失一大笔钱的问题，而且可能是公司面临着破产的威胁，所以，电力公司急忙改变态度，表示愿意以最优惠价格供电，从而使主动权掌握在 GF 集团一方了。这样通过唤起恐惧策略的运用，突破僵局，取得了成功。

课堂小实训 5-1-6

兄妹俩为分一张吃剩的馅饼发生了争吵，两人都坚持自己要一块大的，又都害怕被对方欺骗了。正当男孩子持刀准备给自己切一大块时，父亲来了。父亲说道："等一等，我不管你们由谁来切，但是切的人必须把选择权让给对方。"当然，小男孩为了保护自己的利益，会把馅饼切成同样大小的两块。

想一想：小男孩为什么会把馅饼切成同样大小的两块？父亲采用的是什么策略？

_____

_____

5. 利益诱导策略

利益诱导策略是指向对方提供某种特殊的优惠，促成双方尽快签订合同。例如，采用折扣销售、附送零配件、提前送货、买几送一、允许试用、免费安装、免费调试、免费培训、实行"三包"等手段。

案例 5-1-5

赵亮到国美电器去买手提电脑，在两种不同的型号面前他犹豫起来。原来有一台要价 3 680 元，比较便宜，但配置差一些；另一台要价 4 880 元，比较贵，但外形和配置比较好。售货员看到这种情况，指着比较贵的一台手提电脑说："你可以试试这台，这是我们店最新的型号，卖得特别好。"显然，他是让顾客买贵的，以便多赚些钱。

"好是好，就是贵了些!"赵亮说。

"贵是贵了点，但外形好、配置高啊! 你想过没有，一台手提电脑能用几年?"

赵亮回答道："大概 5 年吧。"

"好，咱们就按五年计算吧。这台手提电脑比那台贵 1 200 元。"售货员一边说，一边按计算器，一边写，"每年贵 240 元，每月平均贵 20 元，平均每日不到 7 角。"

说到这里，售货员望着叼着烟卷的赵亮说："你看，你每天抽一包烟要 20 元左右，却不心疼，每天多花 7 角钱还犹豫什么?更何况每天只需多花 7 角钱，就能使你以后的工作效率提高一半以上。难道这还不值得吗?"

售货员的一番计算和解说产生了明显的效果，赵亮爽快地掏出 4 880 元买下了这台手提电脑。

★**案例启示：** 在这个案例中，售货员首先进行了细致的观察，认真揣摩顾客的心理活动。当他确信顾客想买一台手提电脑，只是在对购买哪一型号犹豫不决时，便主动热情地介绍商品，并通过价格的细算，让顾客感到虽然贵一点，但还是划得来的。尤其和抽烟一比较，就更减轻了决策者的心理压力。这是一种利益诱导策略，是商务谈判中常用的一种方法。谈判高手都知道，利益是改变对方想法的重要杠杆。在谈判中当你强调你是为了对方好，听你的话会得到最大好处时，对方往往会改变想法。当然，在现代社会中，利益诱导策略中的"利"，不应仅仅理解为金钱。人们的价值标准是多元的，所以，"利"可以是一笔钱，一种地位，也可以是一个机会，一种享受等等。

课堂小实训 5-1-7

上海恩捷新材料科技股份有限公司欲投资 50 亿元，规划建设 16 条全自动制膜生产线、40 条涂布生产线及 5 条铝塑膜生产线，需要采购设备、备件和技术。此时，日本的一家供应商和香港的一家供应商同时主动联系恩捷公司，并邀请公司派出代表前去谈判磋商。两家供应商与恩捷公司的谈判均进展顺利，两边的报价差不多，而且二者都有自己独特的优势，香港方装运保险较方便，日方技术较先进。恩捷公司不知选哪家，面对僵局，香港方首席谈判代表灵机一动，提出其工厂免费试用设备一个月再付款的优惠条件，最后和恩捷公司达成了协议。

想一想：香港方为什么能成功跟恩捷公司达成协议？它采用的是什么策略？

_____

_____

参考答案

本任务中"课堂小实训"参考答案详见二维码。

技能实训5-1

模拟商务谈判交易促成

1．训练目的和要求

在商务谈判磋商的基础上，把握成交机会，运用促成交易的各种策略，最终实现谈判目标，双方走向合作。

2．场景设计

（1）卖方资料

燕京航城楼盘位于燕郊（北京一个重点房地产购买地域），有着临近北京市区等诸多优势，自然也成为当下中层消费收入群体的热捧对象。此次燕京航城的一手楼盘销售可谓"生意红火"。从销售中心王经理处得知，大家对于燕京航城的市场价格接受度还是很高的，毕竟与北京区域的5～10万元的大众小区相比，1～2万元这样的价格自然是经济实惠了。用他们的行话描述就是：不愁卖不掉。

（2）买方资料

薛总，在北京信息技术行业上班8年，有了一些积蓄，想在燕郊买一套房子，他购房的要求是：房子至少是三居室，至少有两个卧室朝南，而且要求房间门不能直接对着厨房门，还有楼层不能低于6层。

（3）谈判焦点

销售顾问小王根据薛总的要求为他挑选适合的房子，但是每个房子都有无法满足的要求，要不就是卧室朝向有问题，要不就是楼层问题等。最终在21层看好了一个户型，各方面都符合要求，但是价位平均每平方米高出3 980元，这让薛总一时间没法接受。于是双方进行了一次次的沟通。

假如你是销售顾问小王，你准备如何促成这次交易？

要求：将班级学生分为若干实训小组，每组确定一名小组负责人。各组根据场景需要进行角色分配，尝试选择不同的促成策略设计双方对话，模拟商务谈判交易促成。

3．训练准备

（1）收集、整理有关对手的信息，分析成交的阻力。
（2）明确组内人员分工，根据场景需要进行角色分配。
（3）选择不同的促成策略设计双方对话，并制订成交方案。
（4）提前布置谈判会场，准备好会场设备、座次安排等。
（5）模拟商务谈判成交阶段，营造恰当的谈判气氛。

4．训练实施

（1）根据已收集信息，分析谈判双方实际情况，了解双方的谈判态度。
（2）回顾之前通过磋商达成的一致内容，发出成交信号。
（3）营造友好轻松的成交气氛，形成良好的谈判收尾。
（4）成交前争取最后的利益，或者准备最后的让步与讨价还价。

（5）模拟谈判成交阶段，运用恰当的策略促成交易。

（6）自我评价：各组模拟谈判小组分别派一名代表对本次谈判的表现进行自我评价。

（7）学生互评：每个模拟小组派出一名同学作为裁判组成员，对展示组的谈判表现进行评价；各小组的组长对本组的表现进行综合点评，分析其优势及不足。

（8）教师点评：指导老师对现场模拟谈判小组的表现进行总结性评价，并为参加本次模拟谈判的学生打分。

任务评价

教师组织填写"任务完成情况评价要素表"，对本次实训过程中学生的完成情况进行一个综合评估。

任务完成情况评价要素表

组别：　　　　　　　　　　　　　　　　学生姓名：

序　号	考　核　点	分　　值	得　分
	小组评价	共20分	
1	出勤情况	2	
2	态度与纪律	3	
3	参与活动时与人沟通的能力	5	
4	参与讨论的积极性	5	
5	团队合作的表现	5	
	本人评价	共40分	
6	了解商务谈判进入成交阶段的判定标志	5	
7	熟悉谈判可能出现的结果和终结方式	5	
8	掌握交易促成的策略	6	
9	能通过磋商达成的一致内容，发出成交信号，把握成交时机	6	
10	能营造友好轻松的成交气氛，提出成交阶段需要解决的剩余问题	6	
11	能准确而巧妙地运用各种促成交易的策略，争取最后利益	6	
12	能掌握收尾的节奏，让双方在一种友好、双赢的气氛中结束谈判，建立良好的长期合作关系	6	
	教师评价	共40分	
13	商务谈判交易促成知识的掌握	20	
14	商务谈判交易促成技能的掌握	20	
		本次实训分数小计（总分100分）	
		累计积分账户	

累计积分账户说明：90～100分积5分；80～89分积4分；70～79分积3分；60～69分积2分；60分以下积1分。

任务二　签订商务合同

案例导入

李明是国内一家无人机生产企业的销售人员，新开发了一家全球知名跨国公司客户，经过一个多月的接触和多次谈判，双方签订了长期供货合作协议，李明非常高兴签了这个大客户。李明决心以出色的服务维护好与这个大客户的关系。十天前，客户第一个订单传真了过来，对方交货期是自下订单当日算起两周后的月底，李明想这是大客户，一定要做好一切服务，于是提前一周送货上门。送货后第四天，此客户采购部给李明发来一份传真，要求李明公司支付仓储费用及其他人工费用12 000元，理由是李明他们公司提前送货，没有按照合同规定执行，给对方增加了额外的负担。

商务谈判中的各项谈判工作固然重要，但是即使谈成了业务，如果不签订合同，双方的权利义务关系不固定下来，以后执行就可能成为问题。所以说，合同的签订不可忽视，而且合同的签订也是商务谈判取得成果的标志。当然，合同签订后要按照合同约定来履行，否则可能造成违约责任。

知识储备

在签订合同前，对合同条款的严格审核，可有效地避免因合同条款说明失误导致最终谈判结果在履行中出现纠纷。但在实际谈判交易过程中，出现交易纠纷实属正常现象，若能妥善处理交易纠纷，不仅解决了当下的合作困境，还能增强合作双方之间的友谊，为日后的重复性合作创造了机会。在合同签订后，保证谈判协议的有效履行才是谈判达成协议的最终目的，也只有认真履行谈判协议，双方才能获得彼此想要的利益价值。

一、商务合同的定义

商务合同又称为契约，它是谈判成果的具体体现，是交易双方为明确各自的权利和义务，以书面形式确定的具有约束力的法律性文件。谈判双方若在谈判达成一致意见之后同意签订合同，那么合同就成为约束双方的法律性文件，双方必须依据已签订的合同，履行合同所规定的各自应尽的义务，否则必须承担相应的法律责任。

请你想想在日常生活中你听过的合同有哪些类型？

_____

_____

二、商务合同的签订过程

合同的签订过程，是双方当事人对合同内容进行相互协商、谈判取得一致意见后进行合同签字并使合同生效的过程。这个过程概括起来，一般包括以下三个环节，如图 5-2-1 所示。

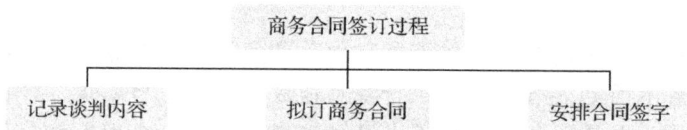

图 5-2-1　商务合同签订过程

（一）记录谈判内容

1. 撰写谈判备忘录

备忘录，顾名思义是商务谈判中用来记录和提示谈判成果与进程的公文，是商务谈判中不可缺少的一种文书。在经济活动中，备忘录的签订往往是解读谈判的重要指南，特别是跨国公司之间签订的备忘录，甚至会对某个行业的发展产生重大的影响。一般来说，备忘录的结构分为以下三个部分。

（1）标题。商务谈判备忘录标题通常有两种写法：一种直接写文种名称，即《备忘录》；另一种由单位、事由和文种组成，如《××公司与××集团公司合作开发机电产品会谈备忘录》。

（2）正文。商务谈判备忘录正文一般有三个要点：导言、主体和结尾。分别介绍如下。

① 导言：记录谈判的基本情况，包括双方单位名称、谈判代表姓名（与外商谈判需注明国别）、会谈时间、会谈地点、会谈项目等。

② 主体：记录双方谈判情况，包括讨论的事项，一致或不一致的意见、观点和做出的有关承诺。主体内容的记录类似于意向书的写法，通常采用分条列项式记录。

③ 结尾：备忘录一般不另写结尾。

（3）落款。由参加谈判的各方代表签字认可并标明时间。

知识链接

合同备忘录

甲方：_____

乙方：_____

甲乙双方于_____年_____月_____日在_____（地点）就合同的履行事宜，经过协商达成如下共识：

_____

_____

_____

……

双方同意按照本备忘录达成的共识继续履行合同，任何一方未按照备忘录达成的共识履行合同的，愿承担相应的违约责任。

甲方：_____   代表：（签字）

乙方：_____   代表：（签字）

年　月　日

课堂小实训 5-2-2

请你根据以下情景内容，按照以上合同备忘录的模板撰写备忘录。

案例情景：广博文具有限公司（甲方）曾多次支持天天向上有限公司（乙方）开展了一系列活动，2016年1月10日上午，经双方协商，针对本次市场活动，达成协议的要点如下：

（1）甲方支持租车费用，不超过200元/天；

（2）甲方支持油费及过路费，按实际消费核销；

（3）甲方取消团队奖励；

（4）甲方以上的费用由乙方垫付，活动结束后甲方予以核销抵扣货款；

（5）乙方支付住宿费及餐饮费；

（6）乙方负责联系车辆；

（7）本次活动目的为消化库存50万，与此同时乙方需及时补充库存，进货为30~40万。

2. 撰写备忘录的注意事项

备忘录的撰写需要注意以下内容。

（1）内容要真实、具体、完备

商务谈判备忘录应当完整地记录前期谈判的所有内容，记录取得一致的意见和未达成

一致意见的项目，以备日后查阅。因此，遗漏和省略任何项目都是错误和存在失误的。

（2）语言要朴实、客观、准确

要明确商务谈判备忘录是一种商务公文，因此，语言要力求客观，一般用第三人称记录，不能夸大其词，也不能有推测和揣摩之意。同时，此类文体也无须过多华丽辞藻的修饰言语，做到朴实、客观、准确即可。

（3）核对备忘录内容

谈判双方在起草合同文本之前，必须对备忘录的内容检查一遍，以保证双方对谈判内容能够真正理解一致。最后，主谈双方应在备忘录上签字确认。

3．谈判记录的方法

在谈判的整个过程中，应有一位专员记录谈判内容。谈判记录的主要内容分为两部分：一是记录对方言辞中对己方有利的话语，如对方的承诺、对方的错误表达、对方言语中的漏洞等；二是要及时记录双方就谈判议题达成的协议，以便更好地控制谈判流程，并为结束阶段的总结做准备。一般来说，双方在结束阶段有以下两种谈判记录的方法。

（1）长期谈判记录方法

对于长期谈判，因为时间长、内容涉及面广、条款复杂，所以对谈判双方来说，每日的谈判记录由一方在当晚整理好，并在第二天作为议事日程的第一个项目宣读后由双方通过，只有这个记录通过后才能继续谈判。虽然花费的时间多，但从长远的角度看，对于整个谈判的成功是很有帮助的。

（2）短期谈判记录方法

对于短期谈判，由于内容简单，所涉及的内容也比较少，所以由一方整理谈判记录后，在谈判结束前宣读通过。但是，在记录的过程中，记录人员往往会记录下他所接受的事情，而忽略谈判结束阶段一些实际发生的事情。这对于最后记录的总结和合同的最终签订是极为不利的。所以作为谈判人员，全面地记录谈判内容是十分重要的。

课堂小实训 5-2-3

以上关于"广博文具有限公司与天天向上有限公司"的谈判情景应用什么记录方法呢？

_____

_____

（二）拟订商务合同

1．商务合同的总体构成

合同的格式与一般文章一样，由标题部分和正文部分组成。标题即为合同名称。正文部分则又因文章的起承转合而相应地分为开头部分、正文部分和结尾部分三个行文层次，这三个层次又可分别叫作合同首部、正文条款和合同尾部。合同的首部和尾部与合同的其他各项条款一样，也是书面合同的组成部分，具有法律或行政约束力。

（1）合同首部

合同首部包括需方、供方的单位名称（简称甲方、乙方），签订合同的日期、地点及此项经济活动的目的等。

（2）正文条款

正文是合同的主体文字，由基本条款构成。合同正文的基本条款包括标的条款、报酬（价格）条款、支付条款、服务条款和经济技术指标条款等，以下就合同正文的主要条款以列表形式进行描述。合同正文条款的构成如表5-2-1所示。

（3）合同尾部

合同尾部实际上是合同的补充条款或是为了工作方便而提供的信息，一般包括下列内容。

① 本合同一式×份，供方×份，需方×份，或供需方上级各×份。

② 合同规定生效和作废的条件与日期。一般规定合同有效期×年，自合同签订之日起生效，×年×月×日作废或履行完毕时作废；或限期前×月另行协商续订；或根据计划协商续订；或根据生产需要协商续订。

③ 双方单位的地址、电话、电报挂号。

④ 双方单位盖章，盖单位章或合同专用章。

⑤ 法定代表人及经办人签名盖章。

表5-2-1　合同正文条款的构成

条款名称	内容描述
（1）标的条款	明确交易标的名称、特征（物理的、化学的、机械的、电气的或其他可定性的）指标和数量要求
（2）价格条款	明确交易标的的价值（价格），对于复杂的交易需列明分项价格（按构成交易的主要内容列价），以及支付的货币形式
（3）支付条款	简单交易在价格条款中规定了支付方式，而复杂交易常用支付条款 该条款规定价格性质（固定价还是浮动价）、支付方式（承兑交单、银行电汇还是信用证支付）和支付进度（是否预付金或保证金、付款批次及每次金额、支付凭证）；对于远期支付条件，还要明确是否另计利息，延期支付的处理办法
（4）服务条款	有的商品（设备）由于其技术要求高，购买时需要提供技术协助 该条款要明确提供技术指导和接受技术培训双方的人数、专业水平、时间、地点和方式，以及指导时的生活待遇、家属问题和不称职及违纪处理等
（5）经济技术指标条款	明确达到标的的要求所需要保证的人力、物力条件，包括需要配置的人数、专业、场所面积、环境条件、动力消耗、劳动效率及合格率要求
（6）验收条款	明确按什么技术标准验收以及验收的科目和验收程序。一般分为交付开箱检验科目，即外观及数量检验；安装后检验科目，即通电、试运转、小批量试车等；如果是成套设备还要连线试生产明确按什么技术标准进行检验，若没有明确，双方要商定验收办法和程序
（7）交付条款	明确标的物的交付状态、包装条件、储存条件、运输方式、保险险别与责任方、双方联络方式、单据交付方式、事故及责任归咎原则
（8）违约处罚条款	明确延迟交付的处罚规定、表面缺陷的处罚规定、隐性缺陷的处罚规定、轻微缺陷的定义和处罚规定以及严重缺陷的定义与处罚规定
（9）原产地条款	明确商品的生产、制作地和具有法律效力的证明文件，以及违反该规定的处罚办法

续表

条款名称	内容描述
（10）税务条款	明确交易的税务责任，即什么税、在什么地方产生的税、由谁缴纳以及如何避免双重课税
（11）法律适用条款	明确交易受什么法律管辖，即明确管辖合同的法律和处理合同纠纷的法律
（12）保证条款	明确对交易标的物的品质保证，以及实现保证的前提。在有的交易合同中，该保证条款采取列举保证内容的方式描述，如保证标的物用料全新，品质全优，性能先进、现代，保证寿命等，而且要写明各项保证内容的先决条件
（13）保密条款	明确合同内容的私有性，对技术资料、技术诀窍、交易本身保守秘密的义务，以及解除这种义务的条件和泄密的后果等
（14）免责条款（不可抗力）	明确当事各方在什么条件下可以对合同义务免责，以及当发生这种条件时双方应履行的义务，如通报、举证、补救和最后的处理措施
（15）争议处理条款	明确各种处理的可能性，包括当事人的协商、第三者的调解、仲裁、诉讼，各种可能的（仲裁条款）前提条件，具体操作程序及最终效应
（16）生效条款	明确合同生效必备条件，包括合同正本语言、合同份数及分配、合同的生效期、合同修订程序与效力、合同解释、合同终止及终止的处理措施

知识链接

产品购销合同（示样）

订立合同双方

供方：＿＿＿＿＿＿　　需方：＿＿＿＿＿＿

供需双方本着平等互利、协商一致的原则，签订本合同，以便于双方信守和执行。

第一条　商品名称、种类、规格、单位、数量

商品名称	种类	规格	单位	数量

第二条　商品质量标准

商品质量标准可选择下列第＿＿项标准。

（1）附商品样本，作为合同附件。

（2）商品质量，按照＿＿标准执行。（副品不得超过＿＿ %）

（3）商品质量由双方议定。

第三条　商品单价及合同总金额

（1）商品定价：供需双方同意按定价执行，如因原料、材料、生产条件发生变化，需要变更价格时，应经供需双方协商；否则，造成的损失由违约方承担。

（2）单价和合同总金额：＿＿＿＿＿＿。

第四条　包装方式及包装品处理

按照各种商品的不同，规定各种包装方式、包装材料及规格。包装品以随货出售为原则，凡需退还对方的包装品，应按铁路规定，明确退还方法及时间，或者另行规定。

第五条　交货方式

（1）交货时间：＿＿＿＿＿＿＿＿。

（2）交货地点：＿＿＿＿＿＿＿＿。

（3）运输方式：＿＿＿＿＿＿＿＿。

第六条 验收方法

按照交货地点与时间，根据不同商品种类，规定验收方法。

第七条 预付货款

根据不同商品种类，决定是否预付货款及金额。

第八条 付款日期及结算方式

（1）付款日期：_____。

（2）付款方式：_____。

第九条 运输及保险

根据实际情况，需委托对方代办运输手续时，应在合同中加以明确。为保证货物的途中安全，代办运输单位应根据具体情况代为投保运输险。

第十条 运输费用负担

（略）

第十一条 违约责任

（1）需方延付货款或付款后供方无货，使对方造成损失，应偿付对方此批货款总价__%的违约金。

（2）供方如提前或延期交货或交货数量不足，供方应偿付需方此批货款总价值__%的违约金，任意一方如果提出增减合同数量、变动交货时间，应提前通知对方征得同意；否则，应承担经济责任。

（3）供方所发货品如果有不符合规格和质量要求或霉烂等情况，需方有权拒绝付款。如已付款，应有退款退货办法，但必须先行办理收货手续，并代为保管和立即通知供方，因此所发生的一切费用损失，由供方负责。如经供方要求代为处理，以免造成更大损失，其处理方法由双方协商决定。

（4）约定的违约金视为违约的损失赔偿。双方没有约定违约金或预先赔偿额的计算方法的，损失赔偿额应当相当于违约所造成的损失，包括合同履行后可以获得的利益，但不得超过违反合同一方订立合同时应当预见到的因违反合同可能造成的损失。

第十二条 当事人一方因不可抗力不能履行合同时，应当及时通知对方，并在合理期限内提供有关机构出具的证明，可以全部或部分免除该方当事人责任。

第十三条 本合同在执行中发生纠纷，签订合同双方不能协商解决时，可向人民法院提出诉讼。（或申请仲裁机构仲裁解决）

第十四条 合同执行期间，如因故不能履行或需要修改，必须经过双方同意，并互相交换文件或另订合同，方为有效。

需方：_____（盖章）　　　供方：_____（盖章）

法定代表人：_____（盖章）　　　法定代表人：_____（盖章）

开户银行及账号：_____　　　开户银行及账号：_____

2. 商务合同书写的要求

合同的书写绝非简单的文字工作，而是谈判的延续、成果的落实。在合同中，应重点解决以下几个方面的问题。

（1）深化和具体化交易内容

谈判实践证明，当人们把口头讨论的条件书写成文字时，就会发现文字之间存在诸多微妙的差异。通过合同书写的过程，能强制谈判人员进一步深化谈判，使谈判内容更加具体和可行，甚至还可以扩大谈判成果。

（2）完善交易条件

正式谈判的结束，往往只是大体上、原则上的结束。因为还会有一系列经济的问题没有彻底解决，而在合同的书写过程中就必须逐项进行落实。合同的书写，要求各项交易条件具体、明确、严谨，各条款相互衔接，避免相互之间出现矛盾。

（3）形成法律效力

合同的书写不仅仅是文字的推敲，更重要的是要将谈判成果形成具有法律效力的文件，即对各种谈判结果进行法律性和权威性的汇总和清理。合同书写成文后将被法律认可，成为约束当事人双方行为的法律依据。

总之，合同的书写要做到"说什么，写什么""商务性与法律性并重""适合双方""具有标准化和国际性"和"避虚就实"，以使书写的合同文本能够真实地反映谈判结果，便于双方的理解与履行。

3. 商务合同条款的审核

（1）审核合同条款工作的实施步骤

审核合同条款的工作需分步进行，具体内容如图 5-2-2 所示。

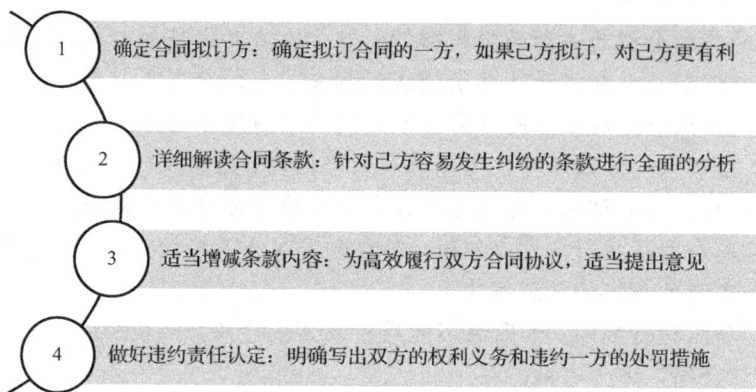

图 5-2-2　审核合同条款工作实施流程图

（2）合同条款审核的主要内容

在对合同条款进行审核时，需要分项审核，具体描述如表 5-2-2 所示。

表 5-2-2 合同条款审核的主要内容

内 容	要 求 说 明
合法性内容	审核谈判的结果是否符合法律和相关的规定，有关的手续是否合法
有效性内容	谈判的双方，在其代表的权力上是否完整或授权是否充分
一致性内容	审核合同文本与谈判内容的一致性，是否出现遗漏或者擅自添加的现象
文字性内容陈述	审核合同文本是否严谨，认真推敲有无歧义性文字
寻找合同中的陷阱	认真揣摩合同条款明细，找出对己方不利的陈述词，及时改正

（3）审核合同条款的注意事项

在编制、确认合同条款时，我们需要做好以下事项，以避免错误出现，如表 5-2-3 所示。

表 5-2-3 审核合同条款的注意事项

注意事项	说 明
草拟合同时把握自己的优势	争取己方获得草拟合同的机会，这样就能拟写对己方更有利的条款
谈判的时候记好笔记	在你认为包括在最后协议中的条款旁边做记号
谈判小组成员互相传阅查看笔记内容	确保谈判小组成员都熟悉合同要义
在谈判双方人员面前，正式宣读合同条款内容，防止对方私下改动合同条款内容	防止对方私下改动合同条款内容，损害己方的利益

在审核中发现问题应及时通知对方，并调整签约时间，使双方互相谅解，不致因此而造成误会。对于合同文本中的问题，一般指出后即可解决，有的复杂问题需经过双方再次谈判。对此，双方要有思想准备，同时要注意礼貌和态度。

案例 5-2-1

泓能智能化科技公司认真解读合同条款，为自己争取有利条件

2014 年，中国汽车贸易公司决定重新装修办公大楼，同时也更新办公智能系统。因此，委托采购部门落实招投标的事宜。

通过前期的信息发布，最终有 5 家企业顺利进入最后议标阶段。此次中汽贸的中标标准很简单：在公司预算范围之内，智能系统方案以及用料优质者为最终的获胜者。因此，各家公司都将自己公司的智能系统设计做到了完美极致，以求中标。最终泓能智能化科技公司（以下简称泓能）凭借自身的设计优势获得了评审组的一致认可。

设计方案和总报价都经过了中汽贸的审核，就该落实合同的签订工作了。负责此次合同编写的是中汽贸合同部，他们经过认真考量，于中标后的第三天邀请中标单位来签订合同。

为了确保己方利益不受损，泓能对合同的条款逐一进行了审核和确认。确认的主要内容包括施工队伍的进出场时间、工期时限、对方的监管部门负责人、合同款的支付程序和具体的支付方式、票据的出具方式、智能设备的进场验收负责人等。

通过与中汽贸的沟通，他们将工期限定在 45 天。这对于泓能而言实属难事。因为此次智能设备的安装数量大，最少需要 50 天的时间，再加上后期的 4 天调试时间，至少需

要两个月的时间，明显 45 天无法完成。于是泓能的项目经理开始与中汽贸协商，期望延长时限或者允许提前半个月进场。

中汽贸的工期紧张，不可能将智能系统的工期延后，最终考虑他们与强电施工人员一同进场，独立完成作业。但是只能提前 10 天进场。泓能方面也实地考察过，再提前进场对自己的设备安装也会有损伤，就同意了对方的建议。

为了确保己方后续施工的顺利，泓能建议在合同的附件中加上一条：施工以中标的设计方案为最终决议，施工期间中汽贸不可随意增减改动方案，必须与泓能项目负责人签订相应的补充协议才可改动。

这样一来，泓能就极大地减弱了对方的施工控制权，为自己的施工工期创造了缓冲的余地。

★案例启示：本案例中，泓能公司方面对拟订的合同条款可算是斟酌再三。既对中汽贸的不合理条款提出了改善的意见，又为双方的顺利合作增设了合理的条款，确保施工的进度。这样一来，泓能公司方面就很巧妙地将工期进行了延长，避免因延误工期造成经济损失的危险。

（三）安排合同签字

1．合同签字

签字仪式中最重要的环节是合同签字。为了谨慎起见，双方应约定合同签字的具体内容。

（1）签字仪式的安排

对比较重要的谈判，在双方达成协议、举行合同缔结或签字仪式时，要尽量争取在己方所在地举行，因为缔约地点往往决定了采取哪国法律解决合同中的纠纷问题。

合同的分量和影响不同，其签约仪式也不同。一般合同的签订只需要双方主谈人员签字即可，在谈判地点或举行宴会的地方都行，仪式可从简。重大合同的签订应由领导出面签字，仪式比较隆重，要安排签字仪式，仪式繁简取决于双方的态度，有时需专设签字桌、安排高级领导、会见对方代表团成员、请新闻界人士参加等。国际商务谈判的签字活动若有使馆、领馆的代表参加，联系工作最好由外事部门经办，如果自己与有关使馆、领馆人员熟悉，也可以直接联系，但也应向外事部门汇报请求指导。这样做既不失礼，又便于工作顺利进行。

（2）签字仪式的程序

① 仪式正式开始。各方人员进入签字厅，按既定的位次各就各位。双边合同的双方在签字时同时入座，助签人在其外侧协助打开合同文本和准备好笔。

② 正式签署。各方主签人再次确认合同内容，若无异议，应在规定的位置上签名，之后由各自助签人相互交换合同文本，各方主签人再在第二份合同上签名。按照惯例，各方签字人先签己方保存的合同文本，交换后再签由对方保存的合同文本。

③ 交换各方已经签好的合同文本。各方主签人起身离座至桌子中间，正式交换各自签好的合同文本，同时热烈握手、互致祝贺，还可以交换刚签字用过的笔作为纪念，其他成

员则鼓掌祝贺。

　　④ 饮香槟酒庆祝。交换合同文本后，全体成员可合影留念，服务接待人员及时送上香槟酒。各方签字人和成员相互碰杯祝贺，将喜庆气氛推向高潮。

　　商务合同在正式签署后，双方还要将其提交给有关方面进行公证，公证后才能正式生效。签字仪式结束后，主方可设宴招待所有参加谈判或签字的人员，以示庆祝。

　　（3）新闻报道

　　为了扩大影响，双方可以请新闻媒体，如报社、电视台进行报道。但有关文字报道的问题，双方应与记者进行详细推敲。

2．合同生效

　　对于敏感的许可证管理的产品，或成套设备的出口项目合同，其有关部分会受政府法律约束，因而合同内容是否符合国家规定，需经其相关部门审查批准。为慎重起见，在合同生效条款中也应有该程序的规定。

　　（1）报审

　　合同经签字后，为了尽快执行，应立即安排人员向各自所在地的政府主管部门报审合同，为此，需提交请求审核合同的报告，并附上合同副本。报告中要简要地列明合同号、合同内容、金额及审批的请求。同时，需准备向审批部门补充解释内容。当有异议时，若据理力争不成功，就要准备与交易对方再次谈判以修改相关的问题，获政府批准使合同生效。

　　（2）通知生效

　　在双方均完成法定报审手续后，应马上书面通知交易另一方。该通知是一个正式的法律文件，故文体要清晰、明确，格式要有法律效力。合同生效日期以最后发出生效通知一方的通知日期为准。

181

课堂小实训 5-2-4

　　请你根据以上"产品购销合同（示样）"的内容模拟情景，并为供需双方安排一场签字仪式。

三、商务合同的履行

　　商务合同的履行，是指商务合同生效后，当事人按照商务合同的规定，全面完成各自承担的义务。商务合同的履行是商务合同法律约束力的具体表现，当事人应当按照约定全面履行自己的义务。

（一）商务合同履行的原则

　　我们知道谈判的最终目的并不是签订谈判合同就可以了，而是保证签订的合同条款能够得到全面的执行，以使得谈判双方均获得自己想要的利益价值。在履行谈判协议的过程

中，我们需要遵循以下几大原则，以促进谈判双方尽早实现双赢。

1．实际履行原则

实际履行也叫实物履行，就是当事人必须严格按照合同所规定的标的来履行。合同写的是什么标的，就一定要交付什么标的，不能故意更换标的而用其他物品、款项代替，也不能折合现金来代替。只有当实际履行在事实上已经不可能或不必要，或者法律规定一方违约只要赔偿损失的情况下，才能仅以偿付违约金、赔偿金作为补偿，但这并不能看作代替履行。例如，在货物运输合同中，因承运方的过错，运输过程中货物丢失、短少或损坏，承运方就只能按实物的实际损失价值赔偿。不可能再以实物来履行时，才可以免除原标的履行。在贯彻实际履行原则时，应该从实际出发，不可过分机械地执行原则。如在购销合同中，某些季节性强的产品，如电风扇、雨具等，供方未能按期交货，已过了销货旺季，此时供方的继续履行对需方不仅已经没有实际意义，而且还会造成积压浪费，需方可只要求供方偿付违约金、赔偿金，而不再要求交货。

2．适当履行原则

合同的适当履行，就是当事人按照合同规定的标的，按质量、数量、期限、地点、方式、价格和包装要求等，用适当的方法全面履行合同。义务人不得以次充好、以假充真，否则权利人有权拒绝接受。当事人只有按合同的这些规定去切实履行，才是全面完成了合同任务，没有按规定去履行合同每一项条款的行为，都是违约行为。

3．协作履行原则

协作履行原则，是指当事人双方要团结协作、互相帮助来完成经济合同规定的任务。谈判合同当事人双方各自有其规定的经济权利和经济义务，具体的经济利益也有所不同，但订立经济合同的目的则是互惠互利的，愿望是一致的。因此，当事人不仅要按实际履行和适当履行原则，承担自己的义务，也应对另一方当事人履行义务表示关心，并提供方便和帮助，进行必需的督促和检查，对可能引起合同履行障碍的行为要及时提出和制止。如果在履行过程中发生分歧，双方要按照法律和合同的规定及时协商解决，避免扩大分歧、影响合同的履行。

课堂小实训 5-2-5

王先生是广东一家 VR 虚拟仿真设备生产企业的销售人员，他新开发东莞一家新客户，双方就供货事宜达成了长期合作协议。最近王先生按公司的要求与客户签订了销售合同，合同中规定货到付款，支付方式是银行汇票，运费由卖方承担。王先生按客户要求按时送货上门，对方验货后以现金的方式支付了全部货款。

案例中王先生的行为违背了合同履行的哪一条原则？

_____

_____

（二）履行谈判合同的方式

履行谈判合同的方式通常包括以下几种，具体如表 5-2-4 所示。

表 5-2-4　履行谈判合同的方式

原　则	说　明
主动按时履行	双方根据合同协议的义务要求，严格按照时限予以完成
经由他人提醒履行	在双方提出履行义务的提醒或者第三方人的提示后履行协议要求
拖延履行	在规定的时间之外才完成协议的要求

案例 5-2-2

群网消极执行协议规定，终使双方利益受损

科林是一个信息软件工作室的负责人，经朋友介绍与当地的群网信息工程有限公司合作开发两个信息项目。

按照双方资源平等的合作协议《项目承包合同书》的规定，科林负责开发 114 工程（地址窗口化扩展插件）和 AWE（地址窗口化扩展插件）系统两大项目。在开发项目期间，群网工程每个月支付科林基本业务费用 2 500 元，项目完成并经过调试没有任何问题的情况下，群网公司支付全额的项目承包费用。具体的项目承包费用包括 114 工程项目的建设费用 12 万元、AWE 的项目建设费用，其中 AWE 的费用计算方法为：（合同额-税费）×10%+合同额×1%，根据预算，这项承包费用大致有 30 万元。

科林终于在规定的时间内将 114 项目开发完成，并提前将项目交付到最终用户的手中，经过调试使用没有任何问题，但是科林并没有得到相应的回报，群网公司只给了 4 万元承包费用，余下的费用迟迟不给。

这让科林不得不提防起来。于是在开发 AWE 项目过程中，在系统中增加了个时间锁，以防对方出尔反尔。

事实正如科林的预想，群网在得到开发完的项目之后，没有按照合同的协议支付给科林 30 万元的承包费用，反而一拖再拖。科林告诉对方系统中的时间锁事情，希望群网能够及早解决承包费问题，科林也好尽快解除时间锁，避免对方的利益受损。然而，群网仍视而不见。

最终，在次年的 3 月 AWE 系统瘫痪了，此时群网的人着急起来，才联系科林，此时科林表示只要支付余下的 34 万元即可解决此事，而群网却以科林擅自增设时间锁为借口，坚决不同意全额支付。出于无奈，又不想打官司，科林只好降低要求，只要求 20 万元，经过几番谈判，双方终于达成了和解协议：群网支付 20 万元给科林工作室，科林于费用到账两日内负责解除时间锁。

★案例启示：本案例中群网公司在规定的时间之外才完成合同的要求，其履行合同的方式属于拖延履行。从上述案例中，我们可以清晰地看出：群网公司在履行合同时采取消极态度，没有及时地向科林支付承包费用，在 AWE 项目投入使用后，仍然消极履行合同，经科林的提示仍然没有做出积极的行为，最终导致系统瘫痪，才表示愿意履行合同，而且支付费用上仍然讨价还价，科林无奈之下同意了对方 20 万元要求，但是双方均损失了一定的利益，最终都得不偿失。

183

（三）商务合同内容约定不明确的履行规定

商务合同的条款应当明确具体，以方便合同的履行。但由于主观或客观的原因，有时商务合同的条款欠缺或约定不明确，在履行这些条款时，当事人可以达成补充协议；不能达成补充协议的，按照《合同法》的规定采取一系列补救措施。具体内容如表 5-2-5 所示。

表 5-2-5 合同内容约定不明确的履行规定

约定不明确条款	说　明
质量要求	按照国家标准、行业标准履行；没有国家标准、行业标准的，按照通常标准或者符合合同目的的特定标准履行
价款或者报酬	按照订立合同时履行地的市场价格履行；依法应当执行政府定价或者政府指导价格，按照规定履行
履行地点	给付货币的，在接受货币一方所在地履行；交付不动产的，在不动产所在地履行；其他标的，在履行义务一方所在地履行
履行期限	债务人可以随时履行，债权人也可以随时要求履行，但都应当给对方必要的准备时间
履行方式	按照有利于实现合同目的的方式履行
履行费用	由履行义务一方负担

四、违约责任的承担

（一）违约责任的定义

违约责任，是指合同当事人违反合同的约定所应当承担的法律责任。依法订立的合同，具有法律约束力，当事人应当按照合同的约定全面履行自己的义务，否则，就要承担违约责任。违约责任制度是保证当事人履行合同义务的重要措施，使合同具有法律约束力，有利于促进合同的履行和弥补违约造成的损失，对合同当事人和整个社会都是有益的。

（二）承担违约责任的主要形式

根据《合同法》的规定，承担违约责任的形式主要有：继续履行、赔偿损失、支付违约金、返还定金等。

1．继续履行

继续履行是指一方当事人在拒不履行合同或者不适当履行合同的情况下，另一方不愿解除合同，也不愿接受违约方以金钱赔偿方式代替履行合同，而坚持要求违约方履行合同约定的给付的一种违约责任的承担方式。继续履行在以下 3 种违约情况下适用，如表 5-2-6 所示。

表 5-2-6 继续履行义务情况说明

序　号	继续履行义务情况说明
1	债务人无正当理由拒不履行合同，债权人可以要求其履行 《合同法》规定，当事人一方未支付价款或者报酬的，对方可以请求其支付价款或者报酬
2	债务人不适当履行合同，债权人可以请求继续实际履行 《合同法》规定，当事人一方不履行非金钱债务，或者履行非金钱债务不符合约定的，对方可以请求履行
3	债权人迟延受领的，债务人则可请求债权人履行受领债务人给付的义务

2．赔偿损失

当事人一方不履行合同义务或者履行合同义务不符合约定的，在履行义务或者采取补救措施后，对方还有其他损失的，应当赔偿损失。

赔偿损失的金额应当以因违约所造成的损失为限，包括权利人的直接损失和间接损失，但不得超过违反合同一方订立合同时预见到或者应当预见到的因违反合同可能造成的损失。

当事人一方违约后，非违约方应当采取适当措施防止损失的扩大；如若没有采取适当措施，而放任损失扩大的，不得就扩大的损失要求赔偿。当事人因防止损失扩大而支出的合理费用，由违约方承担。

3．支付违约金

违约金是指由当事人通过协商预先确定或者法律直接规定的，当一方违约时，违约方向对方支付的一定数额的货币。《合同法》规定，当事人可以约定一方违约时应向对方支付一定数额的违约金，也可以约定违约责任发生后违约金的计算方法。

如果约定的违约金与造成的实际损失相比过低，债权人可以请求人民法院或者仲裁机构予以增加；如果约定的违约金与造成的实际损失相比过高，债务人可以请求人民法院或者仲裁机构予以适当减少。

当事人就迟延履行支付违约金的，违约方支付违约金后，非违约方要求继续履行合同的，违约方应当继续履行。

4．返还定金

定金是指合同当事人约定一方事先向对方所支付的一定数额的货币，以担保合同的履行。《合同法》规定，当事人可以依照《中华人民共和国担保法》规定，约定一方向对方给付定金作为债权的担保。债务人履行债务后，定金应当抵作价款或者收回。如果给付定金的一方违约，无权要求返还定金；接受定金的一方违约，应当双倍返还定金。

因此当事人为了避免失去定金或者加倍返还定金，就必须严格履行已经生效的合同，从而起到合同担保的作用。

《合同法》规定，如果当事人既约定有违约金，又约定有定金的，一方违约时，非违约方可以选择适用违约金或者定金条款，即定金和违约金条款不能同时适用。

（三）免责事由

免责，是指在合同履行的过程中，因出现了法定的免责条件或合同约定的免责事由，违约人将因此而免于承担违约责任。这些法定的免责条件和约定的免责事由被统称为免责事由。我国《合同法》仅承认不可抗力为法定的免责事由。

《合同法》第117条规定，不可抗力"是指不能预见、不能避免并不能克服的客观情况"。不可抗力包括以下几种情况。

（1）自然灾害。如地震、台风、洪水、海啸等。尽管随着科学技术的进步，人类已经不断提高了对自然灾害的预见能力，但自然灾害仍频繁发生并影响人们的生产和生活，阻碍合同的履行。因此，自然灾害属于典型的不可抗力。

（2）政府行为。这主要是指当事人在订立合同以后，政府当局颁布新政策、法律或行

政措施而导致合同不能履行。如合同订立后，由于政府颁布禁运的法律，使合同不能履行。

（3）社会异常现象。这主要是指一些偶发的事件阻碍合同的履行，如罢工、骚乱等。这些行为既不是自然事件，也不是政府行为，而是社会中人为的行为，但对于合同当事人来说，在订约时是不可预见的，因此也可以称为不可抗力事件。

课堂小实训 5-2-6

红星小学与甲企业于 2001 年 5 月签订了一份校服加工合同。合同约定，2 个月后甲企业交付 1 000 套校服，红星小学支付价款。由于甲企业业务量大，未能在约定的交货期限内交付货物，致使红星小学多次临时租借服装参加活动，造成较大的损失。红星小学认为甲企业已经违约，要求其承担违约责任。甲企业则辩称，自己没有按期交货是因订单太多，工作量过大，并非故意拖延，因而认为主观上不具有故意，不构成违约，不应承担违约责任。

1. 请分析甲企业是否构成违约？

_____

2. 如果甲企业违约，则其承担违约责任的形式有哪些？

_____

_____

五、商务合同的变更、解除、转让与纠纷处理

谈判双方共同协商后签订的经济合同具有法律效力，要求双方认真履行，任何一方都无权单方面变更和解除。但是，客观情况是不断变化的，有些时候，签订合同时的客观条件发生了变化，实际履行合同已变为不可能或无意义，这时就要求变更或解除合同。所以，绝对不允许谈判合同的变更与解除是不切合实际的。

（一）商务合同的变更和解除

商务合同的变更，是指对原商务合同的修改和补充；而商务合同的解除，则是对原商务合同宣布无效，终止履行。由于签订合同是一件非常严肃、认真的事情，因此修改、变更和解除合同也必须严肃、认真，不能草率从事，必须有法律依据，并通过一定的程序进行，不能单方面随意变更或解除合同，否则视为违法行为，应负法律责任。允许变更或解除合同主要有以下几种情况。

1. 内部原因

内部原因是指合同中的一方出现了一些必须修改合同的因素。这时在不影响、不损害国家利益和对方利益的前提下，经双方协商同意，并通过一定的法律程序，允许变更或解除合同。例如，在履行合同的过程中，发现技术条件发生了变化，生产合同标的的新技术已经出现，并且卖方使用新技术生产合同标的物也完全可能，这时双方可以通过协商进行技术条件的修改，变更合同。

2．客观条件发生变化

由于签订合同时的客观条件发生变化，如合同订立所依据的国家计划进行了调整、修改或取消时，相应地，所订合同也可以变更或解除。

3．合同一方无法继续履行合同

由于合同一方的企业或公司因停产、倒闭等原因无法继续履行合同时，允许合同变更或解除。例如，公司经营不善、遇到金融危机或经济危机等情况。

4．不可抗力

由于不可抗力或由于一方当事人虽无过失但因无法防止的外因致使合同的履行不再必要，受害的一方可依法律规定变更或解除合同。例如，遇到地震、干旱和洪水等自然灾害或战争及国家政治动荡等社会因素而无法继续履行合同的情况。

5．合同一方违约，使对方受到严重损失

由于合同一方违约而使对方受到严重损失，遭受损失的一方可以要求变更或解除合同。例如，在货物买卖中，供货方未能按时交货，影响了买方商品的上市，已经造成损失，延期交货已无实际意义，买方可以提出变更或解除合同。

一般来讲，只要具备上述情况之一，即可变更或解除合同。但应当指出，如果原来参与签订合同的承办人或法人代表发生变更，则不能作为变更或解除合同的理由。根据有关法律，法人原有的权利和义务关系因人员变更而消失，其权利和义务应由变更后的新法人承担。

（二）商务合同的转让

商务合同除了可以变更和解除外，还可以转让。合同的转让并非转让合同本身，而是指合同主体的转让。具体地说，就是合同中一方当事人由于某种原因退出原来的经济法律关系，在征得原合同当事人同意并在不变更合同内容、条款的情况下，可将原合同规定的权利、义务转让给第三者。

合同的转让和合同的变更是不同的。转让不改变合同的内容，仅改变合同的主体。而合同的变更则恰恰相反，它不改变合同的主体，只改变合同的内容。合同的转让首先要保证原合同当事人的意向，而合同的变更则不需要这个前提。有些特殊的合同转让，还必须经过有关部门的同意。

例如，涉及国家指令性计划的产品转让合同，除了要事先征得原当事人的同意，还要取得下达该计划的业务主管部门的同意，否则转让无效。此外，合同的转让还必须符合法律要求，不得违背国家的有关法令、政策，不得侵犯国家的公共利益。在转让前，还要审查第三者的权利能力和行为能力及经营范围，如果发现第三者没有转让合同中规定的经营项目，就不得转让，否则转让应视为非法与无效的。

（三）商务合同纠纷的处理

1．合同纠纷处理的原则

在合同的实际履行过程中发生矛盾、纠纷是正常现象，这不仅关系合同当事人双方的切身经济利益，也关系合同能否继续执行。因此，一旦出现矛盾、纠纷，必须及时、合理

地解决。在处理合同纠纷时，我们应遵循一定的处理原则，以指导我们的行为规范化，如图 5-2-3 所示。

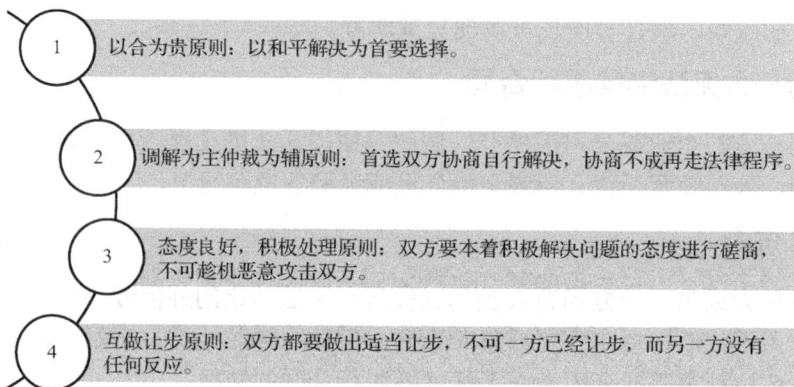

图 5-2-3　合同纠纷处理原则

2. 合同纠纷处理的方法

从我国的法律规定来看，多数合同的矛盾纠纷都是通过协商、调解和仲裁解决的，也有最后采取向法院提起诉讼解决的。

（1）协商

协商，是指双方当事人直接磋商解决发生在彼此之间的纠纷。协商与调解不同，协商不需要第三方出面，节约了时间和费用，同时也维护了双方的合作关系。当然，协商仅限于解决一些小矛盾、小纠纷，是在双方都能接受对方提议的情况下所采取的办法。

（2）调解

调解，是指通过第三方的努力来帮助合同当事人各方消除纠纷。调解与仲裁的明显区别是：调解不能强制执行者接受解决办法，它只能通过建议或利用调解人的威信促使执行人接受某种解决办法。调解人既可以以一个组织的身份出现，如企业的主管单位或上级单位、工商行政管理部门等，也可以是一个组织中的成员，如法院的工作人员、上级主管部门的负责人、企业的经理人员等。如果调解人以组织的形式出面，则调解的形式有所不同。第一，由合同纠纷双方提出申请，由工商行政管理部门出面进行调解时称为行政调解。双方一旦达成协议，当事人都应当履行。第二，如果纠纷当事人的一方或双方向法院提出申请，要求法院依法裁决，在仲裁之前，法院进行的调解属于司法调解。如果调解有效，达成协议，就具有法律约束力，双方应坚决履行。否则，法院可强制执行。

（3）仲裁

双方发生争议和纠纷时，如果调解失效，就可以进行仲裁。仲裁是指发生纠纷的各方自愿将有关争议提交给仲裁部门，从而让仲裁部门做出具有一定约束力的裁决。仲裁具有法律强制性，它通过强制各方执行仲裁决定来解决合同纠纷。对于涉外经济合同的仲裁采取的是一次终局仲裁。当事人在规定期限内自动履行裁决，双方都不得向法院或其他机关提出变更要求，否则法院将依法强制执行。对于国内经济合同纠纷的仲裁，当事人一方不服时，可在收到仲裁决定之日起 15 日内向法院起诉。如果在规定起诉时间内没有提出上诉，则仲裁裁决生效。

（4）诉讼

如果当事人在签订合同时没有规定仲裁条款，在合同发生争议后，经双方当事人协商

也不能解决问题，双方又达不成提交仲裁的协议，在这种情况下，任何一方当事人都可以将其争议向有管辖权的法院提起诉讼。提起诉讼是合作双方都不愿意看到的局面，不利于双方合作关系的建立和维护，因此要谨慎使用，一定要在协商、调解无效，双方都经过了努力之后还找不到解决办法时，再采取这种办法。

案例 5-2-3

淘宝网积极处理网购纠纷

淘宝网首席执行官陆兆禧于 2010 年 1 月对外正式宣布：2010 年是淘宝网的消费者年，"消费者"将成为淘宝今年的第一大关键词，这一决议的出现源自两起网购的纠纷事件。

一起是一名网购者的"淘宝差评"，使得于国富律师遭到上百个店家的电话骚扰。这让很多人难以置信，不禁质疑这网上卖家的基本素质了。于是，淘宝网在 1 月中旬，最终决定查封骚扰于国富律师的"美橙名表折扣"店铺。

真可谓一波未平一波又起。于国富事件产生的影响还未平息，又一起网购纠纷事件随之而来。这起同样还是由于"淘宝差评"引发的法律纠纷。杭州某高校大二学生李某怎么也没想到，他给淘宝网卖家的一个"差评"竟惹来了官司。近日，卖家林某以"侵犯名誉权"将李某告上法院，要求抹去"差评"和"不当评论"，恢复自己 100%的信誉度，并索赔约 5 万元……

面对这一起又一起的网购纠纷，淘宝网必须采取相应的行动，否则只能使淘宝网的名誉扫地，于是淘宝网决定从 2010 年 2 月 2 日起启动网购纠纷首问责任制，并郑重承诺：只要在淘宝网网购出现交易纠纷，买家和卖家未达成有效协商的，淘宝网将一律先行垫赔消费者。

为了实施这个"先行赔付"，淘宝网率先拿出 1 亿元，并在 1 700 多名淘宝网客服人员的基础上，再组建 500 人的专业维权团队，24 小时为消费者提供维权帮助。

消费者在这个即将推出的维权平台上，可以快速提交投诉。如果工作流程顺利，10多分钟就可能解决问题，即使由于商家的原因延缓一些，一周之内也应该能处理好。这个制度一出台，将极大地提高纠纷事件的处理效率，再不会是原来 30 天内慢慢解决了。

正是提出了这个纠纷事件的处理方案，淘宝网将消费者的利益放在了首位，使得消费者面临网购纠纷时，投诉难、标准不统一、卖家不配合、相互踢皮球、处理时间长等不利情况，得到了有效的解决。

自此后，消费者只要在淘宝网上购物，因商品质量问题、卖家不履行售后服务问题、物流引起的第三方纠纷问题、卖家服务态度问题、交易双方约定不清等问题引起的交易纠纷，淘宝网都会主动将维权责任和风险承担下来。

有关数据显示，2009 年淘宝网销售额突破 2 000 亿元。陆兆禧预测，2010 年淘宝网交易额将会在 2009 年基础上再翻一番，达到 4 000 亿元，成为内需市场重要的拉动力。

★**案例启示**：本案中淘宝网本着"以和为贵"的原则处理交易纠纷，在面对消费者与网店卖家的经济纠纷时，提供网络交易平台的淘宝网最终决定采取网购纠纷首问责任制处理此类事件，这一举措使消费者的网购投诉得到了快速有效的解决，杜绝出现踢皮球的现象。这样的举措，让更多的网虫爱上淘宝，交易的频次更多了，自然利润不会少。这也是淘宝网的精明之处。它妥善处理消费者与卖家的纠纷，从而为自己赚得好口碑。

参考答案

本任务中"课堂小实训"参考答案详见二维码。

技能实训5-2

模拟商务谈判合同签订

1. 训练目的和要求

培养学生起草合同文本、组织合同签约仪式的基本技能。

2. 场景设计

买方背景：大连德富港口仓储公司（简称德富公司）是大连港口的一个专门从事仓库管理的公司，除了自有的露天与盖顶房屋仓库之外，也租用别人的仓库，为此公司备有各种运输及起重设备，其规模在港区来讲算是大型的企业，实力也较雄厚。为了提高运输及仓储效率，该公司计划再采购部分起重叉车。

卖方背景：香港宏达机械设备公司系专门销售机械设备的公司。公司规模不大，但在国际市场上的网络较广。除了加工设备外，起重设备是其专销产品。作为英国起重设备公司在亚洲的总经销商，它做了大量开拓工作。对于中国内地市场，亦调动了其所有关系，终于在大连地区找到了侧面起重叉车的第一单生意，公司对该项业务极为重视。

产品：侧面叉车，系库场用于搬运用托盘包装运输的货物的设备。该车轻巧、灵便，且可以将货物堆放三层，由于起重叉放在车子的侧面，在驾驶操控方面又增加了机动性，使其应用范围更大。

客户关系：德富公司与香港宏达机械设备公司关系不错，过去有过多次的业务往来。本次交易系宏达公司作为英国起重设备厂在亚洲代理向德富公司推荐的新产品。样机已送德富公司试用，双方对结果均感满意，双方谈判了该业务。双方希望这笔业务作为该类设备在中国市场销售的起点、广告，所以彼此谈判较为配合。

谈判阶段：双方已就购买数量、价格、交货期达成协议，即10台叉车，每台8 500美元，英国工厂交货，买方开出信用证后45天交货，随车将提供价值7 500元人民币的备品备件。此外，设备到达现场后，卖方承诺将负责安装调试，并对买方人员进行操作培训。保修期6个月或1 000工时。

谈判地点：大连。

谈判时间：2016年8月20日。

谈判任务：双方将上述达成一致点写入合并在谈判合同条款过程中完善检验与赔偿的规定。注意合同格式，并安排签约仪式。

3. 训练准备

（1）谈判双方成立谈判小组，主谈1个，成员2个。
（2）针对场景设计内容整理谈判记录。

（3）起草合同文本，遵循合同书写的要求。

（4）主谈组织小组成员讨论合同文本的条款，力争表述准确、内容完整，便于双方理解一致。

4．训练实施

（1）双方就起草的合同文本内容逐条进行讨论。

（2）对草拟合同中有异议的条款进行修改，最终形成一致意见。

（3）双方主谈对修改后的合同草稿进行最后审核并签字确认。

（4）打印正式合同书，合同原件至少一式两份。

（5）举行模拟签字仪式，体现签字程序和礼仪。

任务评价

教师组织填写"任务完成情况评价要素表"，对本次实训过程中学生的完成情况进行一个综合评估。

任务完成情况评价要素表

组别：　　　　　　　　　　　　　　　学生姓名：

序号	考核点	分值	得分
	小组评价	共20分	
1	出勤情况	2	
2	态度与纪律	3	
3	参与活动时与人沟通的能力	5	
4	参与讨论的积极性	5	
5	团队合作的表现	5	
	本人评价	共40分	
6	了解商务合同的总体构成及书写要求	4	
7	熟悉商务合同的签约程序及履行原则	4	
8	掌握商务合同纠纷的处理	6	
9	能够起草模拟谈判的合同书	6	
10	能够正确处理商务谈判合同纠纷	10	
11	能够安排一场合同签约仪式	10	
	教师评价	共40分	
12	商务谈判合同签订知识的掌握	20	
13	商务谈判合同签订技能的掌握	20	
		本次实训分数小计（总分100分）	
		累计积分账户	

累计积分账户说明：90～100分积5分；80～89分积4分；70～79分积3分；60～69分积2分；60分以下积1分。

191

项目导航

请同学们学完本项目后，完成以下思维导图中的填空。

1. 关键知识点回顾

（1）商务谈判是否进入成交阶段可以从 4 个方面进行判定：①谈判涉及的交易条件；②谈判时间；③谈判双方发出的成交信号；④谈判策略。出现了这 4 种情况中的任何一种，或多种情况同时出现，都可以判定商务谈判已经接近尾声，双方都应把握时机，促成交易。

（2）商务谈判的可能结果主要涉及两个方面：一是双方是否达成协议；二是通过谈判双方的关系是否发生变化。综合这两个方面的情况可以形成下列 6 种可能结果：①达成交易，且改善了关系；②达成交易，但关系没有变化；③达成交易，但关系恶化；④没有成交，但改善了关系；⑤没有成交，关系也没有变化；⑥没有成交，且关系恶化。

（3）商务谈判终结的方式有 3 种：成交、中止和破裂。其中，中止可分为有约期中止与无约期中止；谈判破裂依据双方的态度可分为友好破裂结束谈判和对立破裂结束谈判。

（4）把握交易机会需要认真做好以下四点内容：①做好准备工作；②谈判过程中与对方保持良好的互动，为成交合作创造条件；③凭直觉来判断和发现对方有意成交的信号，及时对其做出回应；④乘胜追击，详细讲述和核对具体合作的方案。

（5）商务谈判成交促成的策略包括时间期限策略、最后通牒策略、行动策略、唤起恐惧策略、利益诱导策略。

（6）时间期限策略就是要抓住谈判双方在时间上的共性和特点，适时地明确谈判的结束时间，以促使双方在互利互让的前提下，及时和圆满地结束谈判。

（7）最后通牒策略是指当谈判双方因某些问题纠缠不休时，其中处于有利地位的一方向对方提出最后交易条件，要么对方接受本方交易条件，要么本方退出谈判，以此迫使对方让步的谈判策略。

（8）行动策略是指谈判一方以一种主要问题已经基本谈妥的姿态采取行动，促使对方签订合约。

（9）唤起恐惧策略又称敲警钟策略，是谈判一方试图借用带有恐惧性情绪色彩的信息唤起对方的危机意识和紧张心理，促成他们的态度和行为向一定方向发生变化进而达成交易的谈判策略。

（10）利益诱导策略是指向对方提供某种特殊的优惠，促成双方尽快签订合同。

（11）商务合同的定义：商务合同又称为契约，它是谈判成果的具体体现，是交易双方为明确各自的权利和义务，以书面形式确定的具有约束力的法律性文件。

（12）商务合同的签订过程，是双方当事人对合同内容进行相互协商、谈判取得一致意见后进行合同签字并使合同生效的过程。包括记录谈判内容、拟订商务合同、安排合同签字三个环节。

（13）谈判备忘录是商务谈判中用来记录和提示的，也是谈判成果与进程的公文，是商务谈判中不可缺少的一种文书。备忘录的结构分为标题、正文、落款三个部分。

（14）撰写谈判备忘录的注意事项包括：①内容要真实、具体、完备；②语言要朴实、客观、准确；③核对备忘录内容。

（15）商务合同的构成包括：①合同首部；②正文条款；③合同尾部。

（16）商务合同书写的要求：①深化和具体化交易内容；②完善交易条件；③形成法律效力。

（17）商务合同条款的审核步骤：①确定合同拟方；②详细解读合同条款；③适当增减条款内容；④做好违约责任的认定。

（18）合同条款确认的主要内容包括：①合法性内容；②有效性内容；③一致性内容；④文字性内容陈述；⑤寻找合同中的陷阱。

（19）审核合同条款的注意事项包括：①草拟合同时把握自己的优势；②谈判的时候记好笔记；③谈判小组成员互相传阅查看笔记内容；④在谈判双方人员面前，正式宣读合同条款内容，防止对方私下改动合同条款内容。

（20）签字仪式的程序包括：①仪式正式开始；②正式签署；③交换各方已经签好的合同文本；④饮香槟酒庆祝。

（21）合同生效的程序规定：①报审；②通知生效。

（22）商务合同履行的原则：①实际履行原则；②适当履行原则；③协作履行原则。

（23）履行谈判合同的方式：①主动按时履行；②经由他人提醒履行；③拖延履行。

（24）合同违约责任的定义：合同违约责任是指合同当事人违反合同的约定所应当承担的法律责任。

（25）承担违约责任的形式主要有：继续履行、赔偿损失、支付违约金、返还定金等。

（26）免责是指在合同履行的过程中，因出现了法定的免责条件或合同约定的免责事由，违约人将因此而免于承担违约责任。《合同法》仅承认不可抗力为法定的免责事由，包括：①自然灾害；②政府行为；③社会异常现象。

（27）允许变更或解除合同的主要情况包括：①内部原因；②客观条件发生变化；③合同一方无法继续履行合同；④不可抗力。

（28）合同纠纷处理的原则：①以和为贵原则；②调解为主，仲裁为辅；③态度良好，积极处理原则；④互作让步。

（29）合同纠纷处理的方法：①协商；②调解；③仲裁；④诉讼。

2．填制思维导图

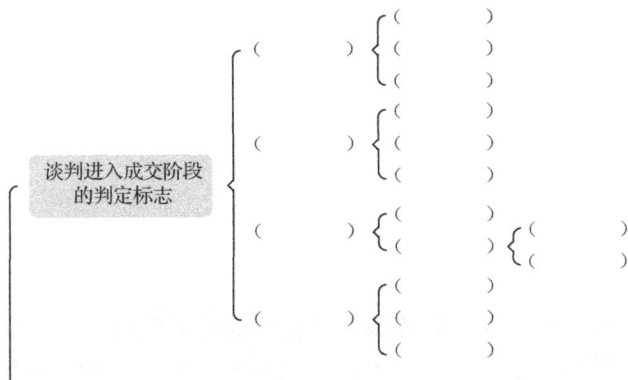

商务谈判的可能结果 {
( )
( )
( )
( )
( )
( )
}

商务谈判的可能结果及终结方式

商务谈判的终结方式 {
( )
( ){ ( ) ( ) }
( ){ ( ) ( ) }
}

(1) 促成商务交易

把握交易机会 {
( )
( )
( )
( )
}

商务谈判的促成及其策略

谈判成交促成的策略 {
( )
( )
( )
( )
( )
}

商务谈判合同的含义

又称（　　），它是（　　）具体体现，是交易双方明确双方的（　　），以（　　）形式确定的具有约束力的法律性文件。

签订商务合同的过程

（　　　　）{
( )
( )
( )
}

拟订商务合同 {
( )
( )
( )
}

安排合同签字 {
( )
( )
}

(2) 签订商务合同

商务合同的履行 {
( )
( )
( )
}

违约责任的承担 {
( )
( )
( )
}

商务合同的变更、解除、转让与纠纷处理 {
( )
( )
( )
}

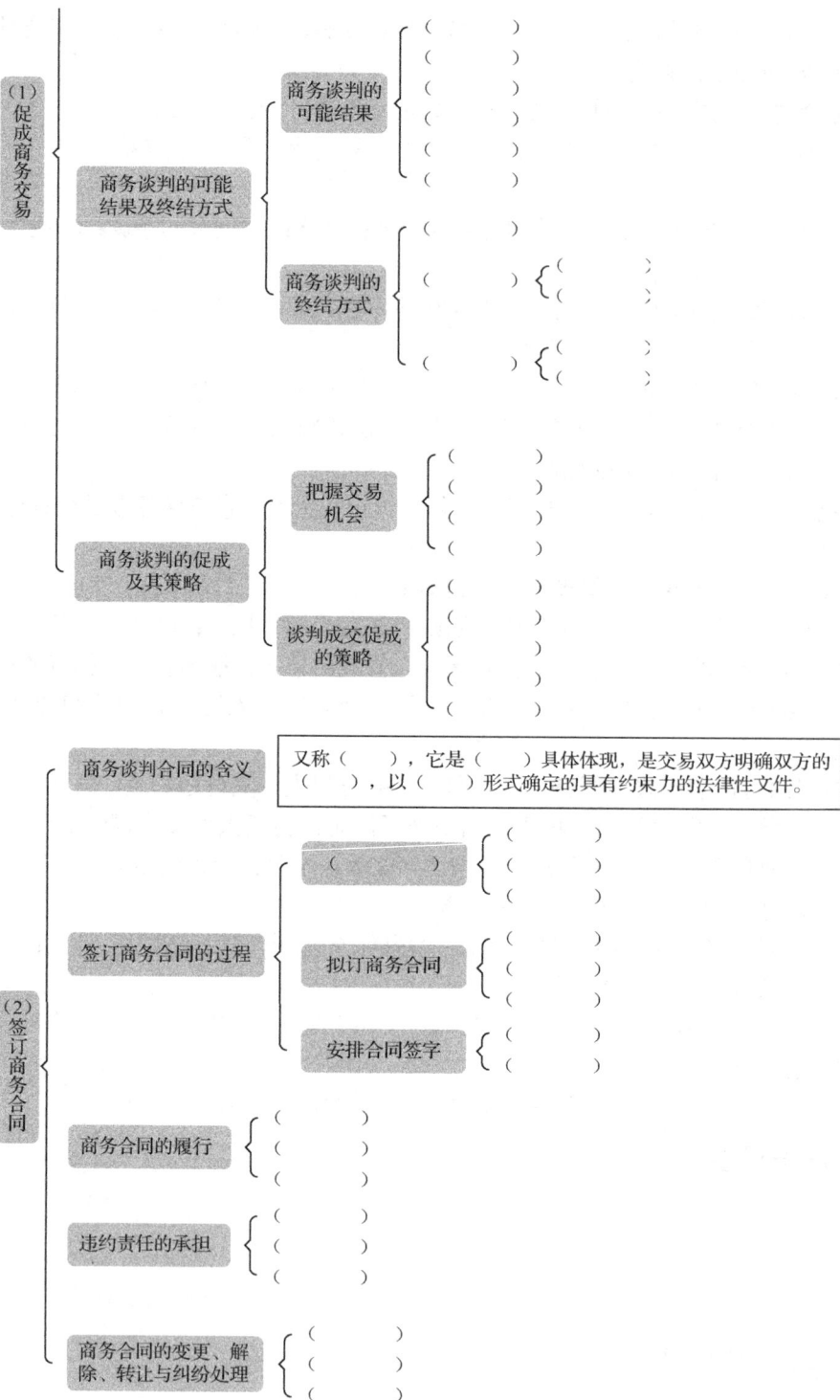

一、单项选择题

1. 当客户问"最快能什么时候交货呢"的时候，他是在发出成交的（　　）。

　　A．语言信号　　　　B．非语言信号　　　　C．行为信号　　　　D．表情信号

2. 因市场行情突变、外汇行情大起大落、公司内部发生重大事件等，谈判者突然改变

原有计划，要求提前终结谈判的情况属于（　　）。

  A．双方约定的谈判时间   B．单方限定的谈判时间

  C．形势突变的谈判时间   D．无限期的谈判时间

3．（　　）即一种在谈判中以破裂相威胁以达到施压于对方，迫使对方让步的策略。

  A．总体条件交换策略   B．最后立场策略

  C．折中进退策略   D．一揽子交易策略

4．在商务谈判中，谈判双方要努力追求的结果是（　　）。

  A．达成交易，且改善了关系 B．达成交易，但关系恶化

  C．没有成交，但改善了关系 D．没有成交，且关系恶化

5．"从3月1日起这种商品将要提高价格"采用的是（　　）。

  A．最后通牒策略   B．时间期限策略

  C．行动策略   D．利益诱导策略

6．短期谈判由于内容简单，所涉及的内容也比较少，所以谈判记录应（　　）。

  A．由一方整理后，在谈判结束前宣读通过

  B．由一方在当晚整理好，并在第二天作为议事日程的第一个项目宣读后由双方通过

  C．不需宣读，直接通过

  D．以上都不对

7．（　　）是合同的主体文字，由基本条款构成。

  A．合同首部 B．正文   C．合同尾部 D．以上都不对

8．（　　）也叫实物履行，就是当事人必须严格按照合同所规定的标准来履行。

  A．实际履行 B．适当履行 C．协作履行 D．协议履行

9．（　　）是指对原商务合同的修改和补充。

  A．商务合同的变更   B．商务合同的解除

  C．商务合同的转让   D．商务合同的纠纷

10．如果当事人在签订合同时没有规定仲裁条款，在合同发生争议后，经双方当事人协商也不能解决问题，双方又达不成提交仲裁的协议，在这种情况下，（　　）。

  A．双方当事人直接磋商解决发生在彼此之间的纠纷

  B．各方自愿将有关争议提交给仲裁部门，让仲裁部门做出具有一定约束力的裁决

  C．通过第三方的努力来帮助合同当事人各方消除纠纷

  D．任何一方当事人都可以将其争议向有管辖权的法院提起诉讼

二、多选题

1．商务谈判终结的方式有（　　）。

  A．成交   B．中止   C．折中   D．破裂

2．认真做好以下内容，就可以有效抓住交易的机会了。（　　）

  A．做好准备工作。

  B．谈判过程中与对方保持良好的互动，为成交合作创造条件。

  C．凭直觉来判断和发现对方有意成交的信号，及时对其做出回应。

  D．乘胜追击，详细讲述和核对具体合作的方案。

3．利益诱导策略可采用（　　）等手段。

    A．折扣销售

    B．免费安装

    C．免费培训

    D．主动提出验收条款

4．谈判者使用最后通牒策略，总希望能够成功，其成功必须具备的条件有（　　）。

    A．送给对方最后通牒的方式和时间要恰当

    B．拿出一些令人信服的证据，让事实说话

    C．对方现在所持的立场确已超过自己的最低要求

    D．送给对方的最后通牒，要给对方留有考虑或请示的时间

5．如果你是中高级住宅的推销员，根据你自己的经验和看法，下面哪些不是谈判中的购买信号？（　　）

    A．顾客提出有关价格异议。

    B．顾客问推销员有完没完。

    C．顾客抱怨住宅的外观设计缺乏品位。

    D．顾客详细询问价格和付款条件。

6．商务合同的构成包括（　　）。

    A．合同首部　　　　B．正文　　　　　　C．合同尾部　　　　D．合同标题

7．在履行谈判协议的过程中，我们需要遵循以下（　　）原则，以促进谈判双方尽早实现双赢。

    A．实际履行　　　　　　　　　　　　B．适当履行

    C．协作履行　　　　　　　　　　　　D．妥协履行

8．商务合同书写的要求包括（　　）。

    A．深化交易内容　　　　　　　　　　B．具体化交易内容

    C．形成法律效力　　　　　　　　　　D．完善交易条件

9．合同条款需要审核的主要内容包括（　　）。

    A．合法性内容　　　　　　　　　　　B．有效性内容

    C．一致性内容　　　　　　　　　　　D．文字性内容陈述

10．下列关于审核合同条款的注意事项说法正确的是（　　）。

    A．草拟合同时把握对方的优势

    B．谈判的时候记好笔记

    C．谈判小组成员互相不需要传阅查看笔记内容

    D．在谈判双方人员面前，正式宣读合同条款内容，防止对方私下改动合同条款内容

三、简答题

1．商务谈判进入成交阶段的判定标志有哪些？

2．商务谈判的可能结果有哪些？

3．商务谈判成交促成的策略包括哪些？

4．请说说行动策略具体运用的三种情况。

5. 实施最后通牒策略失败后可采用什么补救方法？

6. 履行谈判合同的方式包括哪些？

7. 承担违约责任的形式主要包括什么？

8. 《合同法》规定不可抗力为法定的免责事由包括哪些？

9. 处理合同纠纷时应遵循的原则有哪些？

10. 合同纠纷可以通过哪些方法处理？

四、案例分析

案例一

美国硅谷一家电子公司研制出一种新型集成电路，其先进性尚不能被公众理解。而此时，公司负债累累，即将破产，这种集成电路能否被赏识可以说是公司最后的希望。幸运的是，德国一家公司慧眼识珠，派三名代表不远千里来洽谈转让事宜。

德国公司的谈判代表开始都表现出了极大的合作诚意，但是当谈判进入实质性的价格协商阶段时，他们提出的产品报价居然只有研制费用的三分之二！看来对方正是因为比较了解该电子公司的处境所以才故意向他们施加压力的。但是电子公司也不可能以低于研制成本的价格转让这种集成电路，因为一旦那样做的话，电子公司的破产就更加指日可待了。更何况，电子公司知道，他们研制出的这种新型集成电路一定可以为对方公司带来重大效益，虽然现在公众不太理解这种新型集成电路的先进性，但是对方公司早已经十分清楚地意识到了这一点。于是，他们决定置对方施加的压力于不顾，同时再通过拖延时间的方式反过来向对方施以重压，因为他们知道过不了多久，这种新型集成电路的先进性就会被人们所知，而这家德国公司肯定对此更是心知肚明。

经过一番考虑之后，电子公司派出谈判代表告诉德国公司"谈判先到此为止，等你们觉得自己真正有了合作的诚意之后，我们再坐下来认真对此事进行谈判"。电子公司在短时间内主动提出结束谈判是德国公司谈判代表根本没有想到的事情，而他们来到这里的任务是必须和电子公司达成协议，而且总公司已经为他们规定了达成协议的最后期限，如果电子公司一拖再拖的话，那等待他们的结果将是非常可怕的。于是，在电子公司宣布谈判结束后的当天下午，德国公司的谈判代表就要求谈判继续进行，他们的态度明显"合作"了不少，而且还主动表示愿意在价格方面做出较大程度的妥协。最终，电路专利以一个双方都能接受的价格转让了，那三位德国代表满意地回到公司赴命去了。

问题：（1）该案例中电子公司运用了什么促成策略？

（2）案例中的电子公司适合采用最后通牒策略促成交易吗？

案例二

山东海龙冶炼厂（简称海龙厂）是钢材制品厂。工厂有炼钢及轧钢等中等规模设备，由于其产品对钢材材质要求较高，在购进废钢时，十分注重其成分。由于俄罗斯的废钢轨价格较便宜，材质较好，双方均一致同意合作开展该项业务。海龙厂与俄罗斯公司签订"进口俄罗斯钢材合同"。合同约定：1万吨废钢轨。海龙厂预付俄罗斯公司100万元，即合同总价的10%之后，合同即生效，且三天之后，海龙厂应向俄罗斯供货方开信用证，俄方应在接信用证后38天发货，每逾期一天，必须赔偿0.1%的违约金，最多赔付2%。海龙厂按

照合同的约定支付 100 万元预付款给俄罗斯公司，并在三天后就给俄罗斯供货方开出了信用证，但是俄方没有按时发货。三个月（90 天）后，俄罗斯公司终于发来 5 000 吨废钢轨，剩下 5 000 吨废钢轨承诺一个月后发完货，但海龙厂不愿再等待，准备向俄罗斯公司提出索赔。

　　问题：（1）案例中俄罗斯公司履行合同的方式属于哪种方式？

　　　　　（2）俄罗斯公司应怎样承担违约责任？

项目六　商务谈判实战演练

项目描述

　　商务谈判的综合演练是在完成商务谈判基本理论知识学习基础上进行的一项贴近实际的、全程的、涵盖各方面的商务谈判实践活动。其内容包括：商务谈判模拟、商务谈判比赛等。在这些教学实践活动中，教师应巧妙设计、广泛收集素材，实时组织、引导学生；学生应积极主动，踊跃参与，并多向教师和同学请教。师生互动、生生互动，教学相长，构建活泼、有趣、实用的商务谈判教学实践活动氛围。

学习目标

知识目标：
➤ 掌握商务谈判过程中各个环节的基础理论知识。
能力目标：
➤ 通过参与商务谈判模拟演练和比赛提高商务谈判的业务实战能力。

项目实施

任务一　商务谈判模拟演练

　　为了更直接地认识商务谈判场景，充分发现谈判过程中的障碍，在课堂上可以通过组织几次模拟商务谈判，来改进和完善商务谈判的准备工作，提高商务谈判活动效率，从而提高学生商务谈判的能力。

一、商务谈判情景模拟教学的设计

（一）合理设计情景

　　谈判本身就是一种通过双方或多方之间的沟通与交流最终判定一件事情的过程，是解决冲突、维持关系或建立合作构架的一种方式，既是一种技巧，也是一种技能。通过构建巧妙的模拟情景，可以让学生置身于真实的环境中去感悟谈判课程中相关的知识点，激发表达思想的欲望，从而不断提高自身的技能。这种情景的生动性与形象性至关重要，创设的情景越活泼、生动、准确，学生就越能理解所传递的信息。这就要求教师花费一定的时间去巧妙设计情景。情景设计中应该把握好以下几点。

1. 背景设计不能太复杂

由于学生在校学习期间，无论是环境感受还是心理状态，都与实际工作现场存在较大偏差，有相当部分的能力需要到工作场所继续培养和锻炼，模拟情景练习只是尽量缩小理论学习和社会需求的差距，因此，情景设计应尽量符合学生的具体特点，最好以学校或地方经济为大背景，既便于学生收集资料，又为学生充分发挥个人的潜能提供足够的空间。

2. 情景设计要力求完整

谈判是一个完整的过程，从谈判的准备到结束，整个过程中都蕴含着不同的知识和技巧，尤其是谈判气氛的形成和各种谈判策略的运用往往贯穿在双方接触的每个时刻。谈判人员作为一种高素质的应用型人才，不仅要具备多方面的知识和能力，同时还要有敏锐的感悟能力，其中任何因素的细微变化都可能会对谈判结果产生深刻的影响。而这些除了理论学习之外，更需要谈判主体的亲身领悟，仅仅依靠一个片段是很难达到预期效果的。只有通过完整情景的不断练习，才能锻炼学生的应变能力和对语言艺术、礼仪和心理研究等知识的运用，并充分把握自身在谈判中需要提高和完善的方面。

3. 情景设计要突出知识性和时代性

情景教学除了活跃课堂气氛之外，更主要的是提高学生对一些程序性知识的理解和运用，因此，在情景设计时要充分结合课堂教学内容，有针对性。

（二）教师应具有一定的教学修养

模拟谈判教学是在学生的参与和感受过程中进行知识传授，教师在整个过程中担任"场内外指导"的角色，打破了传统的"问题—解答—结论"的封闭式教学过程，形成一种"问题—探究—解答—结论—问题—探究"的开放循环式教学模式，通过让学生积极参与课堂教学内容，提高课堂教学实践的质量和效率，有目的、有意识地培养学生不断发现和创造新知识的能力，因此，师生之间的交流也变得非常重要。与传统的教学模式相比，模拟谈判教学不仅注重理论知识的培养，而且更强调应用能力的锻炼，在对学生进行跨学科、跨领域的专业训练的同时，要求教师自身具有一定的综合素质和进取精神，即不再只是单一领域内的行家里手，而应是兼备专业能力和决策能力的多面手，只有这样才能及时把握学生的思维脉搏，帮助他们在理论和现实之间架起桥梁。

（三）要给予学生充分的课前准备时间

要真正实现模拟谈判的有效性，学生的配合是关键。如果学生准备得不充分，模拟情景教学就很难在深层次展开，甚至又变成教师的单向灌输了。因此，教师在进行模拟情景教学之前，要提前将相关的背景材料布置给学生，让他们提前去预习并温习相关知识，主动通过图书馆和互联网收集需要的数据和材料。如果有条件，还可以组织学生到社会上进行调研，收集有用的素材。

通过学生充分而认真的课前准备，既可以达到提高模拟情景教学效果的目的，也在一定程度上培养了学生的自我学习能力；否则，学生的思维会受到各种限制而影响发挥。

二、模拟谈判的方式

（一）制订谈判计划表

各实训小组组成以后，在谈判之前应制订各自的谈判计划表，作为小组成员的共同文件，以提供奋斗目标，并供大家讨论、指导工作等。谈判计划表应包括如下各项内容，如表 6-1-1 所示。

表 6-1-1　谈判计划表

谈判内容	(1) 列出我方希望谈判的议事项目（按各条的重要性自上而下排列） ① ② (2) 对方预期会提出的问题类型 ①可以用共同解决问题的方式谈判的问题 a. b. ②以讨价还价方式谈判的问题 a. b.
谈判双方信息	(1) 过去的关系 (2) 谈判双方的倾向：倾向于用共同解决问题的方式，还是讨价还价方式 (3) 有无第三方的影响
其他重要信息	(1) (2)
谈判策略	(1) 己方处于优势下的谈判策略 ① ② (2) 己方处于劣势下的谈判策略 ① ② (3) 双方处于均势下的谈判策略 ① ②

（二）召开讨论会

可以以实训小组为单位，召开讨论会，参与者尽量多提意见，主谈人通过回答这些反对意见提升谈判能力。

（三）假扮对手，进行实际彩排

实训组把本方人员分为 2 组，一组作为己方的谈判代表，另一组作为对方的谈判代表。两个小组应不断进行角色互换，以提高彩排的效果，达到预期目的。

201

（四）模拟谈判

按照商务谈判流程组织谈判，让学生完整地模拟谈判各环节。模拟谈判的组织应按正式谈判的方式来进行，越接近正式谈判越好。指导教师应做好指导，进行点评，并组织学生进行相关讨论。

任务二　商务谈判模拟大赛

商务谈判模拟大赛可以使学生身临其境地感受商业氛围，领悟商务谈判的魅力，提升学生的综合素质。商务谈判模拟大赛既是学生喜闻乐见的实训形式，也是培养学生商务谈判实战能力的理想方式。

一、商务谈判模拟大赛的宣传发动

（一）目的

为学生提供一个近距离接触并全面了解商务谈判的机会以及展示自己才华的舞台。

（二）参赛对象

全体在校学生或指定范围的学生。

（三）报名方式

个人报名。以自由组合为主，每四人为一组。

（四）参赛要求

（1）普通话标准，言谈举止文明礼貌，优雅大方。
（2）衣着美观大方，各谈判队统一色调。

（五）时间

×月×日。

（六）地点

××教室。

（七）培训阶段

×月×日。

（八）比赛阶段

商务谈判模拟大赛共分为初赛、复赛和决赛三个阶段（具体赛程时间安排待定）；初赛和复赛采取分组赛和淘汰赛两种方式相结合。

（八）奖项设置

本次比赛设冠军商务谈判队 1 个；亚军商务谈判队 1 个；最佳商务谈判手奖 2 人；最佳创意奖 2 人；最佳职业风采奖 2 人；最佳潜力奖 2 人；最佳合作奖 10 人。

二、商务谈判模拟大赛流程

（一）第一部分：开场介绍（共 5 分钟）

主持人介绍，内容包括：商务谈判模拟大赛主办单位、协办单位或者当地机构、活动赞助方、到场媒体；评委会成员、其他到场领导及嘉宾；代表队名称；谈判议题和议题背景。

（二）第二部分：演讲、主持人提问（共 10 分钟）

1．演讲（各方 3 分钟）

一方首先上场，利用演讲的方式，向观众和评委充分展示己方对谈判的前期调查结论，对谈判案例的理解、切入点、策略，提出谈判所希望达到的目标，同时展示己方的风采。这时，另一方需要回避。一方演讲之后退场回避，另一方上场演讲。

要求如下。

（1）必须按演讲的方式进行，控制时间，声情并茂，力求打动观众和评委。

（2）上场顺序由赛前抽签决定。

（3）每一方演讲时间不得超过 3 分钟，还剩 30 秒时有铃声提示。

（4）演讲由 4 位上场队员中的 1 位来完成，但演讲者不能是己方主谈。

（5）在演讲中，演讲者应完成以下几个方面的阐述：介绍本方代表队的名称、队伍构成和队员的分工（每个队取一个有特色的名字，如××四说客、××金牌辩手、××秘密武器等，增加效果）；本方对谈判案例的理解和解释；对谈判的问题进行背景分析，初步展示和分析己方的优劣势；阐述本方谈判可接受的条件底线和希望达到的目标；介绍本方本次谈判的战略安排；介绍本方拟在谈判中使用的战术。最后要喊一句最能体现本队特色的口号。

2．主持人提问及陈述（共 4 分钟）

（1）主持人提问（每方提问及回答不超过 2 分钟）：演讲者必须用最简短的话语来回答，这些问题不计入评分标准。

（2）主持人引导性陈述（1 分钟）：主持人做赛前的引导性陈述，强调并扩大双方的差距和分歧。最后引出参赛队员，进入下一阶段。

（三）第三部分：正式模拟谈判阶段（60 分钟，不含加时赛）

1．开局阶段（10 分钟）

此阶段为谈判的开局阶段，双方面对面，但一方发言时，另一方不得抢话发言或以行为干扰。开局可以由一位选手来完成，也可以由多位选手共同完成，剩 1 分钟时有铃声提示。发言时，可以展示支持本方观点的数据、图表、小件道具和 PPT 等。

开局阶段，双方应完成以下几方面的阐述。

（1）入场、落座、寒暄都要符合商务礼节，相互介绍己方成员。

（2）有策略地向对方介绍己方的谈判条件。

（3）试探对方的谈判条件和目标。

（4）对谈判内容进行初步交锋。

（5）不要轻易暴露己方底线，但也不能隐瞒过多信息而延缓谈判进程。

（6）在开局结束的时候最好能够获得对方的关键性信息。

（7）可以先声夺人，但不能以势压人。

（8）适当运用谈判开局阶段的策略和技巧。

2．谈判中期阶段（30分钟）

此阶段为谈判的主体阶段，双方随意发言，但要注意礼节。一方发言的时候另一方不得随意打断，等对方说完话之后己方再说话。既不能喋喋不休而让对方没有说话机会，也不能寡言少语任凭对方表现。

此阶段双方累计时间共30分钟，不分开计，剩1分钟时有铃声提示。此阶段双方应完成如下几个方面。

（1）对谈判的关键问题进行深入谈判。

（2）使用各种策略和技巧进行谈判，但不得提供不实、编造的信息。

（3）寻找对方的不合理方面以及可要求对方让步的方面进行谈判。

（4）为达成交易，寻找共识。

（5）获得己方的利益最大化。

（6）解决谈判议题中的主要问题，就主要方面达成意向性共识。

（7）出现僵局时，双方可转换话题继续谈判，但不得退场或冷场超过1分钟。

（8）双方不得过多纠缠与议题无关的话题或就知识性问题进行过多追问。

（9）注意运用谈判中期的各种策略和技巧。

3．休局、局中点评（10分钟）

（1）此阶段为谈判过程中的暂停时段，共6分钟，剩1分钟时有工作人员提示。

在休局中，双方应当：总结前面的谈判成果；与队友分析对方开出的条件和可能的讨价还价空间；与队友讨论收局阶段的策略，如有必要，对原本设定的目标进行修改。

（2）在选手退场期间由一位评委上台点评（4分钟）。局中点评要求：①对谈判双方的前期表现进行局中点评，但不做最后的总结性陈述；②向观众提示下一步双方应该采取的策略，预测可能的谈判结果；③提出让观众思考的1～2个问题，为后面的收尾阶段留出悬念；④局中点评评委与终场点评评委不能是同一个人。

4．最后谈判（冲刺）阶段（10分钟）

此阶段为谈判最后阶段，双方回到谈判桌，随意发言，但应注意礼节。本阶段双方应完成如下几个方面。

（1）对谈判条件进行最后交锋，达成交易。

（2）在最后阶段尽量争取对己方有利的交易条件。

（3）谈判结果应该着眼于保持良好的长期关系。

（4）进行符合商务礼节的道别，对方表示感谢。

如果这一阶段双方因各种原因没有达成协议，则进行加时赛，时间为 6 分钟，但双方均要为拖延比赛而被扣分。

5．加时赛（6 分钟）

规则与最后冲刺阶段相同。加时赛阶段双方无论如何必须达成协议，否则判定故意拖延方负，没有资格参加下一轮比赛。

（四）第四部分：互动提问暨知识竞赛（共 20 分钟）

此阶段的要求如下。

（1）针对谈判议题本身、谈判过程的表现、选手知识底蕴和商务谈判常识进行刁难性问题提问。

（2）进一步考察选手的知识储备以及理解、应变、语言组织能力。

（3）评委依次向每个参赛队提 3 个问题。

（4）问题不一定有标准答案，但要具有挑战性和现场性。

（5）每个问题的提问时间不超过 1 分钟，每个问题的回答时间不超过 1 分钟。

（6）问题设计要尽可能贴近现实，具有启发性。

（五）第五部分：最终点评、宣布结果及颁奖仪式（10 分钟）

评委退场，互亮评分，商议最终结果。

（1）评委代表终场点评（5 分钟），宣布结果。

（2）评委将信封交给主持人，主持人宣布最终结果和个人奖项。

（3）颁奖仪式。评委及嘉宾上台颁奖、照相。

三、商务谈判比赛评分细则

商务谈判比赛评分表

评 分 项 目			商务谈判比赛审评标准	分 值
第一部分 演讲 （10 分）			表述的感染力和气氛调动能力（2 分）	
			把握谈判议题的准确程度（2 分）	
			所阐述观点的合理性及实用性（2 分）	
			谈判者着装礼仪；商务风范（2 分）	
			演讲词文采；语言流畅程度（2 分）	
第二部分 商务谈判阶段 （110 分）	团体 项目 （90 分）	商务礼仪 （12 分）	着装恰当；手势合理；表情恰当；语言流畅；总体风貌（每单项 3 分）	
		商务谈判准备 （12 分）	信息收集程度；对谈判议题的理解和把握，谈判目标设定的准确性；谈判方案设计的实用性；团队选手的准备程度（每单项 3 分）	

续表

评分项目		商务谈判比赛审评标准	分 值
第二部分 商务谈判阶段 （110分）	谈判过程 （36分）	谈判策略的设计；谈判技巧的运用及团队配合；知识底蕴及合理运用；谈判氛围的掌握；逻辑清晰、思维严密；语言准确、口齿清楚；反应迅速、随机应变；表情从容、适度紧张；谈判进程的控制把握（每单项4分）	
	谈判效果 （30分）	己方谈判目标的实现程度；双方共同利益的实现程度；谈判结果的长期影响；对方的接受程度；团队的整体谈判实力（每单项6分）	
	商务礼仪 （6分） 个人 项目 （20 分）	着装恰当；手势合理；表情恰当；语言流畅；姿势到位；总体风貌（每单项1分）	
	商务谈判准备 （4分）	对谈判议题的理解和把握；知识和心理的准备程度（每单项2分）	
	谈判过程 （10分）	谈判策略和技巧；团队配合；知识丰富、合理运用；逻辑清晰、思维严密；语言准确、口齿清楚；反应迅速、随机应变；表情从容；幽默生动；调动气氛；把握对方心理（每单项1分）	
第三部分 互动提问暨 知识竞赛 （18分）	考察性问题（6分）	每队回答3个问题，每回答完一个问题评委就打分，每个问题满分2分	
	抢答（12分）	每队回答正确一个问题，得2分；没有回答问题或回答错误，不得分。每队最高得分12分	

（备注：第一、二部分满分120分，第三部分每队最高18分，不乘以百分比直接计入团体总分。）

四、商务谈判模拟大赛选用案例

（一）商务谈判模拟大赛1/4决赛选用案例

汽车轴承转子延迟交货索赔谈判

谈判A方：英国BOQ公司（卖方）

谈判B方：中国SY公司（买方）

由于近些年来中国汽车市场迅猛发展，每年新增的汽车数量基本上是全世界新增汽车数量的80%左右，所以国内三大汽车生产厂家都不同程度地出现了轴承转子供应紧张。由于SY公司占有国内汽车市场三分之一的份额，所以轴承转子供应问题就越发凸显。轴承转子是汽车最重要的配件，工艺复杂，加工周期长，在中国只有两家单位可以生产，但他们的生产安排早已被几大汽车生产厂家挤满。

2014年，SY公司被迫开始从国外高价进口转子毛坯，主要的供应商有意大利、韩国、德国、英国等国家的重工业企业。2015年，在轴承转子最紧缺的时候，SY公司和英国BOQ公司签了供货合同。按照合同，英国BOQ公司向SY公司提供三批轴承转子，第一批交货期定于2015年9月，之后每月交一批。后面双方进行了较好的技术沟通，双方技术人员也互访了对方企业。2015年11月，最后一批轴承转子即将进行最后的加工，估计将历时2个月，算上运输时间，刚好满足买方要求，但也可能稍有延误。这时，英国发生了大规模的劳资纠纷，各重工企业员工在工会领导下纷纷罢工，BOQ公司也卷入了这场全国性的灾

难之中。虽然劳资双方相持 40 余天后终于化解了矛盾，但在此时，BOQ 公司已经无法按照供货合同按时交货，加上重新整合资源的时间，预计至少将延期 2 个月，这将对 SY 公司的整体生产计划产生重大的影响。由于双方的合同中有对延迟交货的严格巨额罚款，SY 公司决定施行这一处罚条款，一来弥补损失，二来想借此措施向各国供应商提出警告。7 月中旬，SY 公司正式向 BOQ 公司开出了高达 300 万美元的罚单。

8 天后，BOQ 公司派出由生产副总裁为首的访问团赴中国与 SY 公司进行谈判。谈判的中心围绕罢工事件的定位展开。虽然延迟交货已成事实，但是英国方面认为罢工属于"不可抗力"，按照合同，由不可抗力产生的延迟交货不适用处罚条例。双方的关系很微妙：罚金数额虽然不小但是由于 SY 公司也有可能会因此而面对自己的客户罚单和名誉损失，所以，按时交货比高额罚款更加重要；对 BOQ 来说，高额罚款将使利润严重下降，也会带来名誉损失。对于双方而言，由于对方都是自己最重要的长期客户之一，长期稳定的合作关系才是双方利益的基础。如何体面、务实地解决这次争端成了摆在双方谈判小组面前的问题。

谈判目标：解决赔偿问题，维护双方长期合作关系。

（二）商务谈判模拟大赛半决赛选用案例

服装布料延期交货索赔谈判

买方：君子兰公司

卖方：尚领公司

近年我国 LY 类布料的服装市场迅猛发展，各名牌服装生产厂家都不同程度地面临此类新型布料短缺的局面。国内十大服装名牌之一的君子兰公司，主要生产 LY 类布料服装，而且占有中国 LY 类布料服装市场三分之一的份额，因此其布料来源问题就更加突出。此类新型布料颇受消费者欢迎，但生产技术含量高，印花染色工艺复杂，国内只有三家公司可以生产优质产品，但他们的生产安排早已被几家服装生产厂家挤满。由于多种原因，也难以从国外找到 LY 布料货源。

2013 年年初，在 LY 布料供应最紧缺的时候，君子兰公司与国内生产 LY 布料的尚领公司签订了购货合同。按照合同，尚领公司向君子兰公司提供 30 万米不同季节穿着的符合质量标准的布料，平均分三批分别于当年 4 月 30 日以前、8 月 31 日以前和 10 月 31 日以前交货；若延期交货，尚领公司将赔偿对方损失，赔偿事宜到时再商议。

2013 年春季，国内很多地方出现了"流感"疫情，尚领公司印染车间有 2 名高级技术人员被诊断为"流感"疑似病例，该车间大多数人被隔离 20 余天，生产几乎处于停顿状态。虽然 4 月底很快恢复正常生产，但尚领公司已经无法按合同规定日期向君子兰公司交货，至 5 月 5 日也只能交货 2 万米，第一批全部交完至少要到 5 月 20 日。君子兰公司因此遭受巨大损失。5 月 10 日，君子兰公司决定实施索赔条款，并正式向尚领公司提出 600 万元的索赔要求。

两周后，尚领公司派出由主管生产的副总经理到君子兰公司就索偿问题进行交涉。交涉时，尚领公司方认为，严重的"流感"疫情属于"不可抗力"，因此延迟交货不能使用处罚条款。但君子兰公司方对此有不同意见，并坚持要求对方赔偿巨大损失。由于初步交涉不能达成一致意见，双方同意三天后进行正式谈判。

谈判双方的关系很微妙：君子兰公司既希望拿到巨额赔偿金，又希望早日拿到布料，

以便尽可能满足客户要求，也不愿失去尚领公司这一合作伙伴；尚领公司虽然不愿赔偿，但不愿让公司信誉受损，也不愿失去君子兰公司这一实力较强的大客户。因此，如何务实且富有成效地解决索赔，成为了摆在双方谈判小组面前的问题。

谈判目标：解决赔偿问题，维护双方长期合作关系。

（三）商务谈判模拟大赛决赛选用案例

中国上海迅通电梯有限公司和美国达贝尔公司的合资设厂谈判

谈判甲方：中国上海迅通电梯有限公司

谈判乙方：美国达贝尔公司

1. 基本情况

（1）中国上海迅通电梯有限公司电梯产品占国内产量的 50%，是国内同行业中的佼佼者。当该公司与美国合资兴建有限公司一事一经立项，即预先做好了充分的准备工作。首先，上海迅通电梯有限公司派人赴美国实地考察，在综合评判的基础上，共同编制了可行性研究报告。回国后，又专门挑选和组织了一个谈判班子，包括从上级部门请来参与谈判的参谋和从律师事务所聘来项目法律顾问，为该项目的谈判奠定了一个良好的基础。

（2）美国达贝尔公司是美国电梯行业的第一大公司，是享有盛名的大公司，在世界上有 100 多个分公司，他们的电梯产品行销全世界。在谈判之前，美方对国际、国内的市场做了充分的调查了解，进行了全面深入的可行性研究。他们还特别对中方的合作伙伴做了详细的分析和了解，全面掌握了与谈判有关的各种信息和资料，并在此基础上，组织了一个精干的谈判班子，该班子由公司董事长兼首席法律顾问充当主谈人。

（3）此次项目投资大，而且达贝尔公司是享有盛名的大公司，对中方的意义非同小可。另外美国达贝尔公司的目光是长远的，此次来中国谈判，事先做过充分的可行性调查研究，此项目旨在打开中国市场，并且在合资企业的股份多于中方。中国上海迅通电梯有限公司是其最合适的合作伙伴，因为无论从技术到产品都是国内第一流的，如果美方在中国的第一个合作项目失败，再想在中国投资合办企业就比较困难了。

2. 谈判问题

（1）在中美合资谈判中，首先遇到的就是合资企业的名称问题，美方建议定名为"达贝尔电梯中国有限公司"，但遭到中方的反对。请陈述反对理由，并商讨一个兼顾双方利益而且对双方都最为有利的名称。

（2）关于产品销售问题，在该项目的可行性研究中曾有两处提到：一是"美方负责包销出口量的 25%，其余 75%在国内销售"；二是"合资公司出口渠道为达贝尔公司、合资公司和中国外贸公司"。双方在这一表述的理解上产生了分歧。这种理解上的分歧，构成了谈判的严重障碍。美方对此表述的理解是：许可产品（用外方技术生产的产品）只能由达贝尔独家出口 25%，一点也不能多，而其他的两个渠道，是为出口合资企业的其他产品留的。而中方的理解是：许可产品25%由达贝尔公司出口，其余75%的产品，有可能的话，通过另外两条渠道出口。双方为此互不相让。如何体面、务实地解决这次争端成了摆在双方谈判小组面前的问题。

请通过此次商务谈判重点解决以上两个问题。

参 考 文 献

[1] 陈文汉. 商务谈判实务[M]. 北京：人民邮电出版社，2011.

[2] 刘燕. 商务谈判技巧[M]. 北京：人民邮电出版社，2010.

[3] 王方. 商务谈判实训[M]. 大连：东北财经大学出版社，2009.

[4] 杨群祥. 商务谈判：理论、实务、案例、实训[M]. 大连：东北财经大学出版社，2012.

[5] 张翠英. 商务谈判理论与实训[M]. 北京：首都经济贸易大学出版社，2008.

[6] 张丽华. 商务谈判实训[M]. 北京：中国劳动社会保障出版社，2010.

[7] 朱春燕，陈俊红，孙林岩. 商务谈判案例[M]. 北京：清华大学出版社，2011.

[8] [美]罗伊·列维奇. 商务谈判[M]. 北京：机械工业出版社，2012.

[9] 冯华亚. 商务谈判[M]. 北京：清华大学出版社，2009.

[10] 汤普森. 商务谈判[M]. 北京：中国人民大学出版社，2013.

[11] 郭秀君. 商务谈判[M]. 北京：北京大学出版社，2011.

[12] 龚荒. 商务谈判与推销技巧[M]. 北京：清华大学出版社，2010.

[13] 李霞，徐美萍. 商务谈判与操作[M]. 北京：清华大学出版社，2010.

[14] 李雅乐，苏庆林. 商务沟通与谈判[M]. 北京：科学出版社，2013.